甘新区
耕地质量主要性状数据集

农业农村部耕地质量监测保护中心　编著

中国农业出版社

北　京

图书在版编目（CIP）数据

甘新区耕地质量主要性状数据集 / 农业农村部耕地质量监测保护中心编著. -- 北京：中国农业出版社，2024. 10. -- ISBN 978-7-109-32556-2

Ⅰ. F323.211

中国国家版本馆 CIP 数据核字第 2024MX2073 号

甘新区耕地质量主要性状数据集

GANXINQU GENGDI ZHILIANG ZHUYAO XINGZHUANG SHUJUJI

中国农业出版社出版

地址：北京市朝阳区麦子店街 18 号楼

邮编：100125

责任编辑：贺志清

版式设计：杨　婧　　责任校对：张雯婷

印刷：北京通州皇家印刷厂

版次：2024 年 10 月第 1 版

印次：2024 年 10 月北京第 1 次印刷

发行：新华书店北京发行所

开本：880mm×1230mm　1/16

印张：15.5

字数：500 千字

定价：120.0 元

编 辑 委 员 会

前 言

　　甘新区包括新疆全境、甘肃河西走廊、宁夏中北部及内蒙古西部，总耕地面积 773 万 hm²，占全国耕地总面积的 5.7%。全面梳理甘新区主要土壤类型耕地质量性状，对发挥甘新区域耕地质量优势，发展生产，解决耕地质量劣势，有效培肥，促进耕地质量的有效保护、耕地的可持续利用有重要的意义。

　　为全面掌握甘新区耕地质量状况，推动评价成果为农业生产服务，自 2018 年起，农业农村部耕地质量监测保护中心组织新疆维吾尔自治区、甘肃省、宁夏回族自治区、内蒙古自治区 4 个省（自治区）有关技术人员，根据《耕地质量调查监测与评价办法》《耕地质量等级》（GB/T33469—2016），开展了甘新区耕地质量区域汇总评价工作。按照兼顾土壤类型、行政区划、地貌类型、地力水平等因素的原则，在该区域共计甄别遴选了 11 112 个评价样点，并对数据进行了集中审查，建立了规范化的耕地资源属性数据库。在此基础上，根据土壤发生学分类，按照土类、亚类、土属整理汇编了《甘新区耕地质量主要性状数据集》。甘新区耕地包括潮土、灌淤土、草甸土、灌漠土、棕钙土、灰钙土、栗钙土、灰漠土、草甸盐土、风沙土、棕漠土、黑钙土、沼泽土、林灌草甸土、灰棕漠土、水稻土、新积土、龟裂土、灰褐土、粗骨土、石质土、碱土 22 个主要土壤类型、75 个主要亚类和 131 个主要土属。数据集涵盖有效土层厚度、耕层厚度、耕层容重、土壤有机质、土壤全氮、土壤有效磷、土壤速效钾、土壤缓效钾、土壤有效铜、土壤有效锌、土壤有效铁、土壤有效锰、土壤有效硼、土壤有效钼、土壤有效硫、土壤有效硅、耕层质地及土壤 pH 等 18 个数据项，涉及数据 35 万余个。

　　本书由科技基础资源调查专项"典型农区耕地质量演替数据整编与深加工"项目（2021FY100500）所属"耕地质量与生产力数据深加工"课题（2021FY100505）资助出版，特此感谢！

　　由于数据量大，编著者水平有限，不妥之处敬请广大读者批评指正！

编著者

2024 年 4 月

目 录

三、土　属

一、土 类

灰褐土耕地土壤主要理化性状

项目名称	样本数（个）	平均值	标准差	变异系数（%）	范　围
有效土层厚度（cm）	19	87.3	16.58	18.99	50.0~100.0
耕层厚度（cm）	19	28.8	3.15	10.92	20.0~30.0
耕层容重（g/cm³）	18	1.39	0.12	8.71	1.21~1.58
有机质（g/kg）	18	12.6	3.72	29.44	7.3~18.7
全氮（g/kg）	19	0.787	0.44	55.51	0.305~2.220
有效磷（mg/kg）	18	11.4	10.12	88.75	4.3~39.4
速效钾（mg/kg）	19	242	103.91	43.02	118~458
缓效钾（mg/kg）	19	950	227.28	23.92	463~1 303
有效铜（mg/kg）	19	1.33	0.79	59.24	0.37~3.02
有效锌（mg/kg）	19	0.65	0.56	85.88	0.21~2.75
有效铁（mg/kg）	19	18.14	12.64	69.66	3.43~40.50
有效锰（mg/kg）	19	11.85	7.83	66.06	5.53~39.80
有效硼（mg/kg）	19	2.96	1.35	45.79	0.43~4.95
有效钼（mg/kg）	19	0.139	0.09	64.04	0.030~0.366
有效硫（mg/kg）	19	35.22	32.36	91.89	9.81~131.74
有效硅（mg/kg）	19	122.29	78.77	64.41	70.64~421.60

耕层质地

砂土		砂壤土		轻壤土		中壤土		重壤土		黏土	
样本数	占比（%）	样本数	占比（%）	样本数	占比（%）	样本数	占比（%）	样本数	占比（%）	样本数	占比（%）
6	31.58	6	31.58	5	26.32	2	10.53	0	0.00	0	0.00

土壤pH

≤4.5		(4.5~5.5]		(5.5~6.5]		(6.5~7.5]		(7.5~8.5]		>8.5	
样本数	占比（%）	样本数	占比（%）	样本数	占比（%）	样本数	占比（%）	样本数	占比（%）	样本数	占比（%）
0	0.00	0	0.00	0	0.00	0	0.00	13	68.42	6	31.58

黑钙土耕地土壤主要理化性状

项目名称	样本数（个）	平均值	标准差	变异系数（%）	范　围
有效土层厚度（cm）	159	89.9	20.46	22.77	35.0~120.0
耕层厚度（cm）	159	28.9	2.94	10.19	20.0~30.0
耕层容重（g/cm³）	159	1.42	0.05	3.30	1.25~1.60
有机质（g/kg）	45	33.6	12.88	38.35	8.2~47.9
全氮（g/kg）	55	1.794	0.63	34.92	0.521~2.600
有效磷（mg/kg）	152	18.8	11.31	60.15	5.8~61.8
速效钾（mg/kg）	152	256	101.54	39.66	66~512
缓效钾（mg/kg）	157	1 056	273.93	25.95	304~1 574
有效铜（mg/kg）	146	1.98	0.76	38.15	0.68~4.97
有效锌（mg/kg）	158	0.96	0.44	45.69	0.21~2.57
有效铁（mg/kg）	158	22.31	11.38	51.03	2.60~40.50
有效锰（mg/kg）	158	31.18	11.00	35.30	3.56~39.80
有效硼（mg/kg）	155	1.58	0.64	40.54	0.41~4.81
有效钼（mg/kg）	157	0.206	0.11	52.26	0.040~0.680
有效硫（mg/kg）	152	49.44	31.86	64.44	7.50~157.60
有效硅（mg/kg）	154	204.59	72.77	35.57	28.26~413.08

耕层质地

	砂土	砂壤土	轻壤土	中壤土	重壤土	黏土
样本数	0	5	25	109	17	3
占比（%）	0.00	3.14	15.72	68.55	10.69	1.89

土壤 pH

	≤4.5	(4.5~5.5]	(5.5~6.5]	(6.5~7.5]	(7.5~8.5]	>8.5
样本数	0	0	0	11	141	7
占比（%）	0.00	0.00	0.00	6.92	88.68	4.40

栗钙土耕地土壤主要理化性状

项目名称	样本数（个）	平均值	标准差	变异系数（%）	范围
有效土层厚度（cm）	628	88.9	23.55	26.48	35.0~150.0
耕层厚度（cm）	643	26.7	3.95	14.80	20.0~30.0
耕层容重（g/cm³）	637	1.40	0.10	7.32	1.11~1.66
有机质（g/kg）	596	21.6	8.95	41.44	5.2~48.4
全氮（g/kg）	597	1.218	0.49	39.95	0.250~2.600
有效磷（mg/kg）	634	19.5	15.01	77.11	3.8~98.0
速效钾（mg/kg）	627	216	102.51	47.48	49~528
缓效钾（mg/kg）	620	976	279.89	28.66	176~1 674
有效铜（mg/kg）	612	1.41	0.63	44.80	0.31~4.43
有效锌（mg/kg）	622	0.84	0.54	64.95	0.17~3.40
有效铁（mg/kg）	618	13.33	8.85	66.40	2.30~40.50
有效锰（mg/kg）	629	14.31	9.60	67.12	1.96~39.80
有效硼（mg/kg）	611	1.57	0.86	55.08	0.35~5.21
有效钼（mg/kg）	628	0.197	0.14	70.97	0.012~0.740
有效硫（mg/kg）	609	44.21	33.00	74.66	7.49~165.20
有效硅（mg/kg）	608	166.77	82.37	49.39	26.43~442.13

耕层质地

	砂土	砂壤土	轻壤土	中壤土	重壤土	黏土
样本数	35	106	128	285	85	8
占比（%）	5.41	16.38	19.78	44.05	13.14	1.24

土壤 pH

	≤4.5	(4.5~5.5]	(5.5~6.5]	(6.5~7.5]	(7.5~8.5]	>8.5
样本数	0	0	0	39	522	86
占比（%）	0.00	0.00	0.00	6.03	80.68	13.29

棕钙土耕地土壤主要理化性状

项目名称	样本数（个）	平均值	标准差	变异系数（%）	范围
有效土层厚度（cm）	874	76.2	24.18	31.75	35.0～150.0
耕层厚度（cm）	877	27.9	3.28	11.76	20.0～30.0
耕层容重（g/cm³）	876	1.44	0.05	3.79	1.15～1.66
有机质（g/kg）	883	16.7	7.72	46.28	4.7～46.2
全氮（g/kg）	880	0.952	0.44	46.24	0.260～2.520
有效磷（mg/kg）	866	16.6	11.92	71.98	3.8～101.4
速效钾（mg/kg）	876	220	103.50	46.94	37～535
缓效钾（mg/kg）	856	950	309.17	32.53	184～1 689
有效铜（mg/kg）	873	1.32	0.68	51.77	0.30～5.50
有效锌（mg/kg）	841	0.90	0.59	64.83	0.18～3.80
有效铁（mg/kg）	866	9.88	6.49	65.72	2.20～40.50
有效锰（mg/kg）	866	9.81	4.99	50.81	2.20～39.80
有效硼（mg/kg）	847	1.31	0.72	54.94	0.35～5.01
有效钼（mg/kg）	873	0.192	0.12	61.55	0.012～0.680
有效硫（mg/kg）	847	48.18	34.62	71.85	7.94～163.94
有效硅（mg/kg）	834	185.93	77.98	41.94	31.30～444.64

耕层质地

	砂土	砂壤土	轻壤土	中壤土	重壤土	黏土
样本数	89	433	44	217	97	15
占比（%）	9.94	48.38	4.92	24.25	10.84	1.68

土壤 pH

	≤4.5	(4.5～5.5]	(5.5～6.5]	(6.5～7.5]	(7.5～8.5]	>8.5
样本数	0	0	0	49	757	89
占比（%）	0.00	0.00	0.00	5.47	84.58	9.94

灰钙土耕地土壤主要理化性状

项目名称	样本数（个）	平均值	标准差	变异系数（%）	范　围
有效土层厚度（cm）	700	91.7	30.30	33.04	35.0~150.0
耕层厚度（cm）	712	24.3	3.09	12.70	20.0~30.0
耕层容重（g/cm³）	694	1.38	0.12	8.66	1.11~1.66
有机质（g/kg）	706	16.7	6.15	36.87	4.5~43.3
全氮（g/kg）	707	0.979	0.34	35.11	0.270~2.340
有效磷（mg/kg）	686	19.1	14.10	73.80	3.8~99.3
速效钾（mg/kg）	705	195	89.94	46.17	40~535
缓效钾（mg/kg）	707	831	271.34	32.65	179~1 604
有效铜（mg/kg）	677	1.52	0.76	49.75	0.32~5.30
有效锌（mg/kg）	693	0.98	0.53	54.70	0.18~3.56
有效铁（mg/kg）	701	13.93	8.09	58.11	3.00~40.50
有效锰（mg/kg）	712	17.11	10.46	61.13	2.69~39.80
有效硼（mg/kg）	697	1.12	0.67	59.99	0.34~5.45
有效钼（mg/kg）	703	0.184	0.12	63.07	0.012~0.737
有效硫（mg/kg）	668	46.16	30.95	67.06	7.61~164.03
有效硅（mg/kg）	706	134.23	63.20	47.08	27.90~433.00

耕层质地

	砂土	砂壤土	轻壤土	中壤土	重壤土	黏土
样本数	16	101	220	335	29	12
占比（%）	2.24	14.17	30.86	46.98	4.07	1.68

土壤pH

	≤4.5	(4.5~5.5]	(5.5~6.5]	(6.5~7.5]	(7.5~8.5]	>8.5
样本数	0	0	0	2	537	174
占比（%）	0.00	0.00	0.00	0.28	75.32	24.40

灰漠土耕地土壤主要理化性状

项目名称	样本数（个）	平均值	标准差	变异系数（%）	范围
有效土层厚度（cm）	600	80.4	28.06	34.92	35.0~136.6
耕层厚度（cm）	609	26.7	3.47	12.98	20.0~30.0
耕层容重（g/cm³）	608	1.44	0.07	4.59	1.12~1.66
有机质（g/kg）	597	16.5	7.25	44.00	4.6~45.9
全氮（g/kg）	601	0.999	0.42	42.37	0.250~2.610
有效磷（mg/kg）	604	23.1	14.79	63.88	3.8~100.5
速效钾（mg/kg）	575	255	121.99	47.82	45~535
缓效钾（mg/kg）	606	872	253.94	29.13	187~1 690
有效铜（mg/kg）	569	1.47	0.83	56.22	0.30~5.52
有效锌（mg/kg）	546	0.86	0.58	67.62	0.18~3.78
有效铁（mg/kg）	561	8.76	5.94	67.78	2.20~40.50
有效锰（mg/kg）	567	7.07	4.67	66.06	1.90~39.80
有效硼（mg/kg）	582	1.86	0.98	52.78	0.40~5.37
有效钼（mg/kg）	586	0.243	0.13	54.20	0.012~0.750
有效硫（mg/kg）	581	54.67	43.00	78.65	7.60~164.00
有效硅（mg/kg）	566	199.46	81.67	40.94	26.00~443.45

耕层质地

	砂土	砂壤土	轻壤土	中壤土	重壤土	黏土
样本数	20	131	42	316	81	21
占比（%）	3.27	21.44	6.87	51.72	13.26	3.44

土壤pH

	≤4.5	(4.5~5.5]	(5.5~6.5]	(6.5~7.5]	(7.5~8.5]	>8.5
样本数	0	0	0	16	547	48
占比（%）	0.00	0.00	0.00	2.62	89.53	7.86

灰棕漠土耕地土壤主要理化性状

项目名称	样本数（个）	平均值	标准差	变异系数（%）	范　围
有效土层厚度（cm）	98	69.6	24.36	35.01	35.0~120.0
耕层厚度（cm）	109	27.3	3.71	13.59	20.0~30.0
耕层容重（g/cm³）	108	1.35	0.13	9.61	1.11~1.67
有机质（g/kg）	106	14.0	7.79	55.63	4.6~47.7
全氮（g/kg）	104	0.833	0.35	42.55	0.270~2.110
有效磷（mg/kg）	104	26.5	16.78	63.32	3.8~87.7
速效钾（mg/kg）	108	205	111.10	54.11	46~500
缓效钾（mg/kg）	106	744	312.59	42.04	281~1 644
有效铜（mg/kg）	102	1.19	0.60	50.19	0.30~4.14
有效锌（mg/kg）	106	0.84	0.51	60.16	0.18~2.50
有效铁（mg/kg）	109	11.51	5.62	48.82	2.20~25.70
有效锰（mg/kg）	109	8.46	4.83	57.12	2.00~39.80
有效硼（mg/kg）	106	2.01	1.29	64.24	0.40~5.00
有效钼（mg/kg）	100	0.221	0.17	78.36	0.012~0.745
有效硫（mg/kg）	105	46.87	37.33	79.66	17.00~158.93
有效硅（mg/kg）	106	194.59	88.98	45.73	39.90~444.00

耕层质地

砂土		砂壤土		轻壤土		中壤土		重壤土		黏土	
样本数	占比（%）	样本数	占比（%）	样本数	占比（%）	样本数	占比（%）	样本数	占比（%）	样本数	占比（%）
25	22.94	45	41.28	12	11.01	16	14.68	2	1.83	9	8.26

土壤 pH

≤4.5		(4.5~5.5]		(5.5~6.5]		(6.5~7.5]		(7.5~8.5]		>8.5	
样本数	占比（%）	样本数	占比（%）	样本数	占比（%）	样本数	占比（%）	样本数	占比（%）	样本数	占比（%）
0	0.00	0	0.00	0	0.00	1	0.92	81	74.31	27	24.77

棕漠土耕地土壤主要理化性状

项目名称	样本数（个）	平均值	标准差	变异系数（%）	范围
有效土层厚度（cm）	378	83.3	28.20	33.86	35.0～150.0
耕层厚度（cm）	377	27.9	3.31	11.86	20.0～30.0
耕层容重（g/cm³）	378	1.43	0.06	4.33	1.11～1.66
有机质（g/kg）	357	13.8	6.31	45.81	4.5～40.4
全氮（g/kg）	355	0.772	0.35	45.81	0.250～2.163
有效磷（mg/kg）	363	21.3	18.59	87.18	3.9～102.4
速效钾（mg/kg）	372	151	86.35	57.14	36～500
缓效钾（mg/kg）	367	916	340.78	37.19	205～1 688
有效铜（mg/kg）	355	1.58	0.89	56.35	0.30～5.15
有效锌（mg/kg）	371	0.96	0.52	53.59	0.20～3.80
有效铁（mg/kg）	374	15.03	8.08	53.76	2.40～40.50
有效锰（mg/kg）	375	8.87	4.45	50.22	1.90～32.50
有效硼（mg/kg）	364	1.67	1.03	61.50	0.40～5.00
有效钼（mg/kg）	371	0.187	0.13	67.35	0.012～0.720
有效硫（mg/kg）	368	47.91	37.02	77.27	8.10～162.46
有效硅（mg/kg）	362	114.62	67.05	58.50	26.20～428.73

耕层质地

砂土		砂壤土		轻壤土		中壤土		重壤土		黏土	
样本数	占比（%）	样本数	占比（%）	样本数	占比（%）	样本数	占比（%）	样本数	占比（%）	样本数	占比（%）
25	6.61	155	41.01	72	19.05	75	19.84	46	12.17	5	1.32

土壤 pH

≤4.5		(4.5～5.5]		(5.5～6.5]		(6.5～7.5]		(7.5～8.5]		>8.5	
样本数	占比（%）	样本数	占比（%）	样本数	占比（%）	样本数	占比（%）	样本数	占比（%）	样本数	占比（%）
0	0.00	0	0.00	0	0.00	1	0.26	305	80.69	72	19.05

新积土耕地土壤主要理化性状

项目名称	样本数（个）	平均值	标准差	变异系数（%）	范　围
有效土层厚度（cm）	33	69.1	21.32	30.85	40.0~120.0
耕层厚度（cm）	32	26.0	3.57	13.71	20.0~30.0
耕层容重（g/cm³）	33	1.35	0.15	10.95	1.13~1.64
有机质（g/kg）	31	17.9	7.43	41.57	5.4~33.5
全氮（g/kg）	32	0.867	0.33	37.61	0.290~1.793
有效磷（mg/kg）	27	24.3	20.19	83.04	5.1~85.4
速效钾（mg/kg）	31	167	81.02	48.56	42~345
缓效钾（mg/kg）	29	878	312.04	35.53	250~1 542
有效铜（mg/kg）	33	1.38	0.71	51.24	0.41~4.35
有效锌（mg/kg）	30	1.00	0.64	64.33	0.19~3.07
有效铁（mg/kg）	32	14.05	6.23	44.31	4.26~34.41
有效锰（mg/kg）	32	9.42	4.93	52.31	3.29~21.10
有效硼（mg/kg）	32	1.96	1.17	59.95	0.47~5.10
有效钼（mg/kg）	32	0.158	0.11	71.86	0.023~0.567
有效硫（mg/kg）	31	44.81	28.10	62.72	17.49~137.78
有效硅（mg/kg）	33	167.60	68.65	40.96	62.37~360.47

耕层质地

	砂土	砂壤土	轻壤土	中壤土	重壤土	粘土
占比（%）	12.12	24.24	9.09	36.36	9.09	9.09
样本数	4	8	3	12	3	3

土壤 pH

	≤4.5	(4.5~5.5]	(5.5~6.5]	(6.5~7.5]	(7.5~8.5]	>8.5
占比（%）	0.00	0.00	0.00	3.03	72.73	24.24
样本数	0	0	0	1	24	8

龟裂土耕地土壤主要理化性状

项目名称	样本数（个）	平均值	标准差	变异系数（%）	范围
有效土层厚度（cm）	26	87.6	21.03	24.02	55.0~120.0
耕层厚度（cm）	26	29.2	1.84	6.29	25.0~30.0
耕层容重（g/cm³）	26	1.47	0.07	4.55	1.35~1.66
有机质（g/kg）	26	11.1	4.45	40.08	4.9~24.8
全氮（g/kg）	25	0.666	0.26	39.32	0.260~1.371
有效磷（mg/kg）	25	26.7	19.20	71.87	9.1~84.3
速效钾（mg/kg）	26	197	125.74	63.94	39~500
缓效钾（mg/kg）	26	822	389.85	47.45	278~1 433
有效铜（mg/kg）	26	1.66	0.84	50.71	0.55~3.14
有效锌（mg/kg）	25	0.71	0.29	41.59	0.27~1.53
有效铁（mg/kg）	26	14.91	7.44	49.89	2.22~31.78
有效锰（mg/kg）	25	8.81	5.15	58.48	3.80~21.00
有效硼（mg/kg）	26	2.41	1.51	62.73	0.80~5.00
有效钼（mg/kg）	26	0.142	0.16	114.06	0.030~0.670
有效硫（mg/kg）	26	32.46	24.28	74.81	24.00~140.98
有效硅（mg/kg）	24	171.46	79.51	46.37	40.20~353.02

耕层质地

	砂土		砂壤土		轻壤土		中壤土		重壤土		黏土	
	样本数	占比（%）	样本数	占比（%）	样本数	占比（%）	样本数	占比（%）	样本数	占比（%）	样本数	占比（%）
	0	0.00	11	42.31	0	0.00	3	11.54	5	19.23	7	26.92

土壤 pH

	≤4.5		(4.5~5.5]		(5.5~6.5]		(6.5~7.5]		(7.5~8.5]		>8.5	
	样本数	占比（%）	样本数	占比（%）	样本数	占比（%）	样本数	占比（%）	样本数	占比（%）	样本数	占比（%）
	0	0.00	0	0.00	0	0.00	0	0.00	21	80.77	5	19.23

风沙土耕地土壤主要理化性状

项目名称	样本数（个）	平均值	标准差	变异系数（%）	范　围
有效土层厚度（cm）	411	90.1	19.85	22.02	35.0~120.0
耕层厚度（cm）	440	26.9	4.08	15.14	20.0~30.0
耕层容重（g/cm³）	406	1.38	0.12	8.40	1.11~1.66
有机质（g/kg）	409	11.5	4.87	42.35	4.5~36.5
全氮（g/kg）	404	0.648	0.31	47.84	0.250~2.240
有效磷（mg/kg）	416	19.6	15.37	78.45	3.8~98.4
速效钾（mg/kg）	435	161	91.09	56.47	37~502
缓效钾（mg/kg）	424	764	353.33	46.22	176~1 614
有效铜（mg/kg）	413	1.15	0.67	58.50	0.30~4.45
有效锌（mg/kg）	428	0.78	0.54	69.61	0.17~3.12
有效铁（mg/kg）	440	11.54	5.79	50.16	3.25~40.50
有效锰（mg/kg）	441	7.63	3.61	47.31	2.30~39.80
有效硼（mg/kg）	400	1.64	1.05	63.78	0.35~5.47
有效钼（mg/kg）	432	0.147	0.11	75.11	0.012~0.740
有效硫（mg/kg）	416	49.09	36.30	73.96	8.33~162.10
有效硅（mg/kg）	426	160.07	73.04	45.63	34.37~439.00

耕层质地

	砂土	砂壤土	轻壤土	中壤土	重壤土	黏土
样本数	211	174	14	32	8	4
占比（%）	47.63	39.28	3.16	7.22	1.81	0.90

土壤 pH

	≤4.5	(4.5~5.5]	(5.5~6.5]	(6.5~7.5]	(7.5~8.5]	>8.5
样本数	0	0	0	2	265	176
占比（%）	0.00	0.00	0.00	0.45	59.82	39.73

粗骨土耕地土壤主要理化性状

项目名称	样本数（个）	平均值	标准差	变异系数（%）	范围
有效土层厚度（cm）	18	69.7	21.92	31.47	50.0~100.0
耕层厚度（cm）	18	24.9	5.05	20.30	20.0~30.0
耕层容重（g/cm³）	18	1.41	0.07	5.22	1.29~1.56
有机质（g/kg）	18	12.2	3.04	24.85	5.2~16.3
全氮（g/kg）	17	0.712	0.19	26.34	0.275~1.188
有效磷（mg/kg）	17	12.2	6.36	52.16	5.1~25.9
速效钾（mg/kg）	18	270	95.87	35.49	121~462
缓效钾（mg/kg）	18	834	252.50	30.27	454~1 358
有效铜（mg/kg）	18	1.35	0.93	68.46	0.31~2.85
有效锌（mg/kg）	16	0.62	0.26	42.40	0.28~1.22
有效铁（mg/kg）	18	14.22	9.52	66.99	4.29~38.05
有效锰（mg/kg）	18	9.90	1.94	19.62	5.51~13.38
有效硼（mg/kg）	18	2.41	0.94	38.98	0.90~4.75
有效钼（mg/kg）	18	0.150	0.11	71.96	0.027~0.424
有效硫（mg/kg）	18	31.11	28.46	91.47	7.81~125.04
有效硅（mg/kg）	18	166.77	50.25	30.13	81.18~247.40

耕层质地

	砂土		砂壤土		轻壤土		中壤土		重壤土		黏土	
	样本数	占比（%）	样本数	占比（%）	样本数	占比（%）	样本数	占比（%）	样本数	占比（%）	样本数	占比（%）
	5	27.78	5	27.78	6	33.33	1	5.56	0	0.00	1	5.56

土壤pH

	≤4.5		(4.5~5.5]		(5.5~6.5]		(6.5~7.5]		(7.5~8.5]		>8.5	
	样本数	占比（%）	样本数	占比（%）	样本数	占比（%）	样本数	占比（%）	样本数	占比（%）	样本数	占比（%）
	0	0.00	0	0.00	0	0.00	1	5.56	14	77.78	4	22.22

石质土耕地土壤主要理化性状

项目名称	样本数（个）	平均值	标准差	变异系数（%）	范围
有效土层厚度（cm）	6	45.0	7.75	17.21	35.0～50.0
耕层厚度（cm）	6	24.5	1.22	5.00	22.0～25.0
耕层容重（g/cm³）	6	1.32	0.09	6.69	1.25～1.44
有机质（g/kg）	6	11.6	3.49	30.10	7.5～17.5
全氮（g/kg）	6	0.702	0.21	30.08	0.420～1.050
有效磷（mg/kg）	6	19.5	13.33	68.42	7.9～41.0
速效钾（mg/kg）	6	109	13.18	12.13	94～132
缓效钾（mg/kg）	6	768	285.85	37.23	474～1 151
有效铜（mg/kg）	6	1.05	0.48	46.19	0.66～1.99
有效锌（mg/kg）	6	0.44	0.18	41.97	0.25～0.72
有效铁（mg/kg）	6	12.70	6.74	53.06	3.80～19.16
有效锰（mg/kg）	6	5.85	2.65	45.24	2.40～8.86
有效硼（mg/kg）	5	1.81	0.61	33.56	1.09～2.53
有效钼（mg/kg）	6	0.148	0.10	66.17	0.057～0.330
有效硫（mg/kg）	6	64.07	42.53	66.38	17.30～133.23
有效硅（mg/kg）	6	209.96	37.99	18.09	159.00～251.39

耕层质地

	砂土	砂壤土	轻壤土	中壤土	重壤土	黏土
样本数	1	3	0	2	0	0
占比（%）	16.67	50.00	0.00	33.33	0.00	0.00

土壤 pH

	≤4.5	(4.5～5.5]	(5.5～6.5]	(6.5～7.5]	(7.5～8.5]	>8.5
样本数	0	0	0	4	2	0
占比（%）	0.00	0.00	0.00	66.67	33.33	0.00

草甸土耕地土壤主要理化性状

项目名称	样本数（个）	平均值	标准差	变异系数（%）	范 围
有效土层厚度（cm）	1 394	100.1	24.06	24.05	35.0～150.0
耕层厚度（cm）	1 397	28.0	3.04	10.85	20.0～30.0
耕层容重（g/cm³）	1 400	1.44	0.06	4.26	1.11～1.67
有机质（g/kg）	1 349	14.7	7.29	49.51	4.7～47.8
全氮（g/kg）	1 349	0.835	0.41	49.37	0.250～2.610
有效磷（mg/kg）	1 365	26.1	18.31	70.27	3.8～103.0
速效钾（mg/kg）	1 371	184	113.44	61.62	35～532
缓效钾（mg/kg）	1 359	960	312.96	32.60	184～1 685
有效铜（mg/kg）	1 355	1.68	0.84	50.21	0.30～5.41
有效锌（mg/kg）	1 349	0.92	0.56	61.06	0.18～3.80
有效铁（mg/kg）	1 365	14.68	8.45	57.55	2.25～40.50
有效锰（mg/kg）	1 376	7.88	5.68	72.13	1.90～39.80
有效硼（mg/kg）	1 339	1.84	0.90	49.02	0.37～5.60
有效钼（mg/kg）	1 355	0.223	0.14	62.98	0.012～0.740
有效硫（mg/kg）	1 357	45.64	35.84	78.52	7.76～165.05
有效硅（mg/kg）	1 339	147.40	87.20	59.16	26.00～443.57

耕层质地

砂土		砂壤土		轻壤土		中壤土		重壤土		黏土	
样本数	占比（%）	样本数	占比（%）	样本数	占比（%）	样本数	占比（%）	样本数	占比（%）	样本数	占比（%）
74	5.27	405	28.85	198	14.10	470	33.48	199	14.17	58	4.13

土壤pH

≤4.5		(4.5～5.5]		(5.5～6.5]		(6.5～7.5]		(7.5～8.5]		>8.5	
样本数	占比（%）	样本数	占比（%）	样本数	占比（%）	样本数	占比（%）	样本数	占比（%）	样本数	占比（%）
0	0.00	0	0.00	0	0.00	23	1.64	1 202	85.61	179	12.75

潮土耕地土壤主要理化性状

项目名称	样本数（个）	平均值	标准差	变异系数（%）	范　围
有效土层厚度（cm）	2 400	98.5	20.83	21.14	35.0～150.0
耕层厚度（cm）	2 392	27.9	3.24	11.62	20.0～30.0
耕层容重（g/cm³）	2 353	1.44	0.09	6.16	1.11～1.67
有机质（g/kg）	2 346	15.2	6.59	43.33	4.5～47.5
全氮（g/kg）	2 343	0.873	0.37	42.45	0.250～2.480
有效磷（mg/kg）	2 344	23.9	17.21	71.92	3.8～101.8
速效钾（mg/kg）	2 324	201	112.58	55.89	34～535
缓效钾（mg/kg）	2 351	880	296.27	33.66	177～1 694
有效铜（mg/kg）	2 337	1.75	0.85	48.33	0.30～5.50
有效锌（mg/kg）	2 328	0.89	0.55	61.80	0.17～3.83
有效铁（mg/kg）	2 350	14.49	7.86	54.21	2.20～40.50
有效锰（mg/kg）	2 378	8.54	4.79	56.07	1.90～39.80
有效硼（mg/kg）	2 307	1.99	1.06	53.21	0.36～5.60
有效钼（mg/kg）	2 338	0.184	0.12	67.45	0.012～0.750
有效硫（mg/kg）	2 336	46.77	36.30	77.61	7.50～165.07
有效硅（mg/kg）	2 294	166.14	80.34	48.36	25.60～442.30

耕层质地

	砂土		砂壤土		轻壤土		中壤土		重壤土		黏土	
	样本数	占比（%）	样本数	占比（%）	样本数	占比（%）	样本数	占比（%）	样本数	占比（%）	样本数	占比（%）
	116	4.82	430	17.86	334	13.87	971	40.32	346	14.37	211	8.76

土壤pH

	≤4.5		(4.5～5.5]		(5.5～6.5]		(6.5～7.5]		(7.5～8.5]		>8.5	
	样本数	占比（%）	样本数	占比（%）	样本数	占比（%）	样本数	占比（%）	样本数	占比（%）	样本数	占比（%）
	0	0.00	0	0.00	0	0.00	28	1.16	1 836	76.25	544	22.59

林灌草甸土耕地土壤主要理化性状

项目名称	样本数（个）	平均值	标准差	变异系数（%）	范　　围
有效土层厚度（cm）	131	94.7	22.28	23.53	40.0～150.0
耕层厚度（cm）	132	28.4	2.68	9.47	20.0～30.0
耕层容重（g/cm³）	127	1.43	0.07	4.63	1.15～1.56
有机质（g/kg）	118	12.2	5.94	48.66	4.6～44.0
全氮（g/kg）	116	0.664	0.34	51.37	0.250～1.850
有效磷（mg/kg）	131	23.3	13.83	59.43	4.5～77.0
速效钾（mg/kg）	133	142	76.94	54.32	46～508
缓效钾（mg/kg）	132	983	305.33	31.06	256～1 691
有效铜（mg/kg）	131	1.79	0.98	54.93	0.50～5.06
有效锌（mg/kg）	131	0.82	0.39	47.28	0.23～2.58
有效铁（mg/kg）	132	16.61	8.59	51.70	3.40～40.50
有效锰（mg/kg）	131	7.71	6.87	89.10	2.50～39.80
有效硼（mg/kg）	132	1.83	0.95	51.89	0.41～5.17
有效钼（mg/kg）	131	0.196	0.14	71.05	0.016～0.720
有效硫（mg/kg）	123	38.41	28.29	73.66	7.50～164.42
有效硅（mg/kg）	130	114.62	56.03	48.88	26.10～289.43

耕层质地

砂土		砂壤土		轻壤土		中壤土		重壤土		黏土	
样本数	占比（%）	样本数	占比（%）	样本数	占比（%）	样本数	占比（%）	样本数	占比（%）	样本数	占比（%）
26	19.55	46	34.59	8	6.02	46	34.59	6	4.51	1	0.75

土壤pH

≤4.5		(4.5～5.5]		(5.5～6.5]		(6.5～7.5]		(7.5～8.5]		>8.5	
样本数	占比（%）	样本数	占比（%）	样本数	占比（%）	样本数	占比（%）	样本数	占比（%）	样本数	占比（%）
0	0.00	0	0.00	0	0.00	4	3.01	104	78.20	25	18.80

沼泽土耕地土壤主要理化性状

项目名称	样本数（个）	平均值	标准差	变异系数（%）	范　围
有效土层厚度（cm）	144	102.3	22.44	21.93	35.0~150.0
耕层厚度（cm）	144	27.5	3.09	11.24	20.0~30.0
耕层容重（g/cm³）	144	1.45	0.05	3.59	1.27~1.63
有机质（g/kg）	137	17.0	8.74	51.30	4.7~44.6
全氮（g/kg）	138	0.909	0.41	45.18	0.270~2.180
有效磷（mg/kg）	142	26.2	19.23	73.33	4.0~101.6
速效钾（mg/kg）	137	173	103.19	59.51	40~522
缓效钾（mg/kg）	142	835	315.94	37.84	248~1 644
有效铜（mg/kg）	129	1.96	0.93	47.14	0.38~5.20
有效锌（mg/kg）	142	0.90	0.46	50.85	0.20~3.13
有效铁（mg/kg）	143	19.75	10.98	55.58	2.75~40.50
有效锰（mg/kg）	141	10.85	8.45	77.89	2.33~39.80
有效硼（mg/kg）	140	1.95	1.10	56.29	0.39~5.25
有效钼（mg/kg）	133	0.244	0.14	59.00	0.020~0.710
有效硫（mg/kg）	136	50.32	39.62	78.73	9.58~162.45
有效硅（mg/kg）	138	143.52	88.09	61.38	32.60~438.00

耕层质地

	砂土	砂壤土	轻壤土	中壤土	重壤土	黏土
样本数	1	20	29	60	29	5
占比（%）	0.69	13.89	20.14	41.67	20.14	3.47

土壤 pH

	≤4.5	(4.5~5.5]	(5.5~6.5]	(6.5~7.5]	(7.5~8.5]	>8.5
样本数	0	0	0	1	126	17
占比（%）	0.00	0.00	0.00	0.69	87.50	11.81

草甸盐土耕地土壤主要理化性状

项目名称	样本数（个）	平均值	标准差	变异系数（%）	范围
有效土层厚度（cm）	480	95.2	17.59	18.48	35.0~150.0
耕层厚度（cm）	495	27.4	3.67	13.42	20.0~30.0
耕层容重（g/cm³）	467	1.42	0.11	8.06	1.11~1.66
有机质（g/kg）	492	12.7	4.19	32.85	4.5~31.0
全氮（g/kg）	491	0.741	0.28	37.78	0.250~1.930
有效磷（mg/kg）	489	23.1	19.09	82.64	3.8~102.2
速效钾（mg/kg）	488	204	103.39	50.69	34~531
缓效钾（mg/kg）	486	861	289.40	33.59	203~1 664
有效铜（mg/kg）	466	1.61	0.88	54.53	0.30~5.44
有效锌（mg/kg）	479	0.84	0.56	65.96	0.18~3.80
有效铁（mg/kg）	476	17.00	8.53	50.17	3.58~40.50
有效锰（mg/kg）	493	9.19	3.21	34.90	2.20~21.00
有效硼（mg/kg）	470	2.08	1.13	54.33	0.35~5.60
有效钼（mg/kg）	482	0.182	0.14	77.79	0.020~0.750
有效硫（mg/kg）	484	42.46	31.20	73.49	7.50~165.00
有效硅（mg/kg）	479	150.92	67.83	44.95	26.36~395.20

耕层质地

	砂土		砂壤土		轻壤土		中壤土		重壤土		黏土	
	样本数	占比（%）	样本数	占比（%）	样本数	占比（%）	样本数	占比（%）	样本数	占比（%）	样本数	占比（%）
	67	13.51	110	22.18	106	21.37	125	25.20	45	9.07	43	8.67

土壤 pH

	≤4.5		(4.5~5.5]		(5.5~6.5]		(6.5~7.5]		(7.5~8.5]		>8.5	
	样本数	占比（%）	样本数	占比（%）	样本数	占比（%）	样本数	占比（%）	样本数	占比（%）	样本数	占比（%）
	0	0.00	0	0.00	0	0.00	10	2.02	269	54.23	217	43.75

碱土耕地土壤主要理化性状

项目名称	样本数（个）	平均值	标准差	变异系数（%）	范　围
有效土层厚度（cm）	3	83.3	28.87	34.64	50.0~100.0
耕层厚度（cm）	3	20.0	0.00	0.00	20.0~20.0
耕层容重（g/cm³）	3	1.43	0.03	2.14	1.40~1.46
有机质（g/kg）	3	11.5	3.62	31.47	7.4~14.0
全氮（g/kg）	3	0.746	0.19	25.72	0.534~0.908
有效磷（mg/kg）	3	25.2	13.87	54.96	11.4~39.2
速效钾（mg/kg）	3	171	117.30	68.58	90~306
缓效钾（mg/kg）	3	753	227.83	30.25	573~1 009
有效铜（mg/kg）	3	1.94	0.59	30.54	1.36~2.55
有效锌（mg/kg）	2	0.62	0.25	39.89	0.44~0.79
有效铁（mg/kg）	3	25.00	13.21	52.83	10.44~36.22
有效锰（mg/kg）	3	12.43	1.88	15.13	10.26~13.54
有效硼（mg/kg）	3	1.86	0.39	20.75	1.45~2.21
有效钼（mg/kg）	3	0.131	0.02	14.82	0.108~0.142
有效硫（mg/kg）	3	46.82	51.95	110.96	15.23~106.77
有效硅（mg/kg）	3	173.35	17.80	10.27	161.46~193.82

耕层质地

砂土		砂壤土		轻壤土		中壤土		重壤土		黏土	
样本数	占比（%）	样本数	占比（%）	样本数	占比（%）	样本数	占比（%）	样本数	占比（%）	样本数	占比（%）
0	0.00	1	33.33	1	33.33	0	0.00	0	0.00	1	33.33

土壤 pH

≤4.5		(4.5~5.5]		(5.5~6.5]		(6.5~7.5]		(7.5~8.5]		>8.5	
样本数	占比（%）	样本数	占比（%）	样本数	占比（%）	样本数	占比（%）	样本数	占比（%）	样本数	占比（%）
0	0.00	0	0.00	0	0.00	0	0.00	0	0.00	3	100.00

水稻土耕地土壤主要理化性状

项目名称	样本数（个）	平均值	标准差	变异系数（%）	范围
有效土层厚度（cm）	39	115.4	16.79	14.55	50.0~150.0
耕层厚度（cm）	39	26.8	3.69	13.76	20.0~30.0
耕层容重（g/cm³）	39	1.45	0.07	4.98	1.33~1.65
有机质（g/kg）	36	21.2	11.81	55.63	4.9~48.6
全氮（g/kg）	37	1.068	0.59	55.14	0.250~2.500
有效磷（mg/kg）	39	29.9	16.94	56.63	5.3~65.9
速效钾（mg/kg）	39	151	76.70	50.81	46~437
缓效钾（mg/kg）	37	897	286.82	31.97	231~1 392
有效铜（mg/kg）	38	2.58	0.88	33.98	0.50~4.17
有效锌（mg/kg）	35	1.42	0.82	58.11	0.20~3.44
有效铁（mg/kg）	39	22.01	7.72	35.08	7.70~40.50
有效锰（mg/kg）	38	10.70	5.72	53.45	3.90~39.80
有效硼（mg/kg）	37	2.95	1.36	46.12	1.10~4.90
有效钼（mg/kg）	39	0.230	0.14	62.87	0.040~0.650
有效硫（mg/kg）	37	57.91	39.35	67.95	20.00~155.62
有效硅（mg/kg）	38	119.77	41.71	34.82	41.40~253.44

耕层质地

	砂土	砂壤土	轻壤土	中壤土	重壤土	黏土
样本数	0	3	11	5	11	9
占比（%）	0.00	7.69	28.21	12.82	28.21	23.08

土壤pH

	≤4.5	(4.5~5.5]	(5.5~6.5]	(6.5~7.5]	(7.5~8.5]	>8.5
样本数	0	0	0	0	33	6
占比（%）	0.00	0.00	0.00	0.00	84.62	15.38

灌淤土耕地土壤主要理化性状

项目名称	样本数（个）	平均值	标准差	变异系数（%）	范　围
有效土层厚度 (cm)	1 492	102.5	24.47	23.87	35.0~150.0
耕层厚度 (cm)	1 535	27.3	3.67	13.41	20.0~30.0
耕层容重 (g/cm³)	1 487	1.39	0.12	8.34	1.11~1.67
有机质 (g/kg)	1 510	14.3	5.38	37.71	4.5~45.2
全氮 (g/kg)	1 509	0.810	0.30	37.64	0.250~2.520
有效磷 (mg/kg)	1 463	27.4	21.22	77.55	3.7~101.9
速效钾 (mg/kg)	1 452	158	94.39	59.55	34~532
缓效钾 (mg/kg)	1 436	892	341.59	38.29	177~1 695
有效铜 (mg/kg)	1 495	1.45	0.75	51.97	0.30~5.39
有效锌 (mg/kg)	1 485	0.98	0.61	61.62	0.17~3.81
有效铁 (mg/kg)	1 514	14.36	6.93	48.23	2.50~40.50
有效锰 (mg/kg)	1 507	7.86	3.61	45.94	1.90~29.80
有效硼 (mg/kg)	1 509	1.71	0.99	58.26	0.34~5.56
有效钼 (mg/kg)	1 504	0.158	0.11	70.74	0.012~0.713
有效硫 (mg/kg)	1 474	46.02	33.89	73.63	7.52~163.56
有效硅 (mg/kg)	1 505	138.52	78.23	56.48	25.80~443.80

耕层质地

	砂土	砂壤土	轻壤土	中壤土	重壤土	黏土
样本数	46	395	267	613	163	53
占比（%）	2.99	25.70	17.37	39.88	10.61	3.45

土壤 pH

	≤4.5	(4.5~5.5]	(5.5~6.5]	(6.5~7.5]	(7.5~8.5]	>8.5
样本数	0	0	0	4	1 166	367
占比（%）	0.00	0.00	0.00	0.26	75.86	23.88

灌漠土耕地土壤主要理化性状

项目名称	样本数（个）	平均值	标准差	变异系数（%）	范围
有效土层厚度（cm）	881	90.3	27.53	30.49	35.0～150.0
耕层厚度（cm）	890	23.3	4.10	17.55	20.0～30.0
耕层容重（g/cm³）	791	1.28	0.14	10.82	1.11～1.65
有机质（g/kg）	875	18.7	6.42	34.36	4.9～45.6
全氮（g/kg）	881	1.061	0.34	32.19	0.250～2.510
有效磷（mg/kg）	772	35.1	24.18	68.82	4.7～103.0
速效钾（mg/kg）	771	173	99.73	57.54	34～518
缓效钾（mg/kg）	779	737	319.34	43.34	175～1 686
有效铜（mg/kg）	876	1.56	0.63	40.44	0.31～5.20
有效锌（mg/kg）	853	1.09	0.62	57.05	0.18～3.83
有效铁（mg/kg）	885	14.85	5.80	39.08	2.26～29.70
有效锰（mg/kg）	872	9.01	3.78	41.95	1.90～39.80
有效硼（mg/kg）	871	1.23	0.75	60.88	0.34～5.60
有效钼（mg/kg）	886	0.109	0.12	106.74	0.012～0.747
有效硫（mg/kg）	869	40.40	30.28	74.94	7.56～163.15
有效硅（mg/kg）	877	160.37	56.46	35.21	44.70～435.73

耕层质地

	砂土	砂壤土	轻壤土	中壤土	重壤土	黏土
样本数	25	282	149	392	35	7
占比（%）	2.81	31.69	16.74	44.04	3.93	0.79

土壤pH

	≤4.5	(4.5～5.5]	(5.5～6.5]	(6.5～7.5]	(7.5～8.5]	>8.5
样本数	0	0	0	1	681	208
占比（%）	0.00	0.00	0.00	0.11	76.52	23.37

二、亚 类

灰褐土—典型灰褐土耕地土壤主要理化性状

项目名称	样本数（个）	平均值	标准差	变异系数（%）	范围
有效土层厚度（cm）	4	76.5	15.59	20.38	63.0~90.0
耕层厚度（cm）	4	25.0	5.77	23.09	20.0~30.0
耕层容重（g/cm³）	4	1.39	0.04	2.85	1.33~1.42
有机质（g/kg）	4	14.5	3.30	22.73	10.9~18.4
全氮（g/kg）	4	0.873	0.25	28.28	0.598~1.110
有效磷（mg/kg）	4	16.1	12.16	75.54	5.5~33.4
速效钾（mg/kg）	4	258	143.83	55.70	118~458
缓效钾（mg/kg）	4	974	110.41	11.33	860~1 074
有效铜（mg/kg）	4	1.30	0.98	75.56	0.37~2.24
有效锌（mg/kg）	4	0.53	0.21	40.64	0.21~0.67
有效铁（mg/kg）	4	9.81	6.14	62.55	3.43~15.39
有效锰（mg/kg）	4	14.36	7.01	48.80	6.41~21.51
有效硼（mg/kg）	4	1.94	1.01	52.08	0.43~2.57
有效钼（mg/kg）	4	0.134	0.12	86.40	0.030~0.267
有效硫（mg/kg）	4	66.36	57.41	86.50	17.17~131.74
有效硅（mg/kg）	4	92.99	20.93	22.51	71.57~115.26

耕层质地

	砂土		砂壤土		轻壤土		中壤土		重壤土		黏土	
	样本数	占比（%）	样本数	占比（%）	样本数	占比（%）	样本数	占比（%）	样本数	占比（%）	样本数	占比（%）
	0	0.00	0	0.00	2	50.00	2	50.00	0	0.00	0	0.00

土壤pH

	≤4.5		(4.5~5.5]		(5.5~6.5]		(6.5~7.5]		(7.5~8.5]		>8.5	
	样本数	占比（%）	样本数	占比（%）	样本数	占比（%）	样本数	占比（%）	样本数	占比（%）	样本数	占比（%）
	0	0.00	0	0.00	0	0.00	0	0.00	4	100.00	0	0.00

灰褐土—淋溶灰褐土耕地土壤主要理化性状

项目名称	样本数（个）	平均值	标准差	变异系数（%）	范　围
有效土层厚度（cm）	15	90.2	16.10	17.85	50.0~100.0
耕层厚度（cm）	15	29.9	0.52	1.73	28.0~30.0
耕层容重（g/cm³）	14	1.40	0.14	9.85	1.21~1.58
有机质（g/kg）	14	12.1	3.77	31.14	7.3~18.7
全氮（g/kg）	15	0.764	0.48	62.71	0.305~2.220
有效磷（mg/kg）	14	10.1	9.55	94.86	4.3~39.4
速效钾（mg/kg）	15	237	96.68	40.78	122~436
缓效钾（mg/kg）	15	944	252.18	26.72	463~1 303
有效铜（mg/kg）	15	1.34	0.77	57.45	0.38~3.02
有效锌（mg/kg）	15	0.68	0.62	90.96	0.29~2.75
有效铁（mg/kg）	15	20.36	13.12	64.43	4.31~40.50
有效锰（mg/kg）	15	11.18	8.12	72.66	5.53~39.80
有效硼（mg/kg）	15	3.23	1.33	41.16	1.23~4.95
有效钼（mg/kg）	15	0.140	0.09	60.89	0.030~0.366
有效硫（mg/kg）	15	26.91	17.01	63.19	9.81~65.40
有效硅（mg/kg）	15	130.10	87.02	66.89	70.64~421.60

耕层质地

	砂土		砂壤土		轻壤土		中壤土		重壤土		黏土	
	样本数	占比（%）	样本数	占比（%）	样本数	占比（%）	样本数	占比（%）	样本数	占比（%）	样本数	占比（%）
	6	40.00	6	40.00	3	20.00	0	0.00	0	0.00	0	0.00

土壤 pH

	≤4.5		(4.5~5.5]		(5.5~6.5]		(6.5~7.5]		(7.5~8.5]		>8.5	
	样本数	占比（%）	样本数	占比（%）	样本数	占比（%）	样本数	占比（%）	样本数	占比（%）	样本数	占比（%）
	0	0.00	0	0.00	0	0.00	0	0.00	9	60.00	6	40.00

黑钙土—典型黑钙土耕地土壤主要理化性状

项目名称	样本数（个）	平均值	标准差	变异系数（%）	范　围
有效土层厚度（cm）	91	98.0	9.57	9.76	74.0～120.0
耕层厚度（cm）	91	28.4	3.25	11.44	20.0～30.0
耕层容重（g/cm³）	91	1.41	0.05	3.31	1.25～1.50
有机质（g/kg）	32	32.1	13.24	41.30	8.2～47.9
全氮（g/kg）	36	1.736	0.64	36.85	0.521～2.550
有效磷（mg/kg）	87	17.7	10.10	56.91	6.0～56.2
速效钾（mg/kg）	86	264	100.41	38.10	109～512
缓效钾（mg/kg）	89	1 036	286.82	27.69	304～1 574
有效铜（mg/kg）	84	2.00	0.77	38.51	0.68～4.97
有效锌（mg/kg）	90	0.97	0.50	51.18	0.21～2.57
有效铁（mg/kg）	91	22.00	11.64	52.93	2.90～40.50
有效锰（mg/kg）	90	29.76	11.87	39.90	3.56～39.80
有效硼（mg/kg）	87	1.62	0.70	43.42	0.41～4.81
有效钼（mg/kg）	91	0.216	0.11	52.63	0.050～0.680
有效硫（mg/kg）	86	48.01	30.41	63.33	8.57～134.02
有效硅（mg/kg）	88	194.62	75.14	38.61	28.26～388.98

耕层质地

	砂土	砂壤土	轻壤土	中壤土	重壤土	黏土
样本数	0	4	12	58	14	3
占比（%）	0.00	4.40	13.19	63.74	15.38	3.30

土壤 pH

	≤4.5	(4.5～5.5]	(5.5～6.5]	(6.5～7.5]	(7.5～8.5]	>8.5
样本数	0	0	0	7	78	6
占比（%）	0.00	0.00	0.00	7.69	85.71	6.59

黑钙土—淋溶黑钙土耕地土壤主要理化性状

项目名称	样本数（个）	平均值	标准差	变异系数（%）	范围
有效土层厚度（cm）	64	78.7	25.81	32.79	35.0~105.0
耕层厚度（cm）	64	29.7	1.75	5.91	20.0~30.0
耕层容重（g/cm³）	64	1.42	0.04	2.79	1.40~1.50
有机质（g/kg）	10	42.6	5.14	12.07	32.8~47.5
全氮（g/kg）	15	2.061	0.52	25.00	1.140~2.600
有效磷（mg/kg）	61	20.2	12.41	61.56	5.8~61.8
速效钾（mg/kg）	62	246	99.95	40.61	66~504
缓效钾（mg/kg）	64	1 087	253.15	23.29	346~1 514
有效铜（mg/kg）	58	2.01	0.74	36.64	1.20~4.97
有效锌（mg/kg）	64	0.91	0.26	28.62	0.39~1.70
有效铁（mg/kg）	63	23.43	10.98	46.87	2.60~40.50
有效锰（mg/kg）	64	33.98	8.44	24.85	8.40~39.80
有效硼（mg/kg）	64	1.55	0.54	34.81	0.56~3.10
有效钼（mg/kg）	62	0.194	0.10	51.51	0.040~0.535
有效硫（mg/kg）	63	50.89	33.74	66.29	7.50~157.60
有效硅（mg/kg）	62	219.23	64.57	29.45	78.76~413.08

耕层质地

砂土		砂壤土		轻壤土		中壤土		重壤土		黏土	
样本数	占比（%）	样本数	占比（%）	样本数	占比（%）	样本数	占比（%）	样本数	占比（%）	样本数	占比（%）
0	0.00	0	0.00	12	18.75	49	76.56	3	4.69	0	0.00

土壤pH

≤4.5		(4.5~5.5]		(5.5~6.5]		(6.5~7.5]		(7.5~8.5]		>8.5	
样本数	占比（%）	样本数	占比（%）	样本数	占比（%）	样本数	占比（%）	样本数	占比（%）	样本数	占比（%）
0	0.00	0	0.00	0	0.00	3	4.69	61	95.31	0	0.00

黑钙土—石灰性黑钙土耕地土壤主要理化性状

项目名称	样本数（个）	平均值	标准差	变异系数（%）	范 围
有效土层厚度（cm）	2	65.0	21.21	32.64	50.0～80.0
耕层厚度（cm）	2	25.0	7.07	28.28	20.0～30.0
耕层容重（g/cm³）	2	1.52	0.11	7.44	1.44～1.60
有机质（g/kg）	2	19.5	12.26	62.98	10.8～28.1
全氮（g/kg）	2	1.074	0.62	57.41	0.638～1.510
有效磷（mg/kg）	2	28.3	29.22	103.11	7.7～49.0
速效钾（mg/kg）	2	325	234.29	72.16	159～490
缓效钾（mg/kg）	2	1 049	538.54	51.35	668～1 430
有效铜（mg/kg）	2	1.04	0.18	16.99	0.92～1.17
有效锌（mg/kg）	2	1.34	0.92	68.59	0.69～1.99
有效铁（mg/kg）	2	10.19	4.25	41.70	7.19～13.20
有效锰（mg/kg）	2	10.48	0.12	1.11	10.40～10.56
有效硼（mg/kg）	2	0.84	0.28	33.91	0.64～1.04
有效钼（mg/kg）	2	0.131	0.00	2.48	0.129～0.134
有效硫（mg/kg）	1	80.00	—	—	—
有效硅（mg/kg）	2	277.54	123.69	44.57	190.08～365.00

耕层质地

	砂土		砂壤土		轻壤土		中壤土		重壤土		黏土	
	样本数	占比（%）	样本数	占比（%）	样本数	占比（%）	样本数	占比（%）	样本数	占比（%）	样本数	占比（%）
	0	0.00	1	50.00	0	0.00	1	50.00	0	0.00	0	0.00

土壤 pH

	≤4.5		(4.5～5.5]		(5.5～6.5]		(6.5～7.5]		(7.5～8.5]		>8.5	
	样本数	占比（%）	样本数	占比（%）	样本数	占比（%）	样本数	占比（%）	样本数	占比（%）	样本数	占比（%）
	0	0.00	0	0.00	0	0.00	0	0.00	1	50.00	1	50.00

黑钙土—盐化黑钙土耕地土壤主要理化性状

项目名称	样本数（个）	平均值	标准差	变异系数（%）	范　围
有效土层厚度（cm）	2	100.0	0.00	0.00	100.0～100.0
耕层厚度（cm）	2	25.0	7.07	28.28	20.0～30.0
耕层容重（g/cm³）	2	1.50	0.00	0.00	1.50～1.50
有机质（g/kg）	1	20.1	—	—	—
全氮（g/kg）	2	1.565	0.67	42.92	1.090～2.040
有效磷（mg/kg）	2	13.6	0.42	3.12	13.3～13.9
速效钾（mg/kg）	2	170	21.21	12.48	155～185
缓效钾（mg/kg）	2	945	126.57	13.40	855～1 034
有效铜（mg/kg）	2	1.32	0.03	2.14	1.30～1.34
有效锌（mg/kg）	2	1.55	1.34	86.68	0.60～2.50
有效铁（mg/kg）	2	13.10	9.76	74.49	6.20～20.00
有效锰（mg/kg）	2	26.00	19.52	75.06	12.20～39.80
有效硼（mg/kg）	2	1.10	0.14	12.86	1.00～1.20
有效钼（mg/kg）	2	0.190	0.07	37.22	0.140～0.240
有效硫（mg/kg）	2	50.09	53.90	107.60	11.98～88.20
有效硅（mg/kg）	2	116.82	34.10	29.19	92.70～140.93

耕层质地

砂土		砂壤土		轻壤土		中壤土		重壤土		黏土	
样本数	占比（%）	样本数	占比（%）	样本数	占比（%）	样本数	占比（%）	样本数	占比（%）	样本数	占比（%）
0	0.00	0	0.00	1	50.00	1	50.00	0	0.00	0	0.00

土壤pH

≤4.5		(4.5～5.5]		(5.5～6.5]		(6.5～7.5]		(7.5～8.5]		＞8.5	
样本数	占比（%）	样本数	占比（%）	样本数	占比（%）	样本数	占比（%）	样本数	占比（%）	样本数	占比（%）
0	0.00	0	0.00	0	0.00	1	50.00	1	50.00	0	0.00

栗钙土—典型栗钙土耕地土壤主要理化性状

项目名称	样本数（个）	平均值	标准差	变异系数（%）	范围
有效土层厚度（cm）	430	87.1	22.17	25.45	35.0~130.0
耕层厚度（cm）	431	27.3	3.61	13.24	20.0~30.0
耕层容重（g/cm³）	427	1.42	0.07	4.67	1.12~1.55
有机质（g/kg）	394	22.3	8.99	40.35	5.5~48.4
全氮（g/kg）	401	1.239	0.47	38.15	0.280~2.600
有效磷（mg/kg）	420	19.1	14.26	74.56	4.0~98.0
速效钾（mg/kg）	415	218	96.32	44.27	57~500
缓效钾（mg/kg）	417	991	273.24	27.56	242~1 674
有效铜（mg/kg）	414	1.45	0.62	42.90	0.31~4.43
有效锌（mg/kg）	414	0.84	0.53	63.74	0.18~3.40
有效铁（mg/kg）	409	13.05	8.95	68.58	2.37~40.50
有效锰（mg/kg）	421	14.58	9.99	68.53	2.00~39.80
有效硼（mg/kg）	409	1.50	0.83	55.08	0.35~5.21
有效钼（mg/kg）	419	0.185	0.12	64.04	0.017~0.711
有效硫（mg/kg）	409	46.79	34.41	73.54	7.50~165.20
有效硅（mg/kg）	407	165.80	83.73	50.50	26.43~442.13

耕层质地

	砂土		砂壤土		轻壤土		中壤土		重壤土		黏土	
	样本数	占比（%）	样本数	占比（%）	样本数	占比（%）	样本数	占比（%）	样本数	占比（%）	样本数	占比（%）
	17	3.94	53	12.27	79	18.29	201	46.53	74	17.13	8	1.85

土壤pH

	≤4.5		(4.5~5.5]		(5.5~6.5]		(6.5~7.5]		(7.5~8.5]		>8.5	
	样本数	占比（%）	样本数	占比（%）	样本数	占比（%）	样本数	占比（%）	样本数	占比（%）	样本数	占比（%）
	0	0.00	0	0.00	0	0.00	30	6.94	370	85.65	32	7.41

栗钙土——暗栗钙土耕地土壤主要理化性状

项目名称	样本数（个）	平均值	标准差	变异系数（%）	范围
有效土层厚度（cm）	34	81.3	22.74	27.96	35.0~100.0
耕层厚度（cm）	34	28.0	3.47	12.37	20.0~30.0
耕层容重（g/cm³）	34	1.37	0.12	8.75	1.11~1.50
有机质（g/kg）	31	26.6	9.41	35.36	6.6~45.9
全氮（g/kg）	29	1.511	0.43	28.18	0.510~2.430
有效磷（mg/kg）	34	21.9	14.94	68.15	4.5~69.8
速效钾（mg/kg）	32	310	142.33	45.86	99~528
缓效钾（mg/kg）	29	1 084	290.06	26.75	564~1 594
有效铜（mg/kg）	33	1.35	0.63	46.53	0.39~3.74
有效锌（mg/kg）	34	0.93	0.63	67.96	0.19~2.80
有效铁（mg/kg）	34	15.58	12.38	79.46	2.45~40.50
有效锰（mg/kg）	27	20.88	11.79	56.47	1.96~39.80
有效硼（mg/kg）	34	1.31	0.57	43.12	0.40~2.72
有效钼（mg/kg）	33	0.286	0.20	69.72	0.037~0.740
有效硫（mg/kg）	31	43.18	29.28	67.82	7.49~124.80
有效硅（mg/kg）	31	202.34	82.86	40.95	53.70~400.00

耕层质地

	砂土	砂壤土	轻壤土	中壤土	重壤土	黏土
样本数	0	11	4	19	0	0
占比（%）	0.00	32.35	11.76	55.88	0.00	0.00

土壤pH

	≤4.5	（4.5~5.5]	（5.5~6.5]	（6.5~7.5]	（7.5~8.5]	>8.5
样本数	0	0	0	7	27	0
占比（%）	0.00	0.00	0.00	20.59	79.41	0.00

栗钙土——淡栗钙土耕地土壤主要理化性状

项目名称	样本数（个）	平均值	标准差	变异系数（%）	范　围
有效土层厚度（cm）	122	97.5	28.24	28.97	35.0～150.0
耕层厚度（cm）	136	24.1	4.13	17.14	20.0～30.0
耕层容重（g/cm³）	135	1.35	0.16	11.88	1.11～1.66
有机质（g/kg）	134	19.7	8.20	41.71	5.2～41.8
全氮（g/kg）	130	1.181	0.50	42.67	0.250～2.280
有效磷（mg/kg）	139	21.0	17.67	84.25	3.8～89.2
速效钾（mg/kg）	138	187	90.44	48.35	49～516
缓效钾（mg/kg）	134	937	289.93	30.94	176～1 654
有效铜（mg/kg）	124	1.27	0.59	46.44	0.35～3.70
有效锌（mg/kg）	135	0.79	0.55	69.79	0.17～3.40
有效铁（mg/kg）	136	13.24	7.02	53.00	2.80～40.50
有效锰（mg/kg）	139	12.64	7.36	58.21	3.10～39.80
有效硼（mg/kg）	128	1.56	0.74	47.33	0.48～4.47
有效钼（mg/kg）	135	0.215	0.17	76.82	0.012～0.730
有效硫（mg/kg）	128	37.27	29.68	79.65	7.49～154.90
有效硅（mg/kg）	129	169.09	80.61	47.67	27.33～393.00

耕层质地

砂土		砂壤土		轻壤土		中壤土		重壤土		黏土	
样本数	占比（%）	样本数	占比（%）	样本数	占比（%）	样本数	占比（%）	样本数	占比（%）	样本数	占比（%）
8	5.76	35	25.18	36	25.90	53	38.13	7	5.04	0	0.00

土壤 pH

≤4.5		(4.5～5.5]		(5.5～6.5]		(6.5～7.5]		(7.5～8.5]		>8.5	
样本数	占比（%）	样本数	占比（%）	样本数	占比（%）	样本数	占比（%）	样本数	占比（%）	样本数	占比（%）
0	0.00	0	0.00	0	0.00	1	0.72	95	68.35	43	30.94

栗钙土—草甸栗钙土耕地土壤主要理化性状

项目名称	样本数（个）	平均值	标准差	变异系数（%）	范 围
有效土层厚度（cm）	23	90.0	14.90	16.55	50.0～100.0
耕层厚度（cm）	23	28.2	3.46	12.27	20.0～30.0
耕层容重（g/cm³）	22	1.37	0.11	8.18	1.22～1.57
有机质（g/kg）	21	13.6	3.00	22.08	7.9～18.6
全氮（g/kg）	21	0.657	0.18	27.98	0.339～0.961
有效磷（mg/kg）	22	11.2	6.57	58.70	3.8～25.8
速效钾（mg/kg）	23	192	101.20	52.73	59～501
缓效钾（mg/kg）	23	859	259.31	30.19	222～1 272
有效铜（mg/kg）	22	1.58	0.97	61.35	0.34～3.82
有效锌（mg/kg）	21	0.75	0.27	36.23	0.39～1.53
有效铁（mg/kg）	21	16.36	11.11	67.93	4.11～37.86
有效锰（mg/kg）	23	12.05	7.41	61.48	5.51～39.80
有效硼（mg/kg）	22	2.73	1.25	45.83	0.55～4.97
有效钼（mg/kg）	23	0.154	0.18	119.15	0.030～0.719
有效硫（mg/kg）	22	41.04	29.29	71.36	8.99～110.87
有效硅（mg/kg）	23	122.04	38.09	31.21	67.63～208.33

耕层质地

砂土		砂壤土		轻壤土		中壤土		重壤土		黏土	
样本数	占比（%）	样本数	占比（%）	样本数	占比（%）	样本数	占比（%）	样本数	占比（%）	样本数	占比（%）
9	39.13	6	26.09	4	17.39	3	13.04	1	4.35	0	0.00

土壤 pH

≤4.5		(4.5～5.5]		(5.5～6.5]		(6.5～7.5]		(7.5～8.5]		>8.5	
样本数	占比（%）	样本数	占比（%）	样本数	占比（%）	样本数	占比（%）	样本数	占比（%）	样本数	占比（%）
0	0.00	0	0.00	0	0.00	0	0.00	13	56.52	10	43.48

栗钙土—盐化栗钙土耕地土壤主要理化性状

项目名称	样本数（个）	平均值	标准差	变异系数（%）	范围
有效土层厚度（cm）	19	86.8	18.19	20.94	50.0~110.0
耕层厚度（cm）	19	27.9	3.84	13.78	20.0~30.0
耕层容重（g/cm³）	19	1.42	0.06	4.26	1.29~1.53
有机质（g/kg）	16	21.6	9.28	43.01	8.9~41.3
全氮（g/kg）	16	1.169	0.48	41.42	0.540~2.210
有效磷（mg/kg）	19	21.2	14.80	69.81	5.4~54.0
速效钾（mg/kg）	19	259	131.74	50.86	83~504
缓效钾（mg/kg）	17	897	291.05	32.45	281~1 419
有效铜（mg/kg）	19	1.44	0.55	38.67	0.51~2.31
有效锌（mg/kg）	18	1.00	0.68	67.96	0.21~2.75
有效铁（mg/kg）	18	12.60	7.95	63.10	2.30~29.32
有效锰（mg/kg）	19	13.76	10.42	75.71	2.30~39.80
有效硼（mg/kg）	18	2.16	1.15	53.47	0.37~4.98
有效钼（mg/kg）	18	0.222	0.13	56.43	0.030~0.467
有效硫（mg/kg）	19	40.65	28.02	68.91	15.90~117.27
有效硅（mg/kg）	18	168.10	82.67	49.18	55.60~387.80

耕层质地

	砂土	砂壤土	轻壤土	中壤土	重壤土	黏土
样本数	1	1	5	9	3	0
占比（%）	5.26	5.26	26.32	47.37	15.79	0.00

土壤pH

	≤4.5	(4.5~5.5]	(5.5~6.5]	(6.5~7.5]	(7.5~8.5]	>8.5
样本数	0	0	0	1	17	1
占比（%）	0.00	0.00	0.00	5.26	89.47	5.26

棕钙土—典型棕钙土耕地土壤主要理化性状

项目名称	样本数（个）	平均值	标准差	变异系数（%）	范　围
有效土层厚度（cm）	721	79.1	22.96	29.02	35.0~150.0
耕层厚度（cm）	711	28.1	3.08	10.97	20.0~30.0
耕层容重（g/cm³）	726	1.44	0.05	3.34	1.29~1.66
有机质（g/kg）	719	17.7	7.66	43.15	5.0~46.2
全氮（g/kg）	714	1.015	0.43	42.66	0.270~2.520
有效磷（mg/kg）	716	16.7	11.50	69.01	3.8~101.4
速效钾（mg/kg）	710	224	97.88	43.63	37~535
缓效钾（mg/kg）	699	996	279.65	28.08	184~1 689
有效铜（mg/kg）	713	1.36	0.67	49.32	0.30~5.50
有效锌（mg/kg）	685	0.90	0.58	64.54	0.18~3.80
有效铁（mg/kg）	704	9.98	6.26	62.70	2.40~40.50
有效锰（mg/kg）	706	10.27	4.99	48.57	2.20~39.80
有效硼（mg/kg）	711	1.37	0.71	51.68	0.35~5.01
有效钼（mg/kg）	713	0.208	0.11	54.66	0.012~0.680
有效硫（mg/kg）	697	46.92	34.30	73.09	7.94~162.00
有效硅（mg/kg）	695	186.57	74.11	39.72	31.30~444.06

耕层质地

	砂土	砂壤土	轻壤土	中壤土	重壤土	黏土
样本数	71	338	23	197	94	5
占比（%）	9.75	46.43	3.16	27.06	12.91	0.69

土壤pH

	≤4.5	(4.5~5.5]	(5.5~6.5]	(6.5~7.5]	(7.5~8.5]	>8.5
样本数	0	0	0	35	646	47
占比（%）	0.00	0.00	0.00	4.81	88.74	6.46

棕钙土—淡棕钙土耕地土壤主要理化性状

项目名称	样本数（个）	平均值	标准差	变异系数（%）	范围
有效土层厚度（cm）	130	58.4	22.74	38.96	35.0~150.0
耕层厚度（cm）	143	27.0	4.15	15.39	20.0~30.0
耕层容重（g/cm³）	128	1.45	0.08	5.57	1.15~1.66
有机质（g/kg）	141	11.1	4.40	39.73	4.7~25.3
全氮（g/kg）	143	0.623	0.29	45.88	0.260~1.830
有效磷（mg/kg）	128	14.4	10.08	69.94	3.9~53.2
速效钾（mg/kg）	143	194	124.03	63.93	37~500
缓效钾（mg/kg）	135	720	342.78	47.62	192~1 610
有效铜（mg/kg）	137	1.16	0.75	64.52	0.30~4.97
有效锌（mg/kg）	136	0.91	0.63	69.41	0.18~3.08
有效铁（mg/kg）	141	9.69	7.78	80.36	2.20~40.50
有效锰（mg/kg）	137	7.78	4.61	59.29	2.30~25.58
有效硼（mg/kg）	116	0.91	0.55	60.18	0.36~4.88
有效钼（mg/kg）	137	0.107	0.11	99.25	0.015~0.580
有效硫（mg/kg）	127	58.28	36.75	63.07	7.95~163.94
有效硅（mg/kg）	117	178.88	98.58	55.11	39.40~444.64

耕层质地

	砂土	砂壤土	轻壤土	中壤土	重壤土	黏土
样本数	14	89	19	15	1	6
占比（%）	9.72	61.81	13.19	10.42	0.69	4.17

土壤pH

	≤4.5	(4.5~5.5]	(5.5~6.5]	(6.5~7.5]	(7.5~8.5]	>8.5
样本数	0	0	0	13	92	39
占比（%）	0.00	0.00	0.00	9.03	63.89	27.08

棕钙土—草甸棕钙土耕地土壤主要理化性状

项目名称	样本数（个）	平均值	标准差	变异系数（%）	范　围
有效土层厚度（cm）	6	81.2	16.13	19.87	60.0～100.0
耕层厚度（cm）	6	28.0	2.45	8.75	25.0～30.0
耕层容重（g/cm³）	6	1.46	0.08	5.72	1.32～1.58
有机质（g/kg）	6	17.1	8.76	51.14	7.0～31.3
全氮（g/kg）	6	1.083	0.59	54.74	0.460～2.150
有效磷（mg/kg）	6	16.7	7.43	44.44	6.2～27.6
速效钾（mg/kg）	6	193	111.24	57.63	95～358
缓效钾（mg/kg）	6	656	418.37	63.82	290～1 239
有效铜（mg/kg）	6	1.04	0.61	58.26	0.39～2.03
有效锌（mg/kg）	5	0.79	0.40	50.91	0.38～1.37
有效铁（mg/kg）	6	9.04	7.01	77.51	4.94～23.20
有效锰（mg/kg）	6	8.57	4.00	46.67	3.35～12.82
有效硼（mg/kg）	3	1.65	1.09	65.85	0.42～2.47
有效钼（mg/kg）	6	0.205	0.18	86.99	0.044～0.448
有效硫（mg/kg）	6	37.12	19.85	53.49	21.16～72.39
有效硅（mg/kg）	5	208.20	114.11	54.81	45.08～323.10

耕层质地

	砂土	砂壤土	轻壤土	中壤土	重壤土	黏土
样本数	0	1	2	2	0	1
占比（%）	0.00	16.67	33.33	33.33	0.00	16.67

土壤pH

	≤4.5	(4.5～5.5]	(5.5～6.5]	(6.5～7.5]	(7.5～8.5]	>8.5
样本数	0	0	0	0	4	2
占比（%）	0.00	0.00	0.00	0.00	66.67	33.33

棕钙土—盐化棕钙土耕地土壤主要理化性状

项目名称	样本数（个）	平均值	标准差	变异系数（%）	范　围
有效土层厚度（cm）	10	98.0	30.49	31.11	50.0～138.5
耕层厚度（cm）	10	28.9	2.33	8.07	24.0～30.0
耕层容重（g/cm³）	10	1.41	0.06	4.15	1.31～1.50
有机质（g/kg）	10	24.1	10.91	45.27	12.5～46.2
全氮（g/kg）	10	1.364	0.50	36.58	0.750～2.420
有效磷（mg/kg）	9	35.1	35.11	99.88	5.8～91.2
速效钾（mg/kg）	10	296	84.01	28.40	128～415
缓效钾（mg/kg）	9	985	394.56	40.06	577～1 666
有效铜（mg/kg）	10	1.07	0.44	40.83	0.40～1.80
有效锌（mg/kg）	8	0.95	0.45	47.31	0.60～2.00
有效铁（mg/kg）	8	8.87	3.33	37.55	4.10～14.40
有效锰（mg/kg）	10	9.03	4.23	46.80	4.10～19.00
有效硼（mg/kg）	10	2.45	1.36	55.34	0.91～4.56
有效钼（mg/kg）	10	0.218	0.10	43.62	0.060～0.324
有效硫（mg/kg）	10	30.81	12.29	39.89	18.68～59.79
有效硅（mg/kg）	10	175.52	67.82	38.64	69.15～337.00

耕层质地	砂土		砂壤土		轻壤土		中壤土		重壤土		黏土	
	样本数	占比（%）	样本数	占比（%）	样本数	占比（%）	样本数	占比（%）	样本数	占比（%）	样本数	占比（%）
	4	40.00	3	30.00	0	0.00	3	30.00	0	0.00	0	0.00

土壤pH	≤4.5		(4.5～5.5]		(5.5～6.5]		(6.5～7.5]		(7.5～8.5]		>8.5	
	样本数	占比（%）	样本数	占比（%）	样本数	占比（%）	样本数	占比（%）	样本数	占比（%）	样本数	占比（%）
	0	0.00	0	0.00	0	0.00	1	10.00	8	80.00	1	10.00

棕钙土——碱化棕钙土耕地土壤主要理化性状

项目名称	样本数（个）	平均值	标准差	变异系数（%）	范　围
有效土层厚度（cm）	7	64.9	14.33	22.10	35.0～75.0
耕层厚度（cm）	7	29.3	1.89	6.45	25.0～30.0
耕层容重（g/cm³）	6	1.47	0.05	3.68	1.40～1.56
有机质（g/kg）	7	8.6	2.53	29.33	5.2～11.5
全氮（g/kg）	7	0.597	0.18	30.20	0.340～0.800
有效磷（mg/kg）	7	20.3	15.26	75.24	3.9～43.4
速效钾（mg/kg）	7	282	108.67	38.56	178～500
缓效钾（mg/kg）	7	1 070	46.56	4.35	976～1 126
有效铜（mg/kg）	7	0.94	0.16	17.04	0.79～1.19
有效锌（mg/kg）	7	1.01	0.31	31.24	0.69～1.52
有效铁（mg/kg）	7	6.07	2.35	38.75	3.98～9.86
有效锰（mg/kg）	7	5.92	0.60	10.13	5.28～6.97
有效硼（mg/kg）	7	1.13	0.17	15.41	0.81～1.29
有效钼（mg/kg）	7	0.166	0.03	18.05	0.136～0.210
有效硫（mg/kg）	7	24.71	0.49	1.97	24.00～25.00
有效硅（mg/kg）	7	239.06	21.96	9.18	206.22～264.31

耕层质地

砂土		砂壤土		轻壤土		中壤土		重壤土		黏土	
样本数	占比（%）	样本数	占比（%）	样本数	占比（%）	样本数	占比（%）	样本数	占比（%）	样本数	占比（%）
0	0.00	2	28.57	0	0.00	0	0.00	2	28.57	3	42.86

土壤pH

≤4.5		(4.5～5.5]		(5.5～6.5]		(6.5～7.5]		(7.5～8.5]		>8.5	
样本数	占比（%）	样本数	占比（%）	样本数	占比（%）	样本数	占比（%）	样本数	占比（%）	样本数	占比（%）
0	0.00	0	0.00	0	0.00	0	0.00	7	100.00	0	0.00

灰钙土—典型灰钙土耕地土壤主要理化性状

项目名称	样本数（个）	平均值	标准差	变异系数（%）	范 围
有效土层厚度（cm）	543	97.6	24.66	25.26	35.0～150.0
耕层厚度（cm）	552	24.9	2.61	10.47	20.0～30.0
耕层容重（g/cm³）	548	1.38	0.11	8.13	1.11～1.60
有机质（g/kg）	550	17.5	6.10	34.77	4.5～43.3
全氮（g/kg）	552	1.026	0.34	33.31	0.290～2.340
有效磷（mg/kg）	544	18.8	13.57	72.21	4.0～99.3
速效钾（mg/kg）	547	198	91.23	46.00	41～535
缓效钾（mg/kg）	550	814	268.03	32.91	193～1 604
有效铜（mg/kg）	519	1.65	0.77	46.98	0.38～5.30
有效锌（mg/kg）	544	0.99	0.52	52.21	0.18～3.56
有效铁（mg/kg）	540	14.83	8.58	57.83	3.00～40.50
有效锰（mg/kg）	551	19.12	10.76	56.28	2.69～39.80
有效硼（mg/kg）	541	1.04	0.51	49.58	0.34～5.45
有效钼（mg/kg）	543	0.199	0.12	61.71	0.012～0.737
有效硫（mg/kg）	520	45.37	29.25	64.47	7.61～164.03
有效硅（mg/kg）	545	126.92	65.21	51.38	27.90～433.00

耕层质地

	砂土		砂壤土		轻壤土		中壤土		重壤土		黏土	
	样本数	占比（%）	样本数	占比（%）	样本数	占比（%）	样本数	占比（%）	样本数	占比（%）	样本数	占比（%）
	0	0.00	74	13.41	207	37.50	230	41.67	29	5.25	12	2.17

土壤 pH

	≤4.5		(4.5～5.5]		(5.5～6.5]		(6.5～7.5]		(7.5～8.5]		>8.5	
	样本数	占比（%）	样本数	占比（%）	样本数	占比（%）	样本数	占比（%）	样本数	占比（%）	样本数	占比（%）
	0	0.00	0	0.00	0	0.00	2	0.36	468	84.78	82	14.86

灰钙土—淡灰钙土耕地土壤主要理化性状

项目名称	样本数（个）	平均值	标准差	变异系数（%）	范围
有效土层厚度（cm）	145	71.6	39.13	54.64	35.0~150.0
耕层厚度（cm）	148	21.7	3.30	15.21	20.0~30.0
耕层容重（g/cm³）	134	1.37	0.15	10.74	1.11~1.66
有机质（g/kg）	144	13.9	5.23	37.70	5.2~35.6
全氮（g/kg）	143	0.824	0.29	35.27	0.270~1.973
有效磷（mg/kg）	132	20.7	16.32	78.99	3.8~95.2
速效钾（mg/kg）	146	186	85.04	45.72	40~521
缓效钾（mg/kg）	145	901	275.54	30.58	179~1 403
有效铜（mg/kg）	147	1.08	0.46	42.03	0.32~3.24
有效锌（mg/kg）	138	0.93	0.60	64.81	0.19~3.19
有效铁（mg/kg）	149	10.76	4.67	43.44	3.70~27.27
有效锰（mg/kg）	149	9.84	3.69	37.47	3.50~21.10
有效硼（mg/kg）	145	1.42	1.03	72.67	0.37~5.00
有效钼（mg/kg）	148	0.131	0.07	50.51	0.040~0.606
有效硫（mg/kg）	138	50.29	36.53	72.64	10.71~162.80
有效硅（mg/kg）	149	157.07	44.21	28.15	60.00~360.52

耕层质地

	砂土		砂壤土		轻壤土		中壤土		重壤土		黏土	
	样本数	占比（%）	样本数	占比（%）	样本数	占比（%）	样本数	占比（%）	样本数	占比（%）	样本数	占比（%）
	16	10.74	18	12.08	12	8.05	103	69.13	0	0.00	0	0.00

土壤pH

	≤4.5		(4.5~5.5]		(5.5~6.5]		(6.5~7.5]		(7.5~8.5]		>8.5	
	样本数	占比（%）	样本数	占比（%）	样本数	占比（%）	样本数	占比（%）	样本数	占比（%）	样本数	占比（%）
	0	0.00	0	0.00	0	0.00	0	0.00	60	40.27	89	59.73

灰钙土——草甸灰钙土耕地土壤主要理化性状

项目名称	样本数（个）	平均值	标准差	变异系数（%）	范　围
有效土层厚度（cm）	3	50.0	0.00	0.00	50.0～50.0
耕层厚度（cm）	3	25.0	0.00	0.00	25.0～25.0
耕层容重（g/cm³）	3	1.25	0.00	0.00	1.25～1.25
有机质（g/kg）	3	8.6	1.84	21.40	6.5～9.7
全氮（g/kg）	3	0.545	0.12	21.28	0.413～0.630
有效磷（mg/kg）	2	19.4	0.13	0.66	19.3～19.5
速效钾（mg/kg）	3	103	28.12	27.43	85～135
缓效钾（mg/kg）	3	617	231.84	37.57	350～766
有效铜（mg/kg）	3	0.69	0.05	7.34	0.63～0.73
有效锌（mg/kg）	3	0.49	0.31	64.10	0.29～0.85
有效铁（mg/kg）	3	9.07	3.09	34.00	6.50～12.49
有效锰（mg/kg）	3	6.16	1.68	27.29	5.16～8.10
有效硼（mg/kg）	2	1.27	0.33	25.61	1.04～1.50
有效钼（mg/kg）	3	0.104	0.05	51.08	0.055～0.160
有效硫（mg/kg）	2	15.09	6.94	46.02	10.18～20.00
有效硅（mg/kg）	3	181.19	47.55	26.24	135.00～229.99

耕层质地

砂土		砂壤土		轻壤土		中壤土		重壤土		黏土	
样本数	占比（%）	样本数	占比（%）	样本数	占比（%）	样本数	占比（%）	样本数	占比（%）	样本数	占比（%）
0	0.00	3	100.00	0	0.00	0	0.00	0	0.00	0	0.00

土壤 pH

≤4.5		(4.5～5.5]		(5.5～6.5]		(6.5～7.5]		(7.5～8.5]		>8.5	
样本数	占比（%）	样本数	占比（%）	样本数	占比（%）	样本数	占比（%）	样本数	占比（%）	样本数	占比（%）
0	0.00	0	0.00	0	0.00	0	0.00	1	33.33	2	66.67

灰钙土—盐化灰钙土耕地土壤主要理化性状

项目名称	样本数（个）	平均值	标准差	变异系数（%）	范 围
有效土层厚度 (cm)	9	70.6	24.04	34.07	35.0~110.0
耕层厚度 (cm)	9	27.8	3.63	13.08	20.0~30.0
耕层容重 (g/cm³)	9	1.37	0.07	5.48	1.22~1.50
有机质 (g/kg)	9	11.7	6.69	57.25	5.1~23.6
全氮 (g/kg)	9	0.695	0.36	51.75	0.378~1.410
有效磷 (mg/kg)	8	15.0	10.97	73.27	4.6~36.5
速效钾 (mg/kg)	9	155	72.66	46.84	61~303
缓效钾 (mg/kg)	9	793	245.98	31.03	368~1 147
有效铜 (mg/kg)	8	1.51	1.00	66.57	0.45~3.49
有效锌 (mg/kg)	8	0.95	0.35	36.66	0.46~1.46
有效铁 (mg/kg)	9	13.80	10.90	78.97	5.35~40.50
有效锰 (mg/kg)	9	17.55	13.90	79.23	5.15~39.80
有效硼 (mg/kg)	9	1.49	0.35	23.45	0.80~2.15
有效钼 (mg/kg)	9	0.166	0.09	51.90	0.046~0.262
有效硫 (mg/kg)	8	34.09	30.31	88.92	7.87~102.90
有效硅 (mg/kg)	9	183.29	95.68	52.20	92.08~374.89

耕层质地

	砂土	砂壤土	轻壤土	中壤土	重壤土	黏土
样本数	0	6	1	2	0	0
占比（%）	0.00	66.67	11.11	22.22	0.00	0.00

土壤 pH

	≤4.5	(4.5~5.5]	(5.5~6.5]	(6.5~7.5]	(7.5~8.5]	>8.5
样本数	0	0	0	0	8	1
占比（%）	0.00	0.00	0.00	0.00	88.89	11.11

灰漠土—典型灰漠土耕地土壤主要理化性状

项目名称	样本数（个）	平均值	标准差	变异系数（%）	范　围
有效土层厚度（cm）	174	84.1	26.73	31.77	35.0～136.6
耕层厚度（cm）	177	26.5	3.30	12.47	20.0～30.0
耕层容重（g/cm³）	177	1.42	0.09	6.03	1.12～1.64
有机质（g/kg）	173	16.0	7.38	46.01	4.7～44.0
全氮（g/kg）	171	1.003	0.44	43.63	0.260～2.610
有效磷（mg/kg）	175	23.9	15.82	66.05	3.8～93.6
速效钾（mg/kg）	160	264	122.22	46.23	45～525
缓效钾（mg/kg）	175	880	263.93	29.98	187～1 690
有效铜（mg/kg）	163	1.45	0.78	53.43	0.30～5.16
有效锌（mg/kg）	159	0.87	0.60	68.84	0.18～2.95
有效铁（mg/kg）	160	9.44	7.26	76.95	2.20～40.50
有效锰（mg/kg）	162	7.89	4.58	58.12	2.00～28.66
有效硼（mg/kg）	175	1.87	0.97	52.05	0.43～5.31
有效钼（mg/kg）	164	0.258	0.14	54.03	0.014～0.690
有效硫（mg/kg）	170	46.29	38.06	82.23	9.60～164.00
有效硅（mg/kg）	165	198.84	96.55	48.56	26.00～436.25

耕层质地

	砂土	砂壤土	轻壤土	中壤土	重壤土	黏土
样本数	9	28	14	91	28	7
占比（%）	5.08	15.82	7.91	51.41	15.82	3.95

土壤pH

	≤4.5	(4.5～5.5]	(5.5～6.5]	(6.5～7.5]	(7.5～8.5]	>8.5
样本数	0	0	0	3	149	25
占比（%）	0.00	0.00	0.00	1.69	84.18	14.12

灰漠土—钙质灰漠土耕地土壤主要理化性状

项目名称	样本数（个）	平均值	标准差	变异系数（%）	范围
有效土层厚度（cm）	8	81.9	21.37	26.10	35.0～100.0
耕层厚度（cm）	14	25.8	2.52	9.76	20.0～30.0
耕层容重（g/cm³）	13	1.47	0.08	5.51	1.36～1.61
有机质（g/kg）	15	12.3	3.31	27.02	6.0～16.8
全氮（g/kg）	15	0.762	0.26	33.49	0.300～1.290
有效磷（mg/kg）	14	11.2	6.73	60.10	4.8～30.3
速效钾（mg/kg）	15	114	72.84	63.93	55～330
缓效钾（mg/kg）	15	620	279.08	45.02	300～1 290
有效铜（mg/kg）	15	1.19	0.49	41.24	0.62～2.60
有效锌（mg/kg）	15	1.61	0.70	43.68	0.60～3.34
有效铁（mg/kg）	15	14.97	4.13	27.61	7.30～19.83
有效锰（mg/kg）	15	10.73	4.54	42.30	5.80～16.33
有效硼（mg/kg）	10	1.37	1.29	94.34	0.50～4.78
有效钼（mg/kg）	13	0.201	0.23	112.81	0.030～0.710
有效硫（mg/kg）	15	49.74	25.32	50.91	18.79～119.70
有效硅（mg/kg）	10	112.28	51.23	45.63	27.20～217.41

耕层质地

砂土		砂壤土		轻壤土		中壤土		重壤土		黏土	
样本数	占比（%）	样本数	占比（%）	样本数	占比（%）	样本数	占比（%）	样本数	占比（%）	样本数	占比（%）
2	13.33	2	13.33	5	33.33	1	6.67	5	33.33	0	0.00

土壤 pH

≤4.5		(4.5～5.5]		(5.5～6.5]		(6.5～7.5]		(7.5～8.5]		>8.5	
样本数	占比（%）	样本数	占比（%）	样本数	占比（%）	样本数	占比（%）	样本数	占比（%）	样本数	占比（%）
0	0.00	0	0.00	0	0.00	0	0.00	11	73.33	4	26.67

灰漠土—盐化灰漠土耕地土壤主要理化性状

项目名称	样本数（个）	平均值	标准差	变异系数（%）	范　围
有效土层厚度（cm）	45	80.7	30.17	37.39	35.0～120.0
耕层厚度（cm）	46	27.3	3.43	12.57	20.0～30.0
耕层容重（g/cm³）	46	1.44	0.06	3.93	1.25～1.56
有机质（g/kg）	39	14.7	5.99	40.60	4.8～29.5
全氮（g/kg）	45	1.046	0.45	43.36	0.300～2.450
有效磷（mg/kg）	46	17.6	8.88	50.42	4.7～39.7
速效钾（mg/kg）	43	329	119.93	36.47	88～533
缓效钾（mg/kg）	46	903	283.29	31.37	194～1 661
有效铜（mg/kg）	45	1.32	0.43	32.80	0.30～2.50
有效锌（mg/kg）	37	1.06	0.66	62.56	0.25～2.71
有效铁（mg/kg）	42	9.02	4.73	52.45	2.64～23.29
有效锰（mg/kg）	45	6.67	2.79	41.81	2.60～16.46
有效硼（mg/kg）	42	2.22	0.92	41.34	0.48～4.85
有效钼（mg/kg）	41	0.312	0.15	48.79	0.020～0.571
有效硫（mg/kg）	46	40.37	39.22	97.14	17.02～160.67
有效硅（mg/kg）	40	207.70	84.73	40.80	42.30～443.45

耕层质地

	砂土		砂壤土		轻壤土		中壤土		重壤土		黏土	
	样本数	占比（%）	样本数	占比（%）	样本数	占比（%）	样本数	占比（%）	样本数	占比（%）	样本数	占比（%）
	1	2.17	14	30.43	2	4.35	25	54.35	4	8.70	0	0.00

土壤pH

	≤4.5		(4.5～5.5]		(5.5～6.5]		(6.5～7.5]		(7.5～8.5]		>8.5	
	样本数	占比（%）	样本数	占比（%）	样本数	占比（%）	样本数	占比（%）	样本数	占比（%）	样本数	占比（%）
	0	0.00	0	0.00	0	0.00	1	2.17	40	86.96	5	10.87

灰漠土—碱化灰漠土耕地土壤主要理化性状

项目名称	样本数（个）	平均值	标准差	变异系数（%）	范围
有效土层厚度（cm）	3	94.0	45.03	47.91	42.0~120.0
耕层厚度（cm）	3	30.0	0.00	0.00	30.0~30.0
耕层容重（g/cm³）	3	1.44	0.02	1.15	1.42~1.45
有机质（g/kg）	3	16.9	6.92	41.01	10.8~24.4
全氮（g/kg）	3	0.947	0.28	29.73	0.650~1.210
有效磷（mg/kg）	3	23.1	7.86	34.01	14.5~29.9
速效钾（mg/kg）	3	309	204.08	66.12	108~516
缓效钾（mg/kg）	3	884	220.89	24.99	629~1 015
有效铜（mg/kg）	3	1.89	0.85	44.89	0.91~2.39
有效锌（mg/kg）	3	0.65	0.26	40.76	0.44~0.94
有效铁（mg/kg）	3	12.09	8.10	67.04	3.57~19.70
有效锰（mg/kg）	3	2.83	0.36	12.61	2.54~3.23
有效硼（mg/kg）	3	1.04	0.50	48.64	0.52~1.53
有效钼（mg/kg）	3	0.375	0.09	24.89	0.284~0.470
有效硫（mg/kg）	3	33.53	15.65	46.68	24.00~51.60
有效硅（mg/kg）	3	165.51	52.77	31.89	112.00~217.52

耕层质地

砂土		砂壤土		轻壤土		中壤土		重壤土		黏土	
样本数	占比（%）	样本数	占比（%）	样本数	占比（%）	样本数	占比（%）	样本数	占比（%）	样本数	占比（%）
0	0.00	3	100.00	0	0.00	0	0.00	0	0.00	0	0.00

土壤 pH

≤4.5		(4.5~5.5]		(5.5~6.5]		(6.5~7.5]		(7.5~8.5]		>8.5	
样本数	占比（%）	样本数	占比（%）	样本数	占比（%）	样本数	占比（%）	样本数	占比（%）	样本数	占比（%）
0	0.00	0	0.00	0	0.00	0	0.00	3	100.00	0	0.00

灰漠土—灌耕灰漠土耕地土壤主要理化性状

项目名称	样本数（个）	平均值	标准差	变异系数（%）	范围
有效土层厚度（cm）	370	78.4	28.34	36.14	35.0~130.0
耕层厚度（cm）	369	26.8	3.58	13.37	20.0~30.0
耕层容重（g/cm³）	369	1.44	0.05	3.71	1.23~1.66
有机质（g/kg）	367	17.1	7.36	43.17	4.6~45.9
全氮（g/kg）	367	1.001	0.42	41.71	0.250~2.600
有效磷（mg/kg）	366	23.9	14.84	62.02	3.8~100.5
速效钾（mg/kg）	354	247	116.97	47.27	56~535
缓效钾（mg/kg）	367	874	240.00	27.46	222~1 689
有效铜（mg/kg）	343	1.50	0.89	59.46	0.32~5.52
有效锌（mg/kg）	332	0.81	0.54	66.57	0.18~3.78
有效铁（mg/kg）	341	8.11	5.22	64.30	2.21~40.50
有效锰（mg/kg）	342	6.62	4.82	72.75	1.90~39.80
有效硼（mg/kg）	352	1.83	0.97	53.29	0.40~5.37
有效钼（mg/kg）	365	0.229	0.12	51.45	0.012~0.750
有效硫（mg/kg）	347	61.07	45.35	74.26	7.60~164.00
有效硅（mg/kg）	348	201.61	72.95	36.18	27.00~425.57

耕层质地

	砂土	砂壤土	轻壤土	中壤土	重壤土	黏土
样本数	8	84	21	199	44	14
占比（%）	2.16	22.70	5.68	53.78	11.89	3.78

土壤 pH

	≤4.5	(4.5~5.5]	(5.5~6.5]	(6.5~7.5]	(7.5~8.5]	>8.5
样本数	0	0	0	12	344	14
占比（%）	0.00	0.00	0.00	3.24	92.97	3.78

灰棕漠土—典型灰棕漠土耕地土壤主要理化性状

项目名称	样本数（个）	平均值	标准差	变异系数（%）	范　围
有效土层厚度（cm）	46	60.9	21.07	34.62	35.0~120.0
耕层厚度（cm）	56	28.0	3.12	11.13	20.0~30.0
耕层容重（g/cm³）	56	1.32	0.12	9.03	1.11~1.54
有机质（g/kg）	54	13.7	7.43	54.28	4.6~42.5
全氮（g/kg）	51	0.833	0.31	37.31	0.388~1.740
有效磷（mg/kg）	54	26.6	17.65	66.33	3.8~87.7
速效钾（mg/kg）	56	201	113.04	56.35	57~500
缓效钾（mg/kg）	54	885	323.80	36.58	296~1 644
有效铜（mg/kg）	49	1.20	0.73	61.02	0.47~4.14
有效锌（mg/kg）	54	0.77	0.46	59.67	0.18~2.41
有效铁（mg/kg）	56	10.91	5.01	45.87	3.10~23.55
有效锰（mg/kg）	56	8.03	4.99	62.05	2.23~39.80
有效硼（mg/kg）	56	1.85	1.16	62.66	0.40~4.84
有效钼（mg/kg）	52	0.242	0.17	69.07	0.041~0.703
有效硫（mg/kg）	55	54.39	39.18	72.05	17.34~158.93
有效硅（mg/kg）	53	205.43	91.63	44.60	39.90~419.68

耕层质地

	砂土		砂壤土		轻壤土		中壤土		重壤土		黏土	
	样本数	占比（%）	样本数	占比（%）	样本数	占比（%）	样本数	占比（%）	样本数	占比（%）	样本数	占比（%）
	19	33.93	20	35.71	6	10.71	9	16.07	0	0.00	2	3.57

土壤pH

	≤4.5		(4.5~5.5]		(5.5~6.5]		(6.5~7.5]		(7.5~8.5]		>8.5	
	样本数	占比（%）	样本数	占比（%）	样本数	占比（%）	样本数	占比（%）	样本数	占比（%）	样本数	占比（%）
	0	0.00	0	0.00	0	0.00	0	0.00	41	73.21	15	26.79

灰棕漠土—石膏灰棕漠土耕地土壤主要理化性状

项目名称	样本数（个）	平均值	标准差	变异系数（%）	范围
有效土层厚度（cm）	8	71.3	12.46	17.49	50.0~80.0
耕层厚度（cm）	9	28.4	3.24	11.41	21.0~30.0
耕层容重（g/cm³）	8	1.43	0.10	6.74	1.25~1.56
有机质（g/kg）	9	9.1	2.59	28.37	5.5~12.8
全氮（g/kg）	9	0.543	0.20	36.85	0.282~0.800
有效磷（mg/kg）	9	22.6	13.61	60.15	9.9~50.4
速效钾（mg/kg）	9	167	114.94	68.73	46~400
缓效钾（mg/kg）	9	745	203.43	27.32	445~1 010
有效铜（mg/kg）	9	1.27	0.44	34.40	0.97~2.36
有效锌（mg/kg）	9	1.39	0.64	46.32	0.62~2.20
有效铁（mg/kg）	9	13.06	4.47	34.27	7.00~19.93
有效锰（mg/kg）	9	7.51	1.89	25.11	4.40~9.83
有效硼（mg/kg）	9	1.47	0.74	50.46	0.49~2.45
有效钼（mg/kg）	9	0.210	0.13	63.02	0.074~0.505
有效硫（mg/kg）	8	41.34	25.12	60.76	17.00~80.00
有效硅（mg/kg）	9	280.45	89.98	32.08	183.96~444.00

耕层质地

	砂土		砂壤土		轻壤土		中壤土		重壤土		黏土	
	样本数	占比（%）	样本数	占比（%）	样本数	占比（%）	样本数	占比（%）	样本数	占比（%）	样本数	占比（%）
	0	0.00	6	66.67	0	0.00	1	11.11	2	22.22	0	0.00

土壤 pH

	≤4.5		(4.5~5.5]		(5.5~6.5]		(6.5~7.5]		(7.5~8.5]		>8.5	
	样本数	占比（%）	样本数	占比（%）	样本数	占比（%）	样本数	占比（%）	样本数	占比（%）	样本数	占比（%）
	0	0.00	0	0.00	0	0.00	0	0.00	5	55.56	4	44.44

灰棕漠土—石膏盐盘灰棕漠土耕地土壤主要理化性状

项目名称	样本数（个）	平均值	标准差	变异系数（%）	范围
有效土层厚度（cm）	4	74.4	31.46	42.28	47.7~120.0
耕层厚度（cm）	4	28.8	2.50	8.70	25.0~30.0
耕层容重（g/cm³）	4	1.41	0.10	7.41	1.32~1.53
有机质（g/kg）	4	13.4	12.83	95.71	6.3~32.6
全氮（g/kg）	4	0.933	0.56	60.07	0.270~1.550
有效磷（mg/kg）	4	28.7	8.66	30.20	16.4~36.0
速效钾（mg/kg）	4	287	170.07	59.31	121~448
缓效钾（mg/kg）	4	608	202.41	33.30	499~911
有效铜（mg/kg）	4	0.64	0.36	55.99	0.30~1.08
有效锌（mg/kg）	4	0.62	0.44	70.69	0.20~1.10
有效铁（mg/kg）	4	4.97	2.04	40.92	2.20~7.10
有效锰（mg/kg）	4	5.01	1.94	38.79	2.60~7.35
有效硼（mg/kg）	3	2.53	1.53	60.43	0.80~3.70
有效钼（mg/kg）	2	0.322	0.42	131.30	0.023~0.620
有效硫（mg/kg）	4	24.75	2.50	10.10	21.00~26.00
有效硅（mg/kg）	4	202.23	162.21	80.21	42.60~420.90

耕层质地

	砂土		砂壤土		轻壤土		中壤土		重壤土		黏土	
	样本数	占比（%）	样本数	占比（%）	样本数	占比（%）	样本数	占比（%）	样本数	占比（%）	样本数	占比（%）
	2	50.00	1	25.00	0	0.00	0	0.00	0	0.00	1	25.00

土壤pH

	≤4.5		(4.5~5.5]		(5.5~6.5]		(6.5~7.5]		(7.5~8.5]		>8.5	
	样本数	占比（%）	样本数	占比（%）	样本数	占比（%）	样本数	占比（%）	样本数	占比（%）	样本数	占比（%）
	0	0.00	0	0.00	0	0.00	1	25.00	3	75.00	0	0.00

灰棕漠土—灌耕灰棕漠土耕地土壤主要理化性状

项目名称	样本数（个）	平均值	标准差	变异系数（%）	范　围
有效土层厚度（cm）	40	78.8	26.07	33.08	35.0~120.0
耕层厚度（cm）	40	26.0	4.35	16.73	20.0~30.0
耕层容重（g/cm³）	40	1.37	0.14	10.49	1.11~1.67
有机质（g/kg）	39	15.6	8.23	52.64	4.7~47.7
全氮（g/kg）	40	0.888	0.39	43.90	0.330~2.110
有效磷（mg/kg）	37	27.0	17.17	63.49	7.0~84.1
速效钾（mg/kg）	39	213	100.35	47.20	63~469
缓效钾（mg/kg）	39	561	217.64	38.77	281~1 265
有效铜（mg/kg）	40	1.22	0.43	35.25	0.46~2.67
有效锌（mg/kg）	39	0.85	0.48	57.01	0.26~2.50
有效铁（mg/kg）	40	12.66	6.40	50.54	3.12~25.70
有效锰（mg/kg）	40	9.62	5.05	52.57	2.00~25.52
有效硼（mg/kg）	38	2.34	1.50	64.17	0.54~5.00
有效钼（mg/kg）	37	0.189	0.18	94.39	0.012~0.745
有效硫（mg/kg）	38	39.47	36.84	93.34	18.80~153.00
有效硅（mg/kg）	40	160.14	57.92	36.17	45.30~322.54

	砂土		砂壤土		轻壤土		中壤土		重壤土		黏土	
耕层质地	样本数	占比（%）	样本数	占比（%）	样本数	占比（%）	样本数	占比（%）	样本数	占比（%）	样本数	占比（%）
	4	10.00	18	45.00	6	15.00	6	15.00	0	0.00	6	15.00

	≤4.5		(4.5~5.5]		(5.5~6.5]		(6.5~7.5]		(7.5~8.5]		>8.5	
土壤pH	样本数	占比（%）	样本数	占比（%）	样本数	占比（%）	样本数	占比（%）	样本数	占比（%）	样本数	占比（%）
	0	0.00	0	0.00	0	0.00	0	0.00	32	80.00	8	20.00

棕漠土—典型棕漠土耕地土壤主要理化性状

项目名称	样本数（个）	平均值	标准差	变异系数（%）	范　围
有效土层厚度（cm）	84	73.1	28.45	38.90	35.0~150.0
耕层厚度（cm）	84	27.9	3.73	13.37	20.0~30.0
耕层容重（g/cm³）	84	1.44	0.08	5.50	1.11~1.66
有机质（g/kg）	74	13.2	4.97	37.77	4.6~28.6
全氮（g/kg）	73	0.767	0.28	36.16	0.320~1.450
有效磷（mg/kg）	83	23.2	18.67	80.45	4.1~98.6
速效钾（mg/kg）	84	132	86.84	65.90	43~500
缓效钾（mg/kg）	83	806	318.80	39.53	247~1 688
有效铜（mg/kg）	82	1.56	0.92	58.55	0.38~4.08
有效锌（mg/kg）	81	1.05	0.67	63.41	0.20~3.80
有效铁（mg/kg）	83	14.97	9.91	66.21	3.30~40.50
有效锰（mg/kg）	83	8.15	4.04	49.54	1.90~23.50
有效硼（mg/kg）	81	1.56	0.78	50.11	0.50~4.00
有效钼（mg/kg）	84	0.221	0.14	63.50	0.012~0.720
有效硫（mg/kg）	77	49.02	38.58	78.70	11.60~156.47
有效硅（mg/kg）	78	109.14	64.24	58.86	31.80~306.60

耕层质地

	砂土	砂壤土	轻壤土	中壤土	重壤土	黏土
样本数	5	26	15	22	14	2
占比（%）	5.95	30.95	17.86	26.19	16.67	2.38

土壤 pH

	≤4.5	(4.5~5.5]	(5.5~6.5]	(6.5~7.5]	(7.5~8.5]	>8.5
样本数	0	0	0	0	71	13
占比（%）	0.00	0.00	0.00	0.00	84.52	15.48

棕漠土—盐化棕漠土耕地土壤主要理化性状

项目名称	样本数（个）	平均值	标准差	变异系数（%）	范　围
有效土层厚度（cm）	31	75.7	26.46	34.95	35.0～110.0
耕层厚度（cm）	31	27.0	3.71	13.76	20.0～30.0
耕层容重（g/cm³）	31	1.45	0.05	3.32	1.31～1.53
有机质（g/kg）	29	13.4	7.51	56.25	4.5～39.3
全氮（g/kg）	29	0.758	0.39	51.90	0.260～2.160
有效磷（mg/kg）	30	25.2	25.04	99.50	4.8～87.0
速效钾（mg/kg）	29	202	93.23	46.12	69～455
缓效钾（mg/kg）	30	927	325.08	35.05	372～1 513
有效铜（mg/kg）	30	1.77	1.00	56.13	0.48～4.66
有效锌（mg/kg）	31	0.91	0.39	43.20	0.43～2.07
有效铁（mg/kg）	30	14.55	8.54	58.70	5.10～40.50
有效锰（mg/kg）	31	7.46	2.42	32.45	3.20～12.71
有效硼（mg/kg）	30	1.94	0.84	43.25	0.84～3.84
有效钼（mg/kg）	29	0.191	0.13	70.58	0.020～0.637
有效硫（mg/kg）	31	39.63	30.17	76.13	18.45～150.80
有效硅（mg/kg）	31	141.07	90.56	64.20	28.80～428.73

耕层质地

砂土		砂壤土		轻壤土		中壤土		重壤土		黏土	
样本数	占比（%）	样本数	占比（%）	样本数	占比（%）	样本数	占比（%）	样本数	占比（%）	样本数	占比（%）
2	6.45	11	35.48	5	16.13	9	29.03	4	12.90	0	0.00

土壤pH

≤4.5		(4.5～5.5]		(5.5～6.5]		(6.5～7.5]		(7.5～8.5]		>8.5	
样本数	占比（%）	样本数	占比（%）	样本数	占比（%）	样本数	占比（%）	样本数	占比（%）	样本数	占比（%）
0	0.00	0	0.00	0	0.00	1	3.23	26	83.87	4	12.90

棕漠土—石膏棕漠土耕地土壤主要理化性状

项目名称	样本数（个）	平均值	标准差	变异系数（%）	范　围
有效土层厚度 (cm)	35	97.3	20.48	21.05	35.0~120.0
耕层厚度 (cm)	34	29.3	2.08	7.11	20.0~30.0
耕层容重 (g/cm³)	35	1.43	0.04	3.11	1.30~1.52
有机质 (g/kg)	34	14.7	7.76	52.60	4.6~40.4
全氮 (g/kg)	35	0.878	0.43	49.11	0.250~2.163
有效磷 (mg/kg)	34	23.5	20.04	85.08	5.5~102.4
速效钾 (mg/kg)	34	167	97.23	58.18	59~479
缓效钾 (mg/kg)	35	605	372.03	61.51	276~1 594
有效铜 (mg/kg)	35	1.46	0.68	46.35	0.61~2.90
有效锌 (mg/kg)	35	0.73	0.24	32.77	0.48~1.37
有效铁 (mg/kg)	35	15.83	6.04	38.14	3.66~40.50
有效锰 (mg/kg)	35	14.00	5.00	35.71	4.90~21.00
有效硼 (mg/kg)	35	3.19	1.40	43.70	0.50~5.00
有效钼 (mg/kg)	35	0.104	0.07	64.27	0.040~0.340
有效硫 (mg/kg)	35	31.33	24.14	77.06	11.60~142.00
有效硅 (mg/kg)	35	137.00	44.13	32.21	37.40~336.40

耕层质地

	砂土		砂壤土		轻壤土		中壤土		重壤土		黏土	
	样本数	占比（%）	样本数	占比（%）	样本数	占比（%）	样本数	占比（%）	样本数	占比（%）	样本数	占比（%）
	2	5.71	28	80.00	5	14.29	0	0.00	0	0.00	0	0.00

土壤 pH

	≤4.5		(4.5~5.5]		(5.5~6.5]		(6.5~7.5]		(7.5~8.5]		>8.5	
	样本数	占比（%）	样本数	占比（%）	样本数	占比（%）	样本数	占比（%）	样本数	占比（%）	样本数	占比（%）
	0	0.00	0	0.00	0	0.00	0	0.00	13	37.14	22	62.86

棕漠土—灌耕棕漠土耕地土壤主要理化性状

项目名称	样本数（个）	平均值	标准差	变异系数（%）	范　围
有效土层厚度（cm）	228	85.9	28.04	32.63	35.0~150.0
耕层厚度（cm）	228	27.9	3.20	11.48	20.0~30.0
耕层容重（g/cm³）	228	1.43	0.06	4.11	1.27~1.60
有机质（g/kg）	220	13.9	6.32	45.49	4.6~35.4
全氮（g/kg）	218	0.759	0.36	47.05	0.250~2.080
有效磷（mg/kg）	216	19.7	17.21	87.25	3.9~101.6
速效钾（mg/kg）	225	149	80.98	54.22	36~477
缓效钾（mg/kg）	219	1 006	304.58	30.27	205~1 688
有效铜（mg/kg）	208	1.58	0.90	56.86	0.30~5.15
有效锌（mg/kg）	224	0.98	0.49	50.35	0.20~3.54
有效铁（mg/kg）	226	14.99	7.58	50.54	2.40~40.50
有效锰（mg/kg）	226	8.53	4.22	49.46	1.90~32.50
有效硼（mg/kg）	218	1.43	0.84	58.42	0.40~4.91
有效钼（mg/kg）	223	0.187	0.12	64.63	0.019~0.680
有效硫（mg/kg）	225	51.25	38.29	74.71	8.10~162.46
有效硅（mg/kg）	218	109.22	65.99	60.42	26.20~426.70

耕层质地

	砂土	砂壤土	轻壤土	中壤土	重壤土	黏土
样本数	16	90	47	44	28	3
占比（%）	7.02	39.47	20.61	19.30	12.28	1.32

土壤pH

	≤4.5	(4.5~5.5]	(5.5~6.5]	(6.5~7.5]	(7.5~8.5]	>8.5
样本数	0	0	0	0	195	33
占比（%）	0.00	0.00	0.00	0.00	85.53	14.47

新积土——典型新积土耕地土壤主要理化性状

项目名称	样本数（个）	平均值	标准差	变异系数（%）	范围
有效土层厚度（cm）	21	68.0	21.13	31.09	40.0~120.0
耕层厚度（cm）	20	24.9	2.85	11.43	20.0~30.0
耕层容重（g/cm³）	21	1.32	0.17	12.82	1.13~1.64
有机质（g/kg）	19	17.8	7.41	41.60	5.4~32.5
全氮（g/kg）	20	0.897	0.38	42.22	0.290~1.793
有效磷（mg/kg）	15	24.6	20.60	83.89	5.1~85.2
速效钾（mg/kg）	19	172	74.54	43.31	60~326
缓效钾（mg/kg）	17	911	339.86	37.29	360~1 542
有效铜（mg/kg）	21	1.44	0.83	57.76	0.49~4.35
有效锌（mg/kg）	20	1.00	0.49	49.13	0.50~2.29
有效铁（mg/kg）	21	15.26	4.61	30.22	5.82~22.50
有效锰（mg/kg）	20	10.97	4.80	43.77	4.12~21.10
有效硼（mg/kg）	20	2.15	1.31	61.00	0.79~5.10
有效钼（mg/kg）	21	0.128	0.11	81.85	0.059~0.567
有效硫（mg/kg）	20	50.15	30.84	61.50	17.49~137.78
有效硅（mg/kg）	21	156.38	62.93	40.24	62.37~360.47

耕层质地

	砂土		砂壤土		轻壤土		中壤土		重壤土		黏土	
	样本数	占比（%）	样本数	占比（%）	样本数	占比（%）	样本数	占比（%）	样本数	占比（%）	样本数	占比（%）
	1	4.76	8	38.10	1	4.76	8	38.10	0	0.00	3	14.29

土壤pH

	≤4.5		(4.5~5.5]		(5.5~6.5]		(6.5~7.5]		(7.5~8.5]		>8.5	
	样本数	占比（%）	样本数	占比（%）	样本数	占比（%）	样本数	占比（%）	样本数	占比（%）	样本数	占比（%）
	0	0.00	0	0.00	0	0.00	0	0.00	14	66.67	7	33.33

新积土—冲积土耕地土壤主要理化性状

项目名称	样本数（个）	平均值	标准差	变异系数（%）	范　围
有效土层厚度（cm）	12	71.2	22.44	31.53	40.0~120.0
耕层厚度（cm）	12	27.9	3.96	14.20	20.0~30.0
耕层容重（g/cm³）	12	1.38	0.09	6.64	1.13~1.47
有机质（g/kg）	12	18.0	7.79	43.35	12.4~33.5
全氮（g/kg）	12	0.816	0.22	26.58	0.499~1.250
有效磷（mg/kg）	12	24.0	20.56	85.67	8.0~85.4
速效钾（mg/kg）	12	158	93.18	58.81	42~345
缓效钾（mg/kg）	12	831	275.20	33.10	250~1 131
有效铜（mg/kg）	12	1.28	0.42	33.12	0.41~2.01
有效锌（mg/kg）	10	1.00	0.91	90.51	0.19~3.07
有效铁（mg/kg）	11	11.75	8.29	70.57	4.26~34.41
有效锰（mg/kg）	12	6.84	4.12	60.27	3.29~19.14
有效硼（mg/kg）	12	1.63	0.85	51.98	0.47~3.32
有效钼（mg/kg）	11	0.215	0.11	52.07	0.023~0.332
有效硫（mg/kg）	11	35.09	20.02	57.05	20.72~86.54
有效硅（mg/kg）	12	187.23	76.50	40.86	70.61~330.00

耕层质地

	砂土	砂壤土	轻壤土	中壤土	重壤土	黏土
样本数	0	3	2	4	3	0
占比（%）	0.00	25.00	16.67	33.33	25.00	0.00

土壤 pH

	≤4.5	(4.5~5.5]	(5.5~6.5]	(6.5~7.5]	(7.5~8.5]	>8.5
样本数	0	0	0	1	10	1
占比（%）	0.00	0.00	0.00	8.33	83.33	8.33

龟裂土——龟裂土耕地土壤主要理化性状

项目名称	样本数（个）	平均值	标准差	变异系数（%）	范　围
有效土层厚度（cm）	26	87.6	21.03	24.02	55.0～120.0
耕层厚度（cm）	26	29.2	1.84	6.29	25.0～30.0
耕层容重（g/cm³）	26	1.47	0.07	4.55	1.35～1.66
有机质（g/kg）	26	11.1	4.45	40.08	4.9～24.8
全氮（g/kg）	25	0.666	0.26	39.32	0.260～1.371
有效磷（mg/kg）	25	26.7	19.20	71.87	9.1～84.3
速效钾（mg/kg）	26	197	125.74	63.94	39～500
缓效钾（mg/kg）	26	822	389.85	47.45	278～1 433
有效铜（mg/kg）	26	1.66	0.84	50.71	0.55～3.14
有效锌（mg/kg）	25	0.71	0.29	41.59	0.27～1.53
有效铁（mg/kg）	26	14.91	7.44	49.89	2.22～31.78
有效锰（mg/kg）	25	8.81	5.15	58.48	3.80～21.00
有效硼（mg/kg）	26	2.41	1.51	62.73	0.80～5.00
有效钼（mg/kg）	26	0.142	0.16	114.06	0.030～0.670
有效硫（mg/kg）	26	32.46	24.28	74.81	24.00～140.98
有效硅（mg/kg）	24	171.46	79.51	46.37	40.20～353.02

耕层质地

砂土		砂壤土		轻壤土		中壤土		重壤土		黏土	
样本数	占比（%）	样本数	占比（%）	样本数	占比（%）	样本数	占比（%）	样本数	占比（%）	样本数	占比（%）
0	0.00	11	42.31	0	0.00	3	11.54	5	19.23	7	26.92

土壤pH

≤4.5		(4.5～5.5]		(5.5～6.5]		(6.5～7.5]		(7.5～8.5]		>8.5	
样本数	占比（%）	样本数	占比（%）	样本数	占比（%）	样本数	占比（%）	样本数	占比（%）	样本数	占比（%）
0	0.00	0	0.00	0	0.00	0	0.00	21	80.77	5	19.23

风沙土—荒漠风沙土耕地土壤主要理化性状

项目名称	样本数（个）	平均值	标准差	变异系数（%）	范 围
有效土层厚度（cm）	235	89.4	21.23	23.75	35.0~120.0
耕层厚度（cm）	257	28.3	2.83	9.98	20.0~30.0
耕层容重（g/cm³）	240	1.37	0.10	7.36	1.11~1.66
有机质（g/kg）	249	12.3	5.32	43.20	4.7~36.5
全氮（g/kg）	248	0.725	0.32	44.60	0.260~2.240
有效磷（mg/kg）	250	23.0	16.54	71.82	3.8~98.4
速效钾（mg/kg）	254	164	90.17	54.95	48~502
缓效钾（mg/kg）	252	865	308.45	35.68	212~1 614
有效铜（mg/kg）	257	1.33	0.71	53.40	0.31~4.45
有效锌（mg/kg）	252	0.87	0.56	63.81	0.20~3.12
有效铁（mg/kg）	256	11.82	5.94	50.27	3.30~40.50
有效锰（mg/kg）	258	7.79	3.99	51.29	2.30~39.80
有效硼（mg/kg）	244	1.65	1.07	64.71	0.35~5.47
有效钼（mg/kg）	249	0.174	0.13	72.34	0.012~0.740
有效硫（mg/kg）	246	51.62	38.60	74.79	8.44~162.10
有效硅（mg/kg）	252	162.25	79.41	48.94	34.37~439.00

耕层质地

砂土		砂壤土		轻壤土		中壤土		重壤土		黏土	
样本数	占比（%）	样本数	占比（%）	样本数	占比（%）	样本数	占比（%）	样本数	占比（%）	样本数	占比（%）
99	38.22	139	53.67	9	3.47	11	4.25	1	0.39	0	0.00

土壤pH

≤4.5		(4.5~5.5]		(5.5~6.5]		(6.5~7.5]		(7.5~8.5]		>8.5	
样本数	占比（%）	样本数	占比（%）	样本数	占比（%）	样本数	占比（%）	样本数	占比（%）	样本数	占比（%）
0	0.00	0	0.00	0	0.00	2	0.77	184	71.04	73	28.19

风沙土—草原风沙土耕地土壤主要理化性状

项目名称	样本数（个）	平均值	标准差	变异系数（%）	范围
有效土层厚度（cm）	90	85.7	21.48	25.06	37.0~120.0
耕层厚度（cm）	92	21.3	2.74	12.88	20.0~30.0
耕层容重（g/cm³）	93	1.38	0.15	10.87	1.12~1.50
有机质（g/kg）	74	9.5	4.22	44.22	4.5~23.5
全氮（g/kg）	68	0.505	0.29	57.54	0.250~1.670
有效磷（mg/kg）	77	15.0	12.25	81.58	3.8~73.7
速效钾（mg/kg）	91	116	48.92	42.18	37~257
缓效钾（mg/kg）	83	378	240.82	63.70	176~1 350
有效铜（mg/kg）	75	0.73	0.44	60.09	0.30~1.81
有效锌（mg/kg）	91	0.62	0.42	66.98	0.18~2.02
有效铁（mg/kg）	93	11.02	5.79	52.50	3.74~32.30
有效锰（mg/kg）	93	6.76	3.26	48.15	2.32~15.88
有效硼（mg/kg）	69	1.38	1.24	89.83	0.36~5.10
有效钼（mg/kg）	93	0.082	0.04	45.24	0.020~0.248
有效硫（mg/kg）	85	56.49	35.55	62.93	8.33~158.00
有效硅（mg/kg）	87	172.99	64.74	37.42	43.00~430.00

耕层质地

	砂土		砂壤土		轻壤土		中壤土		重壤土		黏土	
	样本数	占比（%）	样本数	占比（%）	样本数	占比（%）	样本数	占比（%）	样本数	占比（%）	样本数	占比（%）
	69	74.19	5	5.38	3	3.23	14	15.05	1	1.08	1	1.08

土壤 pH

	≤4.5		(4.5~5.5]		(5.5~6.5]		(6.5~7.5]		(7.5~8.5]		>8.5	
	样本数	占比（%）	样本数	占比（%）	样本数	占比（%）	样本数	占比（%）	样本数	占比（%）	样本数	占比（%）
	0	0.00	0	0.00	0	0.00	0	0.00	32	34.41	61	65.59

风沙土—草甸风沙土耕地土壤主要理化性状

项目名称	样本数（个）	平均值	标准差	变异系数（%）	范　围
有效土层厚度（cm）	86	96.8	10.43	10.77	40.0~100.0
耕层厚度（cm）	91	28.6	3.03	10.61	20.0~30.0
耕层容重（g/cm³）	73	1.38	0.11	8.08	1.20~1.65
有机质（g/kg）	86	10.8	3.20	29.59	4.7~17.5
全氮（g/kg）	88	0.540	0.19	36.04	0.258~1.010
有效磷（mg/kg）	89	13.9	11.21	80.65	3.8~78.3
速效钾（mg/kg）	90	199	106.50	53.45	64~488
缓效钾（mg/kg）	89	841	315.00	37.45	232~1 398
有效铜（mg/kg）	81	0.96	0.48	50.28	0.32~2.46
有效锌（mg/kg）	85	0.66	0.55	84.12	0.17~2.70
有效铁（mg/kg）	91	11.27	5.34	47.37	3.25~34.80
有效锰（mg/kg）	90	8.05	2.51	31.15	2.70~13.30
有效硼（mg/kg）	87	1.81	0.74	40.75	0.43~3.47
有效钼（mg/kg）	90	0.141	0.09	60.37	0.030~0.520
有效硫（mg/kg）	85	34.35	24.63	71.69	8.36~103.80
有效硅（mg/kg）	87	140.83	56.69	40.26	42.60~343.68

耕层质地

	砂土	砂壤土	轻壤土	中壤土	重壤土	黏土
样本数	43	30	2	7	6	3
占比（%）	47.25	32.97	2.20	7.69	6.59	3.30

土壤pH

	≤4.5	(4.5~5.5]	(5.5~6.5]	(6.5~7.5]	(7.5~8.5]	>8.5
样本数	0	0	0	0	49	42
占比（%）	0.00	0.00	0.00	0.00	53.85	46.15

粗骨土—中性粗骨土耕地土壤主要理化性状

项目名称	样本数（个）	平均值	标准差	变异系数（%）	范围
有效土层厚度（cm）	9	83.8	17.19	20.52	63.0～100.0
耕层厚度（cm）	9	29.8	0.67	2.24	28.0～30.0
耕层容重（g/cm³）	9	1.37	0.07	5.34	1.29～1.51
有机质（g/kg）	9	13.3	1.90	14.22	10.9～16.3
全氮（g/kg）	9	0.759	0.18	23.18	0.603～1.188
有效磷（mg/kg）	9	12.6	6.48	51.25	6.2～25.9
速效钾（mg/kg）	9	244	102.26	41.90	121～462
缓效钾（mg/kg）	9	880	303.66	34.53	459～1 358
有效铜（mg/kg）	9	1.16	0.94	80.91	0.40～2.85
有效锌（mg/kg）	9	0.61	0.28	45.75	0.28～1.22
有效铁（mg/kg）	9	15.38	12.90	83.87	4.29～38.05
有效锰（mg/kg）	9	9.93	1.49	15.02	8.16～12.12
有效硼（mg/kg）	9	2.87	0.91	31.61	1.41～4.75
有效钼（mg/kg）	9	0.079	0.05	65.70	0.027～0.178
有效硫（mg/kg）	9	34.74	37.57	108.15	7.81～125.04
有效硅（mg/kg）	9	134.63	30.47	22.63	81.18～183.14

耕层质地

	砂土		砂壤土		轻壤土		中壤土		重壤土		黏土	
	样本数	占比（%）	样本数	占比（%）	样本数	占比（%）	样本数	占比（%）	样本数	占比（%）	样本数	占比（%）
	0	0.00	4	44.44	4	44.44	0	0.00	0	0.00	1	11.11

土壤 pH

	≤4.5		(4.5～5.5]		(5.5～6.5]		(6.5～7.5]		(7.5～8.5]		>8.5	
	样本数	占比（%）	样本数	占比（%）	样本数	占比（%）	样本数	占比（%）	样本数	占比（%）	样本数	占比（%）
	0	0.00	0	0.00	0	0.00	0	0.00	6	66.67	3	33.33

粗骨土—钙质粗骨土耕地土壤主要理化性状

项目名称	样本数（个）	平均值	标准差	变异系数（%）	范　围
有效土层厚度（cm）	9	55.6	16.67	30.00	50.0～100.0
耕层厚度（cm）	9	20.0	0.00	0.00	20.0～20.0
耕层容重（g/cm³）	9	1.45	0.05	3.60	1.40～1.56
有机质（g/kg）	9	11.2	3.66	32.80	5.2～15.2
全氮（g/kg）	8	0.659	0.20	29.94	0.275～0.933
有效磷（mg/kg）	8	11.7	6.64	56.72	5.1～22.2
速效钾（mg/kg）	9	296	86.85	29.32	133～418
缓效钾（mg/kg）	9	789	196.62	24.92	454～1 102
有效铜（mg/kg）	9	1.54	0.92	60.00	0.31～2.52
有效锌（mg/kg）	7	0.63	0.26	41.39	0.28～0.97
有效铁（mg/kg）	9	13.05	4.83	36.97	6.06～21.94
有效锰（mg/kg）	9	9.86	2.40	24.38	5.51～13.38
有效硼（mg/kg）	9	1.95	0.76	39.07	0.90～2.96
有效钼（mg/kg）	9	0.222	0.10	46.67	0.101～0.424
有效硫（mg/kg）	9	27.49	16.73	60.87	8.34～60.66
有效硅（mg/kg）	9	198.90	45.98	23.12	124.28～247.40

耕层质地

	砂土		砂壤土		轻壤土		中壤土		重壤土		黏土	
	样本数	占比（%）	样本数	占比（%）	样本数	占比（%）	样本数	占比（%）	样本数	占比（%）	样本数	占比（%）
	5	55.56	1	11.11	2	22.22	1	11.11	0	0.00	0	0.00

土壤 pH

	≤4.5		(4.5～5.5]		(5.5～6.5]		(6.5～7.5]		(7.5～8.5]		>8.5	
	样本数	占比（%）	样本数	占比（%）	样本数	占比（%）	样本数	占比（%）	样本数	占比（%）	样本数	占比（%）
	0	0.00	0	0.00	0	0.00	0	0.00	8	88.89	1	11.11

石质土—钙质石质土耕地土壤主要理化性状

项目名称	样本数（个）	平均值	标准差	变异系数（%）	范围
有效土层厚度（cm）	3	40.0	8.66	21.65	35.0～50.0
耕层厚度（cm）	3	24.0	1.73	7.22	22.0～25.0
耕层容重（g/cm³）	3	1.39	0.07	4.72	1.32～1.44
有机质（g/kg）	3	11.4	5.38	47.39	7.5～17.5
全氮（g/kg）	3	0.703	0.32	45.46	0.420～1.050
有效磷（mg/kg）	3	22.6	15.96	70.74	13.3～41.0
速效钾（mg/kg）	3	105	9.87	9.37	94～112
缓效钾（mg/kg）	3	908	376.95	41.50	474～1 151
有效铜（mg/kg）	3	1.28	0.64	50.30	0.74～1.99
有效锌（mg/kg）	3	0.42	0.26	61.62	0.25～0.72
有效铁（mg/kg）	3	9.42	8.47	89.90	3.80～19.16
有效锰（mg/kg）	3	4.95	3.43	69.26	2.40～8.84
有效硼（mg/kg）	2	1.87	0.66	35.19	1.40～2.33
有效钼（mg/kg）	3	0.212	0.10	48.44	0.140～0.330
有效硫（mg/kg）	3	31.44	13.25	42.15	17.30～43.58
有效硅（mg/kg）	3	177.22	18.23	10.29	159.00～195.47

耕层质地

	砂土		砂壤土		轻壤土		中壤土		重壤土		黏土	
	样本数	占比（%）	样本数	占比（%）	样本数	占比（%）	样本数	占比（%）	样本数	占比（%）	样本数	占比（%）
	1	33.33	0	0.00	0	0.00	2	66.67	0	0.00	0	0.00

土壤 pH

	≤4.5		(4.5～5.5]		(5.5～6.5]		(6.5～7.5]		(7.5～8.5]		>8.5	
	样本数	占比（%）	样本数	占比（%）	样本数	占比（%）	样本数	占比（%）	样本数	占比（%）	样本数	占比（%）
	0	0.00	0	0.00	0	0.00	0	0.00	3	100.00	0	0.00

石质土—含盐石质土耕地土壤主要理化性状

项目名称	样本数（个）	平均值	标准差	变异系数（%）	范围
有效土层厚度 (cm)	3	50.0	0.00	0.00	50.0~50.0
耕层厚度 (cm)	3	25.0	0.00	0.00	25.0~25.0
耕层容重 (g/cm³)	3	1.25	0.00	0.00	1.25~1.25
有机质 (g/kg)	3	11.8	1.14	9.66	10.9~13.1
全氮 (g/kg)	3	0.700	0.10	13.64	0.613~0.802
有效磷 (mg/kg)	3	16.4	12.68	77.34	7.9~31.0
速效钾 (mg/kg)	3	112	17.41	15.53	100~132
缓效钾 (mg/kg)	3	627	54.81	8.74	570~679
有效铜 (mg/kg)	3	0.82	0.14	16.83	0.66~0.91
有效锌 (mg/kg)	3	0.45	0.13	28.09	0.34~0.59
有效铁 (mg/kg)	3	15.98	3.09	19.35	12.70~18.84
有效锰 (mg/kg)	3	6.75	1.82	27.00	5.62~8.86
有效硼 (mg/kg)	3	1.78	0.72	40.56	1.09~2.53
有效钼 (mg/kg)	3	0.083	0.03	30.91	0.057~0.108
有效硫 (mg/kg)	3	96.70	33.95	35.11	66.12~133.23
有效硅 (mg/kg)	3	242.70	7.68	3.16	236.83~251.39

耕层质地

	砂土	砂壤土	轻壤土	中壤土	重壤土	黏土
样本数	0	3	0	0	0	0
占比（%）	0.00	100.00	0.00	0.00	0.00	0.00

土壤 pH

	≤4.5	(4.5~5.5]	(5.5~6.5]	(6.5~7.5]	(7.5~8.5]	>8.5
样本数	0	0	0	0	1	2
占比（%）	0.00	0.00	0.00	0.00	33.33	66.67

草甸土—典型草甸土耕地土壤主要理化性状

项目名称	样本数（个）	平均值	标准差	变异系数（%）	范围
有效土层厚度（cm）	5	89.0	24.60	27.64	45.0~100.0
耕层厚度（cm）	5	22.0	2.74	12.45	20.0~25.0
耕层容重（g/cm³）	5	1.33	0.14	10.84	1.19~1.55
有机质（g/kg）	5	14.0	6.38	45.51	7.5~24.7
全氮（g/kg）	5	0.701	0.33	46.48	0.425~1.210
有效磷（mg/kg）	4	17.5	7.71	44.03	10.2~25.4
速效钾（mg/kg）	5	200	158.51	79.10	63~456
缓效钾（mg/kg）	5	849	363.56	42.83	439~1251
有效铜（mg/kg）	5	1.01	0.43	42.61	0.52~1.69
有效锌（mg/kg）	5	1.07	1.21	112.49	0.27~3.18
有效铁（mg/kg）	5	9.43	3.48	36.89	4.80~13.40
有效锰（mg/kg）	5	7.96	2.05	25.71	4.79~10.10
有效硼（mg/kg）	5	1.42	0.56	39.26	0.59~2.00
有效钼（mg/kg）	5	0.134	0.08	61.20	0.090~0.280
有效硫（mg/kg）	3	50.79	47.07	92.68	20.39~105.00
有效硅（mg/kg）	5	235.05	64.15	27.29	181.64~316.00

耕层质地

	砂土		砂壤土		轻壤土		中壤土		重壤土		黏土	
	样本数	占比（%）	样本数	占比（%）	样本数	占比（%）	样本数	占比（%）	样本数	占比（%）	样本数	占比（%）
	2	40.00	1	20.00	2	40.00	0	0.00	0	0.00	0	0.00

土壤pH

	≤4.5		(4.5~5.5]		(5.5~6.5]		(6.5~7.5]		(7.5~8.5]		>8.5	
	样本数	占比（%）	样本数	占比（%）	样本数	占比（%）	样本数	占比（%）	样本数	占比（%）	样本数	占比（%）
	0	0.00	0	0.00	0	0.00	0	0.00	2	40.00	3	60.00

草甸土—石灰性草甸土耕地土壤主要理化性状

项目名称	样本数（个）	平均值	标准差	变异系数（%）	范围
有效土层厚度（cm）	1 188	99.5	23.37	23.50	35.0~150.0
耕层厚度（cm）	1 182	28.0	3.04	10.87	20.0~30.0
耕层容重（g/cm³）	1 185	1.44	0.06	3.94	1.23~1.67
有机质（g/kg）	1 145	14.7	7.10	48.15	4.7~47.8
全氮（g/kg）	1 143	0.843	0.41	48.92	0.250~2.610
有效磷（mg/kg）	1 154	25.9	18.57	71.57	3.8~103.0
速效钾（mg/kg）	1 163	177	110.09	62.04	35~532
缓效钾（mg/kg）	1 152	971	310.65	32.00	184~1 685
有效铜（mg/kg）	1 143	1.67	0.85	51.06	0.32~5.41
有效锌（mg/kg）	1 140	0.91	0.54	59.51	0.18~3.80
有效铁（mg/kg）	1 154	14.68	8.49	57.81	2.25~40.50
有效锰（mg/kg）	1 164	8.03	5.93	73.80	1.90~39.80
有效硼（mg/kg）	1 140	1.76	0.85	48.19	0.37~5.42
有效钼（mg/kg）	1 161	0.219	0.14	62.49	0.012~0.740
有效硫（mg/kg）	1 149	47.06	36.77	78.13	7.76~165.05
有效硅（mg/kg）	1 132	144.13	85.47	59.30	26.00~443.57

耕层质地

	砂土	砂壤土	轻壤土	中壤土	重壤土	黏土
样本数	62	345	173	386	169	54
占比（%）	5.21	29.02	14.55	32.46	14.21	4.54

土壤 pH

	≤4.5	(4.5~5.5]	(5.5~6.5]	(6.5~7.5]	(7.5~8.5]	>8.5
样本数	0	0	0	22	1 019	148
占比（%）	0.00	0.00	0.00	1.85	85.70	12.45

草甸土—潜育草甸土耕地土壤主要理化性状

项目名称	样本数（个）	平均值	标准差	变异系数（%）	范　围
有效土层厚度（cm）	1	45.0	—	—	—
耕层厚度（cm）	8	28.8	3.54	12.30	20.0~30.0
耕层容重（g/cm³）	8	1.16	0.06	4.93	1.11~1.25
有机质（g/kg）	8	11.8	0.79	6.69	10.6~13.0
全氮（g/kg）	8	0.645	0.06	9.95	0.553~0.748
有效磷（mg/kg）	8	33.2	20.58	61.96	9.3~73.6
速效钾（mg/kg）	8	124	44.53	35.98	82~178
缓效钾（mg/kg）	8	682	118.99	17.46	577~928
有效铜（mg/kg）	8	1.24	0.21	16.73	1.06~1.67
有效锌（mg/kg）	8	0.36	0.07	19.83	0.23~0.46
有效铁（mg/kg）	8	13.14	3.76	28.58	10.21~21.82
有效锰（mg/kg）	8	7.64	1.98	25.90	4.88~11.23
有效硼（mg/kg）	8	1.34	0.39	28.86	0.84~2.01
有效钼（mg/kg）	8	0.084	0.02	26.59	0.060~0.115
有效硫（mg/kg）	8	55.41	39.84	71.89	17.59~125.25
有效硅（mg/kg）	8	172.15	52.82	30.69	120.79~293.56

耕层质地

	砂土		砂壤土		轻壤土		中壤土		重壤土		黏土	
	样本数	占比（%）	样本数	占比（%）	样本数	占比（%）	样本数	占比（%）	样本数	占比（%）	样本数	占比（%）
	0	0.00	3	37.50	1	12.50	4	50.00	0	0.00	0	0.00

土壤pH

	≤4.5		(4.5~5.5]		(5.5~6.5]		(6.5~7.5]		(7.5~8.5]		>8.5	
	样本数	占比（%）	样本数	占比（%）	样本数	占比（%）	样本数	占比（%）	样本数	占比（%）	样本数	占比（%）
	0	0.00	0	0.00	0	0.00	0	0.00	0	0.00	8	100.00

草甸土—盐化草甸土耕地土壤主要理化性状

项目名称	样本数（个）	平均值	标准差	变异系数（%）	范围
有效土层厚度（cm）	200	104.2	27.29	26.18	35.0~150.0
耕层厚度（cm）	202	28.2	2.87	10.15	20.0~30.0
耕层容重（g/cm³）	202	1.44	0.06	3.92	1.11~1.62
有机质（g/kg）	191	14.7	8.47	57.74	4.8~47.1
全氮（g/kg）	193	0.800	0.42	52.45	0.250~2.550
有效磷（mg/kg）	199	26.5	16.75	63.11	4.5~91.2
速效钾（mg/kg）	195	226	124.58	55.17	43~530
缓效钾（mg/kg）	194	910	321.99	35.38	199~1 655
有效铜（mg/kg）	199	1.77	0.80	45.09	0.30~5.16
有效锌（mg/kg）	196	1.02	0.65	64.26	0.21~3.80
有效铁（mg/kg）	198	14.85	8.42	56.70	3.35~40.50
有效锰（mg/kg）	199	6.99	4.09	58.51	1.90~32.11
有效硼（mg/kg）	186	2.32	1.06	45.56	0.40~5.60
有效钼（mg/kg）	181	0.255	0.16	61.95	0.020~0.705
有效硫（mg/kg）	197	36.85	28.12	76.30	15.00~163.40
有效硅（mg/kg）	194	163.20	95.84	58.72	26.70~433.60

耕层质地

	砂土		砂壤土		轻壤土		中壤土		重壤土		黏土	
	样本数	占比（%）	样本数	占比（%）	样本数	占比（%）	样本数	占比（%）	样本数	占比（%）	样本数	占比（%）
	10	4.95	56	27.72	22	10.89	80	39.60	30	14.85	4	1.98

土壤pH

	≤4.5		(4.5~5.5]		(5.5~6.5]		(6.5~7.5]		(7.5~8.5]		>8.5	
	样本数	占比（%）	样本数	占比（%）	样本数	占比（%）	样本数	占比（%）	样本数	占比（%）	样本数	占比（%）
	0	0.00	0	0.00	0	0.00	1	0.50	181	89.60	20	9.90

潮土——典型潮土耕地土壤主要理化性状

项目名称	样本数（个）	平均值	标准差	变异系数（%）	范围
有效土层厚度 (cm)	907	99.9	20.39	20.41	35.0~150.0
耕层厚度 (cm)	910	28.5	2.88	10.12	20.0~30.0
耕层容重 (g/cm³)	890	1.44	0.08	5.22	1.11~1.67
有机质 (g/kg)	886	15.1	6.80	44.90	4.5~46.2
全氮 (g/kg)	886	0.853	0.39	45.79	0.250~2.390
有效磷 (mg/kg)	893	24.9	18.03	72.54	3.9~99.5
速效钾 (mg/kg)	881	189	111.18	58.90	41~529
缓效钾 (mg/kg)	884	889	289.18	32.52	204~1 694
有效铜 (mg/kg)	893	1.76	0.86	49.03	0.30~5.50
有效锌 (mg/kg)	883	0.88	0.53	59.83	0.18~3.62
有效铁 (mg/kg)	887	14.40	7.94	55.12	2.20~40.50
有效锰 (mg/kg)	904	7.79	4.33	55.52	1.95~39.80
有效硼 (mg/kg)	884	1.98	1.00	50.34	0.39~5.60
有效钼 (mg/kg)	878	0.191	0.12	61.50	0.012~0.700
有效硫 (mg/kg)	887	46.79	37.11	79.31	7.70~163.50
有效硅 (mg/kg)	866	157.59	80.98	51.39	25.60~438.56

耕层质地

	砂土	砂壤土	轻壤土	中壤土	重壤土	黏土
样本数	50	190	105	375	124	66
占比 (%)	5.49	20.88	11.54	41.21	13.63	7.25

土壤 pH

	≤4.5	(4.5~5.5]	(5.5~6.5]	(6.5~7.5]	(7.5~8.5]	>8.5
样本数	0	0	0	15	723	172
占比 (%)	0.00	0.00	0.00	1.65	79.45	18.90

潮土—灰潮土耕地土壤主要理化性状

项目名称	样本数（个）	平均值	标准差	变异系数（%）	范 围
有效土层厚度（cm）	373	98.1	22.12	22.54	35.0~150.0
耕层厚度（cm）	370	27.5	3.18	11.56	20.0~30.0
耕层容重（g/cm³）	370	1.44	0.05	3.62	1.24~1.63
有机质（g/kg）	363	17.2	7.64	44.31	4.5~47.5
全氮（g/kg）	360	0.981	0.40	40.85	0.290~2.480
有效磷（mg/kg）	367	23.8	17.43	73.31	3.8~101.8
速效钾（mg/kg）	363	198	109.20	55.17	34~527
缓效钾（mg/kg）	364	924	295.36	31.96	248~1 668
有效铜（mg/kg）	355	1.91	0.94	49.09	0.30~5.36
有效锌（mg/kg）	363	0.94	0.53	56.14	0.20~3.65
有效铁（mg/kg）	368	15.75	9.30	59.04	2.38~40.50
有效锰（mg/kg）	367	10.11	7.06	69.81	1.90~39.80
有效硼（mg/kg）	361	1.75	0.87	49.46	0.37~5.00
有效钼（mg/kg）	358	0.233	0.14	58.09	0.013~0.750
有效硫（mg/kg）	363	52.04	38.71	74.39	7.50~164.90
有效硅（mg/kg）	363	153.30	80.46	52.49	26.10~442.30

耕层质地

	砂土		砂壤土		轻壤土		中壤土		重壤土		黏土	
	样本数	占比（%）	样本数	占比（%）	样本数	占比（%）	样本数	占比（%）	样本数	占比（%）	样本数	占比（%）
	15	4.02	93	24.93	45	12.06	148	39.68	44	11.80	28	7.51

土壤 pH

	≤4.5		(4.5~5.5]		(5.5~6.5]		(6.5~7.5]		(7.5~8.5]		>8.5	
	样本数	占比（%）	样本数	占比（%）	样本数	占比（%）	样本数	占比（%）	样本数	占比（%）	样本数	占比（%）
	0	0.00	0	0.00	0	0.00	4	1.07	323	86.60	46	12.33

潮土—脱潮土耕地土壤主要理化性状

项目名称	样本数（个）	平均值	标准差	变异系数（%）	范围
有效土层厚度（cm）	127	93.5	21.28	22.76	35.0~127.0
耕层厚度（cm）	125	28.1	3.15	11.23	20.0~30.0
耕层容重（g/cm³）	111	1.42	0.11	7.41	1.11~1.66
有机质（g/kg）	122	18.5	8.39	45.42	4.7~43.9
全氮（g/kg）	125	1.115	0.44	39.87	0.310~2.240
有效磷（mg/kg）	125	27.1	15.91	58.68	3.8~98.6
速效钾（mg/kg）	118	263	122.02	46.32	50~526
缓效钾（mg/kg）	126	830	288.18	34.71	253~1 610
有效铜（mg/kg）	122	1.40	0.64	45.70	0.36~3.17
有效锌（mg/kg）	123	0.86	0.55	63.18	0.19~3.00
有效铁（mg/kg）	119	8.75	4.94	56.53	2.40~25.30
有效锰（mg/kg）	114	7.02	4.48	63.79	2.00~39.80
有效硼（mg/kg）	124	1.58	0.85	54.06	0.42~5.39
有效钼（mg/kg）	125	0.176	0.14	77.16	0.012~0.730
有效硫（mg/kg）	124	57.58	40.73	70.73	13.50~159.50
有效硅（mg/kg）	116	235.98	87.99	37.29	46.00~441.44

耕层质地

	砂土		砂壤土		轻壤土		中壤土		重壤土		黏土	
	样本数	占比（%）	样本数	占比（%）	样本数	占比（%）	样本数	占比（%）	样本数	占比（%）	样本数	占比（%）
	0	0.00	22	17.32	7	5.51	58	45.67	32	25.20	8	6.30

土壤 pH

	≤4.5		(4.5~5.5]		(5.5~6.5]		(6.5~7.5]		(7.5~8.5]		>8.5	
	样本数	占比（%）	样本数	占比（%）	样本数	占比（%）	样本数	占比（%）	样本数	占比（%）	样本数	占比（%）
	0	0.00	0	0.00	0	0.00	3	2.36	111	87.40	13	10.24

潮土—湿潮土耕地土壤主要理化性状

项目名称	样本数（个）	平均值	标准差	变异系数（%）	范 围
有效土层厚度 (cm)	34	101.6	14.48	14.24	40.0~120.0
耕层厚度 (cm)	34	25.1	0.93	3.72	23.0~30.0
耕层容重 (g/cm³)	34	1.43	0.09	6.46	1.13~1.61
有机质 (g/kg)	34	17.8	6.76	38.01	7.8~40.9
全氮 (g/kg)	34	0.946	0.35	37.30	0.350~1.950
有效磷 (mg/kg)	34	25.0	17.61	70.57	5.2~84.3
速效钾 (mg/kg)	34	234	108.52	46.47	60~464
缓效钾 (mg/kg)	31	910	279.74	30.75	283~1 344
有效铜 (mg/kg)	34	1.66	0.50	30.04	0.80~2.90
有效锌 (mg/kg)	34	0.78	0.38	49.46	0.30~2.04
有效铁 (mg/kg)	34	12.84	5.38	41.91	5.10~30.90
有效锰 (mg/kg)	34	13.27	10.11	76.20	3.90~39.80
有效硼 (mg/kg)	32	1.67	0.91	54.24	0.40~3.83
有效钼 (mg/kg)	31	0.219	0.15	69.28	0.017~0.741
有效硫 (mg/kg)	32	40.84	27.28	66.79	11.80~149.15
有效硅 (mg/kg)	31	126.82	48.17	37.99	40.20~266.00

耕层质地

	砂土	砂壤土	轻壤土	中壤土	重壤土	黏土
样本数	0	6	5	11	5	7
占比（%）	0.00	17.65	14.71	32.35	14.71	20.59

土壤 pH

	≤4.5	(4.5~5.5]	(5.5~6.5]	(6.5~7.5]	(7.5~8.5]	>8.5
样本数	0	0	0	0	27	7
占比（%）	0.00	0.00	0.00	0.00	79.41	20.59

潮土—盐化潮土耕地土壤主要理化性状

项目名称	样本数（个）	平均值	标准差	变异系数（%）	范围
有效土层厚度（cm）	504	98.0	21.61	22.05	37.0~150.0
耕层厚度（cm）	501	27.6	3.51	12.72	20.0~30.0
耕层容重（g/cm³）	498	1.42	0.10	7.20	1.13~1.66
有机质（g/kg）	493	13.1	5.34	40.70	4.5~45.8
全氮（g/kg）	491	0.761	0.30	39.40	0.250~2.050
有效磷（mg/kg）	492	22.5	15.73	69.97	3.8~98.4
速效钾（mg/kg）	495	208	108.98	52.44	36~534
缓效钾（mg/kg）	499	827	303.76	36.74	177~1 605
有效铜（mg/kg）	497	1.74	0.75	42.96	0.30~5.38
有效锌（mg/kg）	494	0.89	0.61	68.58	0.18~3.83
有效铁（mg/kg）	494	15.52	7.08	45.60	3.79~40.50
有效锰（mg/kg）	505	8.57	3.45	40.25	2.00~28.80
有效硼（mg/kg）	455	2.27	1.25	55.26	0.37~5.60
有效钼（mg/kg）	493	0.160	0.12	76.80	0.012~0.715
有效硫（mg/kg）	492	41.80	30.94	74.01	7.52~159.80
有效硅（mg/kg）	475	168.05	75.55	44.96	27.02~429.50

耕层质地

	砂土	砂壤土	轻壤土	中壤土	重壤土	黏土
样本数	38	61	93	208	50	57
占比（%）	7.50	12.03	18.34	41.03	9.86	11.24

土壤pH

	≤4.5	(4.5~5.5]	(5.5~6.5]	(6.5~7.5]	(7.5~8.5]	>8.5
样本数	0	0	0	4	354	149
占比（%）	0.00	0.00	0.00	0.79	69.82	29.39

潮土—灌淤潮土耕地土壤主要理化性状

项目名称	样本数（个）	平均值	标准差	变异系数（%）	范 围
有效土层厚度（cm）	455	97.7	19.75	20.22	35.0~150.0
耕层厚度（cm）	452	27.5	3.54	12.88	20.0~30.0
耕层容重（g/cm³）	450	1.43	0.11	7.69	1.11~1.67
有机质（g/kg）	448	15.0	4.90	32.69	4.8~34.3
全氮（g/kg）	447	0.874	0.29	33.29	0.250~1.900
有效磷（mg/kg）	433	22.8	17.08	74.94	3.8~92.3
速效钾（mg/kg）	433	203	113.82	55.96	40~535
缓效钾（mg/kg）	447	898	297.23	33.10	240~1 656
有效铜（mg/kg）	436	1.73	0.88	51.19	0.30~5.49
有效锌（mg/kg）	431	0.89	0.56	62.76	0.17~3.21
有效铁（mg/kg）	448	14.18	7.30	51.46	2.50~40.50
有效锰（mg/kg）	454	8.75	3.40	38.93	2.00~29.00
有效硼（mg/kg）	451	2.05	1.08	52.77	0.36~5.59
有效钼（mg/kg）	453	0.159	0.11	69.51	0.012~0.696
有效硫（mg/kg）	438	45.30	36.36	80.27	7.58~165.07
有效硅（mg/kg）	443	175.77	72.73	41.38	26.82~396.00

耕层质地

	砂土	砂壤土	轻壤土	中壤土	重壤土	黏土
样本数	13	58	79	171	91	45
占比（%）	2.84	12.69	17.29	37.42	19.91	9.85

土壤pH

	≤4.5	(4.5~5.5]	(5.5~6.5]	(6.5~7.5]	(7.5~8.5]	>8.5
样本数	0	0	0	2	298	157
占比（%）	0.00	0.00	0.00	0.44	65.21	34.35

林灌草甸土——典型林灌草甸土耕地土壤主要理化性状

项目名称	样本数（个）	平均值	标准差	变异系数（%）	范围
有效土层厚度（cm）	103	95.9	23.43	24.44	40.0~150.0
耕层厚度（cm）	104	28.5	2.52	8.83	20.0~30.0
耕层容重（g/cm³）	102	1.43	0.07	4.85	1.15~1.56
有机质（g/kg）	91	12.8	6.39	49.85	4.8~44.0
全氮（g/kg）	89	0.702	0.37	52.31	0.250~1.850
有效磷（mg/kg）	104	22.6	13.51	59.66	4.8~77.0
速效钾（mg/kg）	105	130	60.63	46.56	46~459
缓效钾（mg/kg）	104	1 000	285.12	28.52	256~1 691
有效铜（mg/kg）	103	1.68	0.86	51.44	0.50~4.88
有效锌（mg/kg）	104	0.80	0.34	41.77	0.23~2.12
有效铁（mg/kg）	104	16.82	8.88	52.80	3.40~40.50
有效锰（mg/kg）	103	8.22	7.57	92.11	2.50~39.80
有效硼（mg/kg）	105	1.74	0.94	53.84	0.41~5.17
有效钼（mg/kg）	104	0.197	0.13	67.25	0.020~0.492
有效硫（mg/kg）	101	41.21	30.46	73.92	7.50~164.42
有效硅（mg/kg）	102	116.63	58.00	49.73	26.10~289.43

耕层质地

	砂土		砂壤土		轻壤土		中壤土		重壤土		黏土	
	样本数	占比（%）	样本数	占比（%）	样本数	占比（%）	样本数	占比（%）	样本数	占比（%）	样本数	占比（%）
	21	20.00	43	40.95	6	5.71	29	27.62	5	4.76	1	0.95

土壤pH

	≤4.5		(4.5~5.5]		(5.5~6.5]		(6.5~7.5]		(7.5~8.5]		>8.5	
	样本数	占比（%）	样本数	占比（%）	样本数	占比（%）	样本数	占比（%）	样本数	占比（%）	样本数	占比（%）
	0	0.00	0	0.00	0	0.00	3	2.86	80	76.19	22	20.95

林灌草甸土—盐化林灌草甸土耕地土壤主要理化性状

项目名称	样本数（个）	平均值	标准差	变异系数（%）	范　围
有效土层厚度（cm）	28	90.3	17.02	18.86	70.0～120.0
耕层厚度（cm）	28	27.7	3.20	11.53	20.0～30.0
耕层容重（g/cm³）	25	1.44	0.05	3.60	1.34～1.54
有机质（g/kg）	27	10.1	3.38	33.36	4.6～20.4
全氮（g/kg）	27	0.538	0.19	35.49	0.280～1.080
有效磷（mg/kg）	27	25.7	15.03	58.47	4.5～63.6
速效钾（mg/kg）	28	184	111.24	60.32	52～508
缓效钾（mg/kg）	28	921	370.35	40.22	332～1 460
有效铜（mg/kg）	28	2.19	1.27	58.06	0.60～5.06
有效锌（mg/kg）	27	0.87	0.55	62.41	0.30～2.58
有效铁（mg/kg）	28	15.84	7.50	47.33	6.10～33.30
有效锰（mg/kg）	28	5.83	2.45	41.99	2.60～13.99
有效硼（mg/kg）	27	2.17	0.93	42.92	0.94～4.87
有效钼（mg/kg）	27	0.192	0.17	86.18	0.016～0.720
有效硫（mg/kg）	22	25.54	4.43	17.36	13.30～39.60
有效硅（mg/kg）	28	107.30	48.44	45.15	27.00～225.67

耕层质地

	砂土	砂壤土	轻壤土	中壤土	重壤土	黏土
样本数	5	3	2	17	1	0
占比（%）	17.86	10.71	7.14	60.71	3.57	0.00

土壤pH

	≤4.5	(4.5～5.5]	(5.5～6.5]	(6.5～7.5]	(7.5～8.5]	>8.5
样本数	0	0	1	1	24	3
占比（%）	0.00	0.00	3.57	3.57	85.71	10.71

沼泽土—典型沼泽土耕地土壤主要理化性状

项目名称	样本数（个）	平均值	标准差	变异系数（%）	范　围
有效土层厚度（cm）	51	106.5	11.91	11.18	80.0～130.0
耕层厚度（cm）	51	26.8	3.04	11.36	20.0～30.0
耕层容重（g/cm³）	51	1.44	0.05	3.17	1.28～1.54
有机质（g/kg）	50	20.1	8.19	40.70	6.0～38.4
全氮（g/kg）	51	1.072	0.43	40.19	0.270～2.180
有效磷（mg/kg）	50	26.9	22.43	83.52	4.0～96.7
速效钾（mg/kg）	50	171	101.60	59.47	67～522
缓效钾（mg/kg）	51	888	321.57	36.21	297～1 644
有效铜（mg/kg）	42	2.24	1.05	47.11	1.00～5.20
有效锌（mg/kg）	50	0.98	0.58	59.18	0.20～3.13
有效铁（mg/kg）	50	21.06	11.66	55.34	3.40～40.50
有效锰（mg/kg）	51	11.44	8.05	70.31	3.21～39.80
有效硼（mg/kg）	51	2.05	1.07	52.42	0.60～4.70
有效钼（mg/kg）	49	0.199	0.10	48.73	0.020～0.442
有效硫（mg/kg）	48	55.94	40.39	72.21	21.00～158.30
有效硅（mg/kg）	47	130.02	78.97	60.74	32.60～382.21

耕层质地

砂土		砂壤土		轻壤土		中壤土		重壤土		黏土	
样本数	占比（%）	样本数	占比（%）	样本数	占比（%）	样本数	占比（%）	样本数	占比（%）	样本数	占比（%）
0	0.00	2	3.92	11	21.57	25	49.02	13	25.49	0	0.00

土壤pH

≤4.5		(4.5～5.5]		(5.5～6.5]		(6.5～7.5]		(7.5～8.5]		>8.5	
样本数	占比（%）	样本数	占比（%）	样本数	占比（%）	样本数	占比（%）	样本数	占比（%）	样本数	占比（%）
0	0.00	0	0.00	0	0.00	0	0.00	47	92.16	4	7.84

沼泽土—泥炭沼泽土耕地土壤主要理化性状

项目名称	样本数（个）	平均值	标准差	变异系数（%）	范 围
有效土层厚度 (cm)	7	60.3	26.09	43.27	40.0~100.0
耕层厚度 (cm)	7	24.3	1.89	7.78	20.0~25.0
耕层容重 (g/cm³)	7	1.46	0.05	3.36	1.40~1.50
有机质 (g/kg)	7	21.2	10.57	49.99	11.8~40.6
全氮 (g/kg)	7	1.136	0.46	40.37	0.740~1.930
有效磷 (mg/kg)	7	13.2	7.00	52.96	7.5~27.2
速效钾 (mg/kg)	7	126	76.03	60.13	49~262
缓效钾 (mg/kg)	7	535	177.74	33.20	295~818
有效铜 (mg/kg)	3	2.86	0.38	13.10	2.43~3.10
有效锌 (mg/kg)	7	0.85	0.28	32.42	0.58~1.40
有效铁 (mg/kg)	7	29.05	6.96	23.95	21.75~40.50
有效锰 (mg/kg)	7	20.11	2.32	11.52	16.44~23.54
有效硼 (mg/kg)	6	1.36	0.30	22.09	1.03~1.90
有效钼 (mg/kg)	5	0.313	0.14	44.52	0.070~0.407
有效硫 (mg/kg)	7	98.86	43.80	44.30	41.90~162.45
有效硅 (mg/kg)	7	93.56	22.57	24.12	43.85~110.80

耕层质地

	砂土		砂壤土		轻壤土		中壤土		重壤土		黏土	
	样本数	占比（%）	样本数	占比（%）	样本数	占比（%）	样本数	占比（%）	样本数	占比（%）	样本数	占比（%）
	0	0.00	0	0.00	4	57.14	2	28.57	0	0.00	1	14.29

土壤 pH

	≤4.5		(4.5~5.5]		(5.5~6.5]		(6.5~7.5]		(7.5~8.5]		>8.5	
	样本数	占比（%）	样本数	占比（%）	样本数	占比（%）	样本数	占比（%）	样本数	占比（%）	样本数	占比（%）
	0	0.00	0	0.00	0	0.00	0	0.00	7	100.00	0	0.00

沼泽土—草甸沼泽土耕地土壤主要理化性状

项目名称	样本数（个）	平均值	标准差	变异系数（%）	范　围
有效土层厚度（cm）	60	101.2	25.69	25.38	35.0~150.0
耕层厚度（cm）	60	28.6	2.82	9.87	20.0~30.0
耕层容重（g/cm³）	60	1.46	0.06	3.83	1.27~1.63
有机质（g/kg）	56	13.6	7.88	57.89	4.7~39.8
全氮（g/kg）	55	0.735	0.35	47.44	0.320~2.030
有效磷（mg/kg）	59	26.2	17.44	66.67	5.8~93.7
速效钾（mg/kg）	58	174	114.44	65.78	40~503
缓效钾（mg/kg）	59	810	312.38	38.57	271~1 539
有效铜（mg/kg）	60	1.75	0.84	47.76	0.38~4.54
有效锌（mg/kg）	60	0.85	0.41	48.65	0.30~2.40
有效铁（mg/kg）	60	18.20	9.82	53.95	5.52~40.50
有效锰（mg/kg）	57	9.78	9.38	95.93	2.43~39.80
有效硼（mg/kg）	60	1.77	1.05	59.30	0.39~5.25
有效钼（mg/kg）	56	0.248	0.17	67.14	0.030~0.710
有效硫（mg/kg）	55	46.01	35.94	78.11	17.73~157.00
有效硅（mg/kg）	59	152.84	90.11	58.96	32.90~438.00

耕层质地

	砂土	砂壤土	轻壤土	中壤土	重壤土	黏土
样本数	1	14	7	21	13	4
占比（%）	1.67	23.33	11.67	35.00	21.67	6.67

土壤pH

	≤4.5	(4.5~5.5]	(5.5~6.5]	(6.5~7.5]	(7.5~8.5]	>8.5
样本数	0	0	0	1	46	13
占比（%）	0.00	0.00	0.00	1.67	76.67	21.67

沼泽土—盐化沼泽土耕地土壤主要理化性状

项目名称	样本数（个）	平均值	标准差	变异系数（%）	范　围
有效土层厚度（cm）	26	107.9	17.60	16.30	60.0~137.7
耕层厚度（cm）	26	27.4	3.15	11.49	20.0~30.0
耕层容重（g/cm³）	26	1.44	0.05	3.53	1.30~1.50
有机质（g/kg）	24	17.3	8.72	50.24	5.5~44.6
全氮（g/kg）	25	0.897	0.33	37.01	0.350~1.600
有效磷（mg/kg）	26	28.6	18.08	63.17	5.1~101.6
速效钾（mg/kg）	22	193	80.83	41.95	67~353
缓效钾（mg/kg）	25	869	303.90	34.96	248~1 418
有效铜（mg/kg）	24	1.90	0.79	41.44	0.67~3.80
有效锌（mg/kg）	25	0.89	0.29	33.15	0.42~1.66
有效铁（mg/kg）	26	18.29	11.97	65.45	2.75~40.50
有效锰（mg/kg）	26	9.56	6.58	68.82	2.33~26.86
有效硼（mg/kg）	23	2.34	1.28	54.73	0.67~4.66
有效钼（mg/kg）	23	0.313	0.14	45.37	0.128~0.710
有效硫（mg/kg）	26	36.00	34.41	95.60	9.58~161.30
有效硅（mg/kg）	25	160.87	104.80	65.15	62.80~394.81

耕层质地

	砂土	砂壤土	轻壤土	中壤土	重壤土	黏土
样本数	0	4	7	12	3	0
占比（%）	0.00	15.38	26.92	46.15	11.54	0.00

土壤 pH

	≤4.5	(4.5~5.5]	(5.5~6.5]	(6.5~7.5]	(7.5~8.5]	>8.5
样本数	0	0	0	0	26	0
占比（%）	0.00	0.00	0.00	0.00	100.00	0.00

草甸盐土—典型草甸盐土耕地土壤主要理化性状

项目名称	样本数（个）	平均值	标准差	变异系数（%）	范围
有效土层厚度（cm）	453	95.4	17.60	18.44	35.0~150.0
耕层厚度（cm）	468	27.2	3.72	13.66	20.0~30.0
耕层容重（g/cm³）	449	1.42	0.11	8.07	1.11~1.66
有机质（g/kg）	465	12.8	4.18	32.59	4.8~31.0
全氮（g/kg）	464	0.744	0.28	37.94	0.250~1.930
有效磷（mg/kg）	462	22.7	19.07	83.97	3.8~102.2
速效钾（mg/kg）	461	205	104.03	50.63	34~531
缓效钾（mg/kg）	460	876	284.18	32.45	203~1 664
有效铜（mg/kg）	439	1.63	0.88	53.80	0.30~5.44
有效锌（mg/kg）	452	0.83	0.55	65.33	0.18~3.80
有效铁（mg/kg）	449	17.19	8.67	50.44	3.58~40.50
有效锰（mg/kg）	466	9.07	3.07	33.88	2.20~18.12
有效硼（mg/kg）	443	2.10	1.11	53.17	0.35~5.60
有效钼（mg/kg）	455	0.185	0.14	77.36	0.020~0.750
有效硫（mg/kg）	457	41.71	30.11	72.18	7.50~157.05
有效硅（mg/kg）	452	146.79	64.00	43.60	26.36~395.20

耕层质地

	砂土		砂壤土		轻壤土		中壤土		重壤土		黏土	
	样本数	占比（%）	样本数	占比（%）	样本数	占比（%）	样本数	占比（%）	样本数	占比（%）	样本数	占比（%）
	67	14.29	91	19.40	104	22.17	122	26.01	42	8.96	43	9.17

土壤 pH

	≤4.5		(4.5~5.5]		(5.5~6.5]		(6.5~7.5]		(7.5~8.5]		>8.5	
	样本数	占比（%）	样本数	占比（%）	样本数	占比（%）	样本数	占比（%）	样本数	占比（%）	样本数	占比（%）
	0	0.00	0	0.00	0	0.00	9	1.92	248	52.88	212	45.20

草甸盐土—结壳盐土耕地土壤主要理化性状

项目名称	样本数（个）	平均值	标准差	变异系数（%）	范 围
有效土层厚度 (cm)	3	105.7	38.94	36.85	77.0~150.0
耕层厚度 (cm)	3	30.0	0.00	0.00	30.0~30.0
耕层容重 (g/cm³)	3	1.44	0.04	2.46	1.42~1.49
有机质 (g/kg)	3	11.8	4.10	34.87	8.0~16.1
全氮 (g/kg)	3	0.763	0.20	25.68	0.580~0.970
有效磷 (mg/kg)	3	24.4	18.46	75.65	13.1~45.7
速效钾 (mg/kg)	3	320	127.03	39.74	191~445
缓效钾 (mg/kg)	2	983	162.73	16.55	868~1 098
有效铜 (mg/kg)	3	2.77	1.42	51.42	1.50~4.30
有效锌 (mg/kg)	3	0.83	0.09	10.29	0.73~0.90
有效铁 (mg/kg)	3	18.03	9.19	50.95	7.50~24.40
有效锰 (mg/kg)	3	9.77	0.64	6.56	9.12~10.40
有效硼 (mg/kg)	3	2.16	0.55	25.55	1.55~2.63
有效钼 (mg/kg)	3	0.177	0.11	63.27	0.059~0.281
有效硫 (mg/kg)	3	26.33	2.31	8.77	25.00~29.00
有效硅 (mg/kg)	3	130.77	56.70	43.36	65.40~166.70

耕层质地

	砂土	砂壤土	轻壤土	中壤土	重壤土	黏土
样本数	0	1	0	1	1	0
占比（%）	0.00	33.33	0.00	33.33	33.33	0.00

土壤 pH

	≤4.5	(4.5~5.5]	(5.5~6.5]	(6.5~7.5]	(7.5~8.5]	>8.5
样本数	0	0	0	1	2	0
占比（%）	0.00	0.00	0.00	33.33	66.67	0.00

草甸盐土—沼泽盐土耕地土壤主要理化性状

项目名称	样本数（个）	平均值	标准差	变异系数（%）	范围
有效土层厚度（cm）	1	100.0	—	—	—
耕层厚度（cm）	1	30.0	—	—	—
耕层容重（g/cm³）	1	1.55	—	—	—
有机质（g/kg）	1	9.7	—	—	—
全氮（g/kg）	1	0.490	—	—	—
有效磷（mg/kg）	1	8.6	—	—	—
速效钾（mg/kg）	1	281	—	—	—
缓效钾（mg/kg）	1	1 209	—	—	—
有效铜（mg/kg）	1	2.36	—	—	—
有效锌（mg/kg）	1	0.98	—	—	—
有效铁（mg/kg）	1	16.13	—	—	—
有效锰（mg/kg）	1	6.87	—	—	—
有效硼（mg/kg）	1	1.48	—	—	—
有效钼（mg/kg）	1	0.125	—	—	—
有效硫（mg/kg）	1	25.00	—	—	—
有效硅（mg/kg）	1	182.77	—	—	—

耕层质地

砂土		砂壤土		轻壤土		中壤土		重壤土		黏土	
样本数	占比（%）	样本数	占比（%）	样本数	占比（%）	样本数	占比（%）	样本数	占比（%）	样本数	占比（%）
0	0.00	0	0.00	1	100.00	0	0.00	0	0.00	0	0.00

土壤 pH

≤4.5		(4.5~5.5]		(5.5~6.5]		(6.5~7.5]		(7.5~8.5]		>8.5	
样本数	占比（%）	样本数	占比（%）	样本数	占比（%）	样本数	占比（%）	样本数	占比（%）	样本数	占比（%）
0	0.00	0	0.00	0	0.00	0	0.00	1	100.00	0	0.00

草甸盐土——碱化盐土耕地土壤主要理化性状

项目名称	样本数（个）	平均值	标准差	变异系数（%）	范　围
有效土层厚度（cm）	23	89.6	13.64	15.23	80.0~120.0
耕层厚度（cm）	23	30.0	0.00	0.00	30.0~30.0
耕层容重（g/cm³）	14	1.49	0.12	7.75	1.24~1.66
有机质（g/kg）	23	11.2	4.18	37.43	4.5~22.0
全氮（g/kg）	23	0.690	0.24	35.36	0.339~1.271
有效磷（mg/kg）	23	31.4	18.65	59.32	9.2~76.7
速效钾（mg/kg）	23	156	65.54	42.10	59~310
缓效钾（mg/kg）	23	548	216.00	39.39	208~1 080
有效铜（mg/kg）	23	0.99	0.34	34.28	0.44~2.25
有效锌（mg/kg）	23	1.03	0.78	75.21	0.30~3.44
有效铁（mg/kg）	23	13.18	3.99	30.31	5.96~20.84
有效锰（mg/kg）	23	11.55	4.87	42.20	5.20~21.00
有效硼（mg/kg）	23	1.70	1.40	82.40	0.36~5.00
有效钼（mg/kg）	23	0.133	0.11	86.33	0.038~0.555
有效硫（mg/kg）	23	60.03	46.87	78.07	12.50~165.00
有效硅（mg/kg）	23	233.26	90.40	38.76	135.00~389.00

耕层质地

	砂土		砂壤土		轻壤土		中壤土		重壤土		黏土	
	样本数	占比（%）	样本数	占比（%）	样本数	占比（%）	样本数	占比（%）	样本数	占比（%）	样本数	占比（%）
	0	0.00	18	78.26	1	4.35	2	8.70	2	8.70	0	0.00

土壤pH

	≤4.5		(4.5~5.5]		(5.5~6.5]		(6.5~7.5]		(7.5~8.5]		>8.5	
	样本数	占比（%）	样本数	占比（%）	样本数	占比（%）	样本数	占比（%）	样本数	占比（%）	样本数	占比（%）
	0	0.00	0	0.00	0	0.00	0	0.00	18	78.26	5	21.74

碱土—草原碱土耕地土壤主要理化性状

项目名称	样本数（个）	平均值	标准差	变异系数（%）	范围
有效土层厚度（cm）	3	83.3	28.87	34.64	50.0~100.0
耕层厚度（cm）	3	20.0	0.00	0.00	20.0~20.0
耕层容重（g/cm³）	3	1.43	0.03	2.14	1.40~1.46
有机质（g/kg）	3	11.5	3.62	31.47	7.4~14.0
全氮（g/kg）	3	0.746	0.19	25.72	0.534~0.908
有效磷（mg/kg）	3	25.2	13.87	54.96	11.4~39.2
速效钾（mg/kg）	3	171	117.30	68.58	90~306
缓效钾（mg/kg）	3	753	227.83	30.25	573~1 009
有效铜（mg/kg）	3	1.94	0.59	30.54	1.36~2.55
有效锌（mg/kg）	2	0.62	0.25	39.89	0.44~0.79
有效铁（mg/kg）	3	25.00	13.21	52.83	10.44~36.22
有效锰（mg/kg）	3	12.43	1.88	15.13	10.26~13.54
有效硼（mg/kg）	3	1.86	0.39	20.75	1.45~2.21
有效钼（mg/kg）	3	0.131	0.02	14.82	0.108~0.142
有效硫（mg/kg）	3	46.82	51.95	110.96	15.23~106.77
有效硅（mg/kg）	3	173.35	17.80	10.27	161.46~193.82

耕层质地

砂土		砂壤土		轻壤土		中壤土		重壤土		黏土	
样本数	占比（%）	样本数	占比（%）	样本数	占比（%）	样本数	占比（%）	样本数	占比（%）	样本数	占比（%）
0	0.00	1	33.33	1	33.33	0	0.00	0	0.00	1	33.33

土壤 pH

≤4.5		(4.5~5.5]		(5.5~6.5]		(6.5~7.5)		[7.5~8.5]		>8.5	
样本数	占比（%）	样本数	占比（%）	样本数	占比（%）	样本数	占比（%）	样本数	占比（%）	样本数	占比（%）
0	0.00	0	0.00	0	0.00	0	0.00	0	0.00	3	100.00

水稻土—潴育水稻土耕地土壤主要理化性状

项目名称	样本数（个）	平均值	标准差	变异系数（%）	范围
有效土层厚度 (cm)	12	127.2	14.43	11.35	108.0~150.0
耕层厚度 (cm)	12	26.3	3.50	13.29	20.0~30.0
耕层容重 (g/cm³)	12	1.44	0.04	2.86	1.37~1.53
有机质 (g/kg)	12	19.7	8.12	41.17	7.1~30.2
全氮 (g/kg)	12	1.063	0.33	31.06	0.640~1.550
有效磷 (mg/kg)	12	34.3	16.15	47.15	10.4~64.6
速效钾 (mg/kg)	12	133	54.74	41.21	51~213
缓效钾 (mg/kg)	11	833	317.42	38.09	460~1 356
有效铜 (mg/kg)	12	2.88	0.81	28.08	1.20~4.00
有效锌 (mg/kg)	12	1.34	0.80	59.38	0.20~2.60
有效铁 (mg/kg)	12	25.87	7.84	30.31	7.70~40.50
有效锰 (mg/kg)	11	10.79	1.97	18.25	6.90~14.15
有效硼 (mg/kg)	11	2.67	1.44	54.03	1.20~4.90
有效钼 (mg/kg)	12	0.166	0.10	59.59	0.040~0.390
有效硫 (mg/kg)	11	57.39	31.11	54.22	20.60~104.06
有效硅 (mg/kg)	12	132.74	28.81	21.70	84.59~199.65

耕层质地

	砂土		砂壤土		轻壤土		中壤土		重壤土		黏土	
	样本数	占比 (%)	样本数	占比 (%)	样本数	占比 (%)	样本数	占比 (%)	样本数	占比 (%)	样本数	占比 (%)
	0	0.00	0	0.00	3	25.00	2	16.67	6	50.00	1	8.33

土壤 pH

	≤4.5		(4.5~5.5]		(5.5~6.5]		(6.5~7.5]		(7.5~8.5]		>8.5	
	样本数	占比 (%)	样本数	占比 (%)	样本数	占比 (%)	样本数	占比 (%)	样本数	占比 (%)	样本数	占比 (%)
	0	0.00	0	0.00	0	0.00	0	0.00	10	83.33	2	16.67

水稻土—渗育水稻土耕地土壤主要理化性状

项目名称	样本数（个）	平均值	标准差	变异系数（%）	范　围
有效土层厚度（cm）	2	115.0	7.07	6.15	110.0～120.0
耕层厚度（cm）	2	25.0	7.07	28.28	20.0～30.0
耕层容重（g/cm³）	2	1.37	0.06	4.04	1.33～1.41
有机质（g/kg）	2	35.2	0.07	0.20	35.1～35.2
全氮（g/kg）	2	1.765	0.08	4.41	1.710～1.820
有效磷（mg/kg）	2	27.8	28.71	103.27	7.5～48.1
速效钾（mg/kg）	2	115	5.66	4.92	111～119
缓效钾（mg/kg）	1	990	—	—	—
有效铜（mg/kg）	2	2.01	1.15	57.15	1.20～2.83
有效锌（mg/kg）	2	1.92	2.15	111.96	0.40～3.44
有效铁（mg/kg）	2	15.05	4.03	26.76	12.20～17.89
有效锰（mg/kg）	2	9.87	2.93	29.71	7.80～11.95
有效硼（mg/kg）	1	3.92	—	—	—
有效钼（mg/kg）	2	0.491	0.23	45.87	0.332～0.650
有效硫（mg/kg）	2	24.00	0.00	0.00	24.00～24.00
有效硅（mg/kg）	1	115.15	—	—	—

耕层质地

砂土		砂壤土		轻壤土		中壤土		重壤土		黏土	
样本数	占比（%）	样本数	占比（%）	样本数	占比（%）	样本数	占比（%）	样本数	占比（%）	样本数	占比（%）
0	0.00	0	0.00	1	50.00	0	0.00	0	0.00	1	50.00

土壤 pH

≤4.5		(4.5～5.5]		(5.5～6.5]		(6.5～7.5]		(7.5～8.5]		>8.5	
样本数	占比（%）	样本数	占比（%）	样本数	占比（%）	样本数	占比（%）	样本数	占比（%）	样本数	占比（%）
0	0.00	0	0.00	0	0.00	0	0.00	1	50.00	1	50.00

水稻土—潴育水稻土耕地土壤主要理化性状

项目名称	样本数（个）	平均值	标准差	变异系数（%）	范 围
有效土层厚度（cm）	22	109.4	16.59	15.17	50.0~128.0
耕层厚度（cm）	22	27.1	3.84	14.18	20.0~30.0
耕层容重（g/cm³）	22	1.45	0.07	5.14	1.34~1.65
有机质（g/kg）	20	20.1	12.05	59.99	4.9~45.9
全氮（g/kg）	20	0.982	0.64	65.32	0.250~2.500
有效磷（mg/kg）	22	26.3	15.60	59.36	5.3~61.3
速效钾（mg/kg）	22	160	92.49	57.69	46~437
缓效钾（mg/kg）	22	977	238.57	24.42	506~1 392
有效铜（mg/kg）	22	2.51	0.92	36.51	0.50~4.17
有效锌（mg/kg）	18	1.52	0.73	48.19	0.70~2.94
有效铁（mg/kg）	22	20.96	7.10	33.88	12.10~40.50
有效锰（mg/kg）	22	9.41	3.43	36.48	3.90~15.85
有效硼（mg/kg）	22	2.96	1.32	44.69	1.10~4.85
有效钼（mg/kg）	22	0.224	0.12	52.00	0.062~0.526
有效硫（mg/kg）	21	62.79	45.17	71.95	20.00~155.62
有效硅（mg/kg）	22	111.48	46.82	42.00	41.40~253.44

耕层质地

	砂土	砂壤土	轻壤土	中壤土	重壤土	黏土
样本数	0	3	7	3	4	5
占比（%）	0.00	13.64	31.82	13.64	18.18	22.73

土壤pH

	≤4.5	(4.5~5.5]	(5.5~6.5]	(6.5~7.5]	(7.5~8.5]	>8.5
样本数	0	0	0	0	19	3
占比（%）	0.00	0.00	0.00	0.00	86.36	13.64

水稻土——盐渍水稻土耕地土壤主要理化性状

项目名称	样本数（个）	平均值	标准差	变异系数（%）	范围
有效土层厚度（cm）	3	112.0	7.21	6.44	106.0～120.0
耕层厚度（cm）	3	27.7	2.08	7.52	26.0～30.0
耕层容重（g/cm³）	3	1.56	0.07	4.38	1.50～1.63
有机质（g/kg）	2	27.7	29.54	106.57	6.8～48.6
全氮（g/kg）	3	1.200	1.07	89.31	0.410～2.420
有效磷（mg/kg）	3	40.6	24.82	61.12	16.3～65.9
速效钾（mg/kg）	3	179	8.50	4.76	170～187
缓效钾（mg/kg）	3	517	256.70	49.68	231～728
有效铜（mg/kg）	2	2.11	0.01	0.34	2.10～2.11
有效锌（mg/kg）	3	0.76	0.38	49.89	0.50～1.20
有效铁（mg/kg）	3	18.88	9.58	50.71	8.30～26.95
有效锰（mg/kg）	3	20.40	17.25	84.55	6.80～39.80
有效硼（mg/kg）	3	3.60	1.74	48.43	1.60～4.80
有效钼（mg/kg）	3	0.362	0.24	66.50	0.110～0.590
有效硫（mg/kg）	3	48.29	32.88	68.10	24.00～85.71
有效硅（mg/kg）	3	130.24	51.52	39.56	71.44～167.47

耕层质地

	砂土		砂壤土		轻壤土		中壤土		重壤土		黏土	
	样本数	占比（%）	样本数	占比（%）	样本数	占比（%）	样本数	占比（%）	样本数	占比（%）	样本数	占比（%）
	0	0.00	0	0.00	0	0.00	0	0.00	1	33.33	2	66.67

土壤pH

	≤4.5		（4.5～5.5]		（5.5～6.5]		（6.5～7.5]		（7.5～8.5]		＞8.5	
	样本数	占比（%）	样本数	占比（%）	样本数	占比（%）	样本数	占比（%）	样本数	占比（%）	样本数	占比（%）
	0	0.00	0	0.00	0	0.00	0	0.00	3	100.00	0	0.00

灌淤土—典型灌淤土耕地土壤主要理化性状

项目名称	样本数（个）	平均值	标准差	变异系数（%）	范　围
有效土层厚度（cm）	840	109.1	20.89	19.15	40.0~150.0
耕层厚度（cm）	854	28.0	3.51	12.55	20.0~30.0
耕层容重（g/cm³）	840	1.42	0.08	5.90	1.11~1.67
有机质（g/kg）	833	14.1	5.69	40.45	4.5~39.6
全氮（g/kg）	831	0.808	0.33	40.59	0.250~2.230
有效磷（mg/kg）	821	25.4	19.21	75.54	3.9~100.7
速效钾（mg/kg）	833	164	99.11	60.43	40~532
缓效钾（mg/kg）	821	945	325.42	34.43	177~1 695
有效铜（mg/kg）	834	1.44	0.79	54.95	0.30~5.39
有效锌（mg/kg）	827	1.00	0.58	57.66	0.18~3.81
有效铁（mg/kg）	838	13.95	7.25	51.94	2.50~40.50
有效锰（mg/kg）	840	7.38	3.54	47.94	1.90~29.80
有效硼（mg/kg）	835	1.59	0.91	57.57	0.36~5.56
有效钼（mg/kg）	841	0.166	0.10	63.20	0.012~0.713
有效硫（mg/kg）	812	48.27	35.45	73.44	7.60~163.56
有效硅（mg/kg）	830	124.16	80.96	65.21	25.80~443.80

耕层质地

	砂土	砂壤土	轻壤土	中壤土	重壤土	黏土
样本数	25	281	146	261	105	36
占比（%）	2.93	32.90	17.10	30.56	12.30	4.22

土壤 pH

	≤4.5	(4.5~5.5]	(5.5~6.5]	(6.5~7.5]	(7.5~8.5]	>8.5
样本数	0	0	0	3	649	202
占比（%）	0.00	0.00	0.00	0.35	76.00	23.65

灌淤土一潮灌淤土耕地土壤主要理化性状

项目名称	样本数（个）	平均值	标准差	变异系数（%）	范围
有效土层厚度（cm）	210	93.4	22.48	24.07	40.0~150.0
耕层厚度（cm）	212	26.1	4.15	15.93	20.0~30.0
耕层容重（g/cm³）	190	1.36	0.16	11.75	1.13~1.66
有机质（g/kg）	211	14.7	5.04	34.20	5.2~39.1
全氮（g/kg）	212	0.824	0.25	30.53	0.292~1.784
有效磷（mg/kg）	202	29.4	21.31	72.37	3.7~91.8
速效钾（mg/kg）	196	151	80.75	53.43	34~474
缓效钾（mg/kg）	198	690	309.81	44.93	178~1 692
有效铜（mg/kg）	200	1.25	0.65	51.97	0.31~4.42
有效锌（mg/kg）	201	0.96	0.71	74.19	0.17~3.81
有效铁（mg/kg）	212	13.90	6.06	43.59	3.56~40.50
有效锰（mg/kg）	203	7.84	2.78	35.46	2.16~19.20
有效硼（mg/kg）	212	1.54	0.87	56.71	0.34~5.10
有效钼（mg/kg）	207	0.119	0.12	100.32	0.012~0.600
有效硫（mg/kg）	207	45.01	31.82	70.69	7.99~162.00
有效硅（mg/kg）	209	177.15	68.88	38.88	37.20~441.00

耕层质地

砂土		砂壤土		轻壤土		中壤土		重壤土		黏土	
样本数	占比（%）	样本数	占比（%）	样本数	占比（%）	样本数	占比（%）	样本数	占比（%）	样本数	占比（%）
1	0.47	40	18.87	40	18.87	114	53.77	17	8.02	0	0.00

土壤 pH

≤4.5		(4.5~5.5]		(5.5~6.5]		(6.5~7.5)		(7.5~8.5]		>8.5	
样本数	占比（%）	样本数	占比（%）	样本数	占比（%）	样本数	占比（%）	样本数	占比（%）	样本数	占比（%）
0	0.00	0	0.00	0	0.00	1	0.47	136	64.15	75	35.38

灌淤土—表锈灌淤土耕地土壤主要理化性状

项目名称	样本数（个）	平均值	标准差	变异系数（%）	范　围
有效土层厚度（cm）	106	83.0	31.58	38.04	40.0~150.0
耕层厚度（cm）	128	25.4	3.56	14.03	20.0~30.0
耕层容重（g/cm³）	127	1.29	0.13	10.12	1.12~1.49
有机质（g/kg）	128	15.5	3.87	25.00	6.2~28.8
全氮（g/kg）	129	0.874	0.23	26.00	0.283~1.519
有效磷（mg/kg）	115	45.0	26.70	59.36	5.1~101.9
速效钾（mg/kg）	98	126	75.05	59.50	36~444
缓效钾（mg/kg）	95	689	331.72	48.18	181~1 656
有效铜（mg/kg）	128	1.43	0.59	41.48	0.53~4.03
有效锌（mg/kg）	124	0.99	0.59	59.38	0.19~3.70
有效铁（mg/kg）	129	15.43	5.58	36.15	5.70~28.40
有效锰（mg/kg）	122	7.71	3.17	41.06	2.06~21.10
有效硼（mg/kg）	129	1.46	0.68	46.57	0.36~5.10
有效钼（mg/kg）	129	0.120	0.06	46.40	0.058~0.363
有效硫（mg/kg）	119	51.00	35.61	69.83	8.32~157.03
有效硅（mg/kg）	128	191.81	47.06	24.54	98.23~365.61

耕层质地

	砂土	砂壤土	轻壤土	中壤土	重壤土	黏土
样本数	0	5	13	99	12	0
占比（%）	0.00	3.88	10.08	76.74	9.30	0.00

土壤 pH

	≤4.5	(4.5~5.5]	(5.5~6.5]	(6.5~7.5]	(7.5~8.5]	>8.5
样本数	0	0	0	0	120	9
占比（%）	0.00	0.00	0.00	0.00	93.02	6.98

灌淤土—盐化灌淤土耕地土壤主要理化性状

项目名称	样本数（个）	平均值	标准差	变异系数（%）	范　围
有效土层厚度（cm）	336	98.1	25.41	25.91	35.0~150.0
耕层厚度（cm）	341	27.2	3.29	12.08	20.0~30.0
耕层容重（g/cm³）	330	1.39	0.12	8.90	1.13~1.65
有机质（g/kg）	338	14.0	5.22	37.31	4.5~45.2
全氮（g/kg）	337	0.781	0.30	38.25	0.250~2.520
有效磷（mg/kg）	325	24.7	20.84	84.49	3.8~97.3
速效钾（mg/kg）	325	159	92.93	58.62	40~531
缓效钾（mg/kg）	322	941	335.86	35.68	187~1 684
有效铜（mg/kg）	333	1.61	0.74	46.10	0.32~4.36
有效锌（mg/kg）	333	0.95	0.61	64.52	0.17~3.69
有效铁（mg/kg）	335	15.25	6.98	45.76	2.70~40.50
有效锰（mg/kg）	342	9.09	4.07	44.74	2.90~25.00
有效硼（mg/kg）	333	2.21	1.18	53.46	0.36~5.31
有效钼（mg/kg）	327	0.175	0.13	73.84	0.012~0.711
有效硫（mg/kg）	336	39.44	29.52	74.85	7.52~159.90
有效硅（mg/kg）	338	129.73	69.55	53.61	25.90~370.70

耕层质地

	砂土		砂壤土		轻壤土		中壤土		重壤土		黏土	
	样本数	占比（%）	样本数	占比（%）	样本数	占比（%）	样本数	占比（%）	样本数	占比（%）	样本数	占比（%）
	20	5.85	69	20.18	68	19.88	139	40.64	29	8.48	17	4.97

土壤pH

	≤4.5		(4.5~5.5]		(5.5~6.5]		(6.5~7.5]		(7.5~8.5]		>8.5	
	样本数	占比（%）	样本数	占比（%）	样本数	占比（%）	样本数	占比（%）	样本数	占比（%）	样本数	占比（%）
	0	0.00	0	0.00	0	0.00	0	0.00	261	76.32	81	23.68

灌漠土—典型灌漠土耕地土壤主要理化性状

项目名称	样本数（个）	平均值	标准差	变异系数（%）	范围
有效土层厚度 (cm)	418	87.0	23.47	26.97	35.0~150.0
耕层厚度 (cm)	421	24.8	3.99	16.08	20.0~30.0
耕层容重 (g/cm³)	339	1.25	0.15	11.97	1.11~1.65
有机质 (g/kg)	417	17.3	5.49	31.64	6.1~42.1
全氮 (g/kg)	419	1.033	0.32	31.23	0.270~2.510
有效磷 (mg/kg)	417	28.1	17.09	60.74	4.7~99.6
速效钾 (mg/kg)	414	185	95.11	51.49	43~518
缓效钾 (mg/kg)	419	759	288.09	37.96	182~1 628
有效铜 (mg/kg)	417	1.58	0.56	35.23	0.40~4.50
有效锌 (mg/kg)	414	0.99	0.60	61.12	0.18~3.83
有效铁 (mg/kg)	419	14.96	5.86	39.18	3.27~28.90
有效锰 (mg/kg)	419	8.67	3.73	43.01	2.10~39.80
有效硼 (mg/kg)	415	1.40	0.78	56.02	0.35~5.60
有效钼 (mg/kg)	417	0.139	0.13	92.41	0.012~0.747
有效硫 (mg/kg)	406	38.68	29.62	76.56	7.56~162.80
有效硅 (mg/kg)	416	161.30	55.67	34.51	49.90~435.73

耕层质地

	砂土		砂壤土		轻壤土		中壤土		重壤土		黏土	
	样本数	占比（%）	样本数	占比（%）	样本数	占比（%）	样本数	占比（%）	样本数	占比（%）	样本数	占比（%）
	11	2.61	158	37.53	64	15.20	159	37.77	24	5.70	5	1.19

土壤 pH

	≤4.5		(4.5~5.5]		(5.5~6.5]		(6.5~7.5]		(7.5~8.5]		>8.5	
	样本数	占比（%）	样本数	占比（%）	样本数	占比（%）	样本数	占比（%）	样本数	占比（%）	样本数	占比（%）
	0	0.00	0	0.00	0	0.00	0	0.00	279	66.27	142	33.73

灌漠土—灰灌漠土耕地土壤主要理化性状

项目名称	样本数（个）	平均值	标准差	变异系数（%）	范　围
有效土层厚度（cm）	435	92.5	30.60	33.08	35.0~150.0
耕层厚度（cm）	441	21.7	3.43	15.82	20.0~30.0
耕层容重（g/cm³）	426	1.30	0.12	9.30	1.11~1.65
有机质（g/kg）	430	20.0	6.86	34.31	4.9~40.9
全氮（g/kg）	434	1.091	0.35	32.20	0.250~2.360
有效磷（mg/kg）	328	45.1	28.62	63.46	5.0~103.0
速效钾（mg/kg）	330	152	98.56	64.66	34~515
缓效钾（mg/kg）	334	697	352.87	50.63	175~1 686
有效铜（mg/kg）	431	1.55	0.69	44.51	0.31~5.20
有效锌（mg/kg）	411	1.18	0.61	51.42	0.18~3.80
有效铁（mg/kg）	439	14.98	5.70	38.03	2.26~29.70
有效锰（mg/kg）	425	9.45	3.83	40.50	1.90~21.00
有效硼（mg/kg）	429	1.04	0.63	60.66	0.34~4.86
有效钼（mg/kg）	441	0.074	0.08	112.93	0.012~0.554
有效硫（mg/kg）	435	42.01	30.88	73.52	8.91~159.35
有效硅（mg/kg）	436	158.05	54.77	34.66	44.70~418.58

耕层质地

砂土		砂壤土		轻壤土		中壤土		重壤土		黏土	
样本数	占比（%）	样本数	占比（%）	样本数	占比（%）	样本数	占比（%）	样本数	占比（%）	样本数	占比（%）
14	3.17	119	26.98	85	19.27	212	48.07	9	2.04	2	0.45

土壤pH

≤4.5		(4.5~5.5]		(5.5~6.5]		(6.5~7.5]		(7.5~8.5]		>8.5	
样本数	占比（%）	样本数	占比（%）	样本数	占比（%）	样本数	占比（%）	样本数	占比（%）	样本数	占比（%）
0	0.00	0	0.00	0	0.00	0	0.00	379	85.94	62	14.06

灌漠土—盐化灌漠土耕地土壤主要理化性状

项目名称	样本数（个）	平均值	标准差	变异系数（%）	范　围
有效土层厚度（cm）	28	103.9	26.41	25.42	53.9~150.0
耕层厚度（cm）	28	28.4	3.06	10.77	20.0~30.0
耕层容重（g/cm³）	26	1.36	0.15	11.41	1.11~1.64
有机质（g/kg）	28	18.1	8.02	44.42	5.2~45.6
全氮（g/kg）	28	1.028	0.43	41.82	0.344~2.040
有效磷（mg/kg）	27	22.2	12.38	55.71	5.3~52.0
速效钾（mg/kg）	27	254	116.58	45.95	78~478
缓效钾（mg/kg）	26	894	268.72	30.06	257~1 518
有效铜（mg/kg）	28	1.47	0.75	50.75	0.44~3.40
有效锌（mg/kg）	28	1.15	0.80	69.66	0.24~3.22
有效铁（mg/kg）	27	11.12	5.56	50.07	2.70~24.60
有效锰（mg/kg）	28	7.42	2.84	38.23	2.30~14.97
有效硼（mg/kg）	27	1.79	1.08	60.16	0.35~4.32
有效钼（mg/kg）	28	0.238	0.17	73.57	0.012~0.738
有效硫（mg/kg）	28	40.40	29.99	74.24	15.65~163.15
有效硅（mg/kg）	25	185.26	87.42	47.19	49.56~430.46

耕层质地

	砂土	砂壤土	轻壤土	中壤土	重壤土	黏土
样本数	0	5	0	21	2	0
占比（%）	0.00	17.86	0.00	75.00	7.14	0.00

土壤pH

	≤4.5	(4.5~5.5]	(5.5~6.5]	(6.5~7.5]	(7.5~8.5]	>8.5
样本数	0	0	0	1	23	4
占比（%）	0.00	0.00	0.00	3.57	82.14	14.29

三、土 属

灰褐土—典型灰褐土—黄土质灰褐土耕地土壤主要理化性状

项目名称	样本数（个）	平均值	标准差	变异系数（%）	范围
有效土层厚度（cm）	2	90.0	0.00	0.00	90.0~90.0
耕层厚度（cm）	2	20.0	0.00	0.00	20.0~20.0
耕层容重（g/cm³）	2	1.40	0.00	0.00	1.40~1.40
有机质（g/kg）	2	17.1	1.77	10.31	15.9~18.4
全氮（g/kg）	2	1.080	0.04	3.93	1.050~1.110
有效磷（mg/kg）	2	21.9	16.19	73.77	10.5~33.4
速效钾（mg/kg）	2	229	26.16	11.45	210~247
缓效钾（mg/kg）	2	880	27.33	3.11	860~899
有效铜（mg/kg）	2	2.15	0.14	6.32	2.05~2.24
有效锌（mg/kg）	2	0.64	0.05	7.34	0.61~0.67
有效铁（mg/kg）	2	15.06	0.46	3.07	14.73~15.39
有效锰（mg/kg）	2	20.16	1.92	9.50	18.81~21.51
有效硼（mg/kg）	2	2.45	0.16	6.67	2.34~2.57
有效钼（mg/kg）	2	0.230	0.05	22.70	0.193~0.267
有效硫（mg/kg）	2	114.57	24.28	21.19	97.41~131.74
有效硅（mg/kg）	2	75.37	5.37	7.12	71.57~79.16

耕层质地

	砂土		砂壤土		轻壤土		中壤土		重壤土		黏土	
	样本数	占比（%）	样本数	占比（%）	样本数	占比（%）	样本数	占比（%）	样本数	占比（%）	样本数	占比（%）
	0	0.00	0	0.00	0	0.00	2	100.00	0	0.00	0	0.00

土壤pH

	≤4.5		(4.5~5.5]		(5.5~6.5]		(6.5~7.5]		(7.5~8.5]		>8.5	
	样本数	占比（%）	样本数	占比（%）	样本数	占比（%）	样本数	占比（%）	样本数	占比（%）	样本数	占比（%）
	0	0.00	0	0.00	0	0.00	0	0.00	2	100.00	0	0.00

灰褐土—典型灰褐土—泥砂质灰褐土耕地土壤主要理化性状

项目名称	样本数（个）	平均值	标准差	变异系数（%）	范围
有效土层厚度（cm）	2	63.0	0.00	0.00	63.0～63.0
耕层厚度（cm）	2	30.0	0.00	0.00	30.0～30.0
耕层容重（g/cm³）	2	1.38	0.06	4.63	1.33～1.42
有机质（g/kg）	2	11.9	1.41	11.88	10.9～12.9
全氮（g/kg）	2	0.666	0.10	14.34	0.598～0.733
有效磷（mg/kg）	2	10.3	6.69	65.28	5.5～15.0
速效钾（mg/kg）	2	288	240.50	83.52	118～458
缓效钾（mg/kg）	2	1 069	7.42	0.69	1 063～1 074
有效铜（mg/kg）	2	0.45	0.12	27.10	0.37～0.54
有效锌（mg/kg）	2	0.41	0.29	70.23	0.21～0.62
有效铁（mg/kg）	2	4.56	1.60	35.00	3.43～5.69
有效锰（mg/kg）	2	8.57	3.05	35.61	6.41～10.72
有效硼（mg/kg）	2	1.43	1.41	98.81	0.43～2.43
有效钼（mg/kg）	2	0.037	0.01	27.73	0.030～0.045
有效硫（mg/kg）	2	18.16	1.39	7.67	17.17～19.14
有效硅（mg/kg）	2	110.62	6.56	5.93	105.98～115.26

耕层质地

砂土		砂壤土		轻壤土		中壤土		重壤土		黏土	
样本数	占比（%）	样本数	占比（%）	样本数	占比（%）	样本数	占比（%）	样本数	占比（%）	样本数	占比（%）
0	0.00	0	0.00	2	100.00	0	0.00	0	0.00	0	0.00

土壤pH

≤4.5		(4.5～5.5]		(5.5～6.5]		(6.5～7.5]		(7.5～8.5]		>8.5	
样本数	占比（%）	样本数	占比（%）	样本数	占比（%）	样本数	占比（%）	样本数	占比（%）	样本数	占比（%）
0	0.00	0	0.00	0	0.00	0	0.00	2	100.00	0	0.00

灰褐土—淋溶灰褐土—黄土质淋溶灰褐土耕地土壤主要理化性状

项目名称	样本数（个）	平均值	标准差	变异系数（%）	范围
有效土层厚度（cm）	15	90.2	16.10	17.85	50.0~100.0
耕层厚度（cm）	15	29.9	0.52	1.73	28.0~30.0
耕层容重（g/cm³）	14	1.40	0.14	9.85	1.21~1.58
有机质（g/kg）	14	12.1	3.77	31.14	7.3~18.7
全氮（g/kg）	15	0.764	0.48	62.71	0.305~2.220
有效磷（mg/kg）	14	10.1	9.55	94.86	4.3~39.4
速效钾（mg/kg）	15	237	96.68	40.78	122~436
缓效钾（mg/kg）	15	944	252.18	26.72	463~1 303
有效铜（mg/kg）	15	1.34	0.77	57.45	0.38~3.02
有效锌（mg/kg）	15	0.68	0.62	90.96	0.29~2.75
有效铁（mg/kg）	15	20.36	13.12	64.43	4.31~40.50
有效锰（mg/kg）	15	11.18	8.12	72.66	5.53~39.80
有效硼（mg/kg）	15	3.23	1.33	41.16	1.23~4.95
有效钼（mg/kg）	15	0.140	0.09	60.89	0.030~0.366
有效硫（mg/kg）	15	26.91	17.01	63.19	9.81~65.40
有效硅（mg/kg）	15	130.10	87.02	66.89	70.64~421.60

耕层质地

	砂土	砂壤土	轻壤土	中壤土	重壤土	黏土
样本数	6	6	3	0	0	0
占比（%）	40.00	40.00	20.00	0.00	0.00	0.00

土壤pH

	≤4.5	(4.5~5.5]	(5.5~6.5]	(6.5~7.5]	(7.5~8.5]	>8.5
样本数	0	0	0	0	9	6
占比（%）	0.00	0.00	0.00	0.00	60.00	40.00

黑钙土—典型黑钙土—黄土质黑钙土耕地土壤主要理化性状

项目名称	样本数（个）	平均值	标准差	变异系数（%）	范　围
有效土层厚度（cm）	86	98.4	9.44	9.59	74.0～120.0
耕层厚度（cm）	86	28.3	3.32	11.73	20.0～30.0
耕层容重（g/cm³）	86	1.41	0.05	3.24	1.25～1.50
有机质（g/kg）	30	31.4	13.41	42.65	8.2～47.9
全氮（g/kg）	34	1.714	0.65	37.73	0.521～2.550
有效磷（mg/kg）	83	17.4	9.78	56.24	6.0～56.2
速效钾（mg/kg）	81	264	97.11	36.78	109～512
缓效钾（mg/kg）	85	1 033	285.92	27.67	304～1 574
有效铜（mg/kg）	79	2.02	0.78	38.52	0.68～4.97
有效锌（mg/kg）	85	0.96	0.49	51.58	0.21～2.57
有效铁（mg/kg）	86	21.61	11.57	53.54	2.90～40.50
有效锰（mg/kg）	85	29.78	11.92	40.02	3.56～39.80
有效硼（mg/kg）	82	1.62	0.70	43.20	0.41～4.81
有效钼（mg/kg）	86	0.213	0.11	52.46	0.050～0.680
有效硫（mg/kg）	81	49.66	30.54	61.50	8.57～134.02
有效硅（mg/kg）	84	193.61	73.97	38.21	28.26～388.98

耕层质地

砂土		砂壤土		轻壤土		中壤土		重壤土		黏土	
样本数	占比（%）	样本数	占比（%）	样本数	占比（%）	样本数	占比（%）	样本数	占比（%）	样本数	占比（%）
0	0.00	4	4.65	12	13.95	56	65.12	11	12.79	3	3.49

土壤pH

≤4.5		(4.5～5.5]		(5.5～6.5]		(6.5～7.5]		(7.5～8.5]		>8.5	
样本数	占比（%）	样本数	占比（%）	样本数	占比（%）	样本数	占比（%）	样本数	占比（%）	样本数	占比（%）
0	0.00	0	0.00	0	0.00	5	5.81	75	87.21	6	6.98

黑钙土—典型黑钙土—泥砂质黑钙土耕地土壤主要理化性状

项目名称	样本数（个）	平均值	标准差	变异系数（%）	范围
有效土层厚度（cm）	5	92.0	10.95	11.91	80.0~100.0
耕层厚度（cm）	5	30.0	0.00	0.00	30.0~30.0
耕层容重（g/cm³）	5	1.47	0.03	2.35	1.42~1.50
有机质（g/kg）	2	41.2	6.22	15.10	36.8~45.6
全氮（g/kg）	2	2.115	0.47	22.40	1.780~2.450
有效磷（mg/kg）	4	25.2	15.27	60.59	11.0~41.4
速效钾（mg/kg）	5	256	159.93	62.38	133~503
缓效钾（mg/kg）	4	1 090	346.49	31.78	744~1 563
有效铜（mg/kg）	5	1.66	0.58	34.84	1.00~2.30
有效锌（mg/kg）	5	1.17	0.55	46.92	0.70~2.07
有效铁（mg/kg）	5	28.60	12.14	42.44	12.30~40.50
有效锰（mg/kg）	5	29.38	12.37	42.11	9.90~39.80
有效硼（mg/kg）	5	1.61	0.85	52.40	0.80~2.90
有效钼（mg/kg）	5	0.268	0.15	55.15	0.091~0.480
有效硫（mg/kg）	5	21.26	6.41	30.13	13.10~28.00
有效硅（mg/kg）	4	215.68	108.29	50.21	105.04~362.00

耕层质地

	砂土		砂壤土		轻壤土		中壤土		重壤土		黏土	
	样本数	占比（%）	样本数	占比（%）	样本数	占比（%）	样本数	占比（%）	样本数	占比（%）	样本数	占比（%）
	0	0.00	0	0.00	0	0.00	2	40.00	3	60.00	0	0.00

土壤 pH

	≤4.5		(4.5~5.5]		(5.5~6.5]		(6.5~7.5]		(7.5~8.5]		>8.5	
	样本数	占比（%）	样本数	占比（%）	样本数	占比（%）	样本数	占比（%）	样本数	占比（%）	样本数	占比（%）
	0	0.00	0	0.00	0	0.00	2	40.00	3	60.00	0	0.00

黑钙土—淋溶黑钙土—黄土质淋溶黑钙土耕地土壤主要理化性状

项目名称	样本数（个）	平均值	标准差	变异系数（%）	范围
有效土层厚度（cm）	50	84.6	22.74	26.88	40.0~100.0
耕层厚度（cm）	50	30.0	0.00	0.00	30.0~30.0
耕层容重（g/cm³）	50	1.42	0.04	2.62	1.40~1.50
有机质（g/kg）	4	43.0	5.71	13.28	35.2~47.5
全氮（g/kg）	8	1.869	0.53	28.52	1.140~2.410
有效磷（mg/kg）	49	19.2	11.00	57.41	5.8~56.2
速效钾（mg/kg）	48	274	85.02	30.98	132~504
缓效钾（mg/kg）	50	1 111	271.07	24.40	346~1 514
有效铜（mg/kg）	44	1.93	0.83	42.76	1.20~4.97
有效锌（mg/kg）	50	0.92	0.27	29.67	0.39~1.70
有效铁（mg/kg）	49	20.88	10.64	50.96	2.60~40.50
有效锰（mg/kg）	50	34.86	8.40	24.08	8.40~39.80
有效硼（mg/kg）	50	1.74	0.45	25.94	0.85~3.10
有效钼（mg/kg）	48	0.205	0.09	43.40	0.040~0.400
有效硫（mg/kg）	49	57.80	35.10	60.73	7.50~157.60
有效硅（mg/kg）	48	238.51	57.14	23.96	137.01~413.08

耕层质地

	砂土		砂壤土		轻壤土		中壤土		重壤土		黏土	
	样本数	占比（%）	样本数	占比（%）	样本数	占比（%）	样本数	占比（%）	样本数	占比（%）	样本数	占比（%）
	0	0.00	0	0.00	8	16.00	40	80.00	2	4.00	0	0.00

土壤pH

	≤4.5		（4.5~5.5]		（5.5~6.5]		（6.5~7.5]		（7.5~8.5]		＞8.5	
	样本数	占比（%）	样本数	占比（%）	样本数	占比（%）	样本数	占比（%）	样本数	占比（%）	样本数	占比（%）
	0	0.00	0	0.00	0	0.00	1	2.00	49	98.00	0	0.00

黑钙土—淋溶黑钙土—麻砂质淋溶黑钙土耕地土壤主要理化性状

项目名称	样本数（个）	平均值	标准差	变异系数（%）	范围
有效土层厚度（cm）	14	57.7	25.92	44.91	35.0~105.0
耕层厚度（cm）	14	28.6	3.63	12.71	20.0~30.0
耕层容重（g/cm³）	14	1.43	0.05	3.27	1.40~1.50
有机质（g/kg）	6	42.4	5.29	12.46	32.8~47.2
全氮（g/kg）	7	2.280	0.43	18.75	1.660~2.600
有效磷（mg/kg）	12	24.2	17.01	70.23	6.6~61.8
速效钾（mg/kg）	14	149	87.36	58.63	66~329
缓效钾（mg/kg）	14	1 002	153.93	15.36	805~1 355
有效铜（mg/kg）	14	2.27	0.19	8.32	2.08~2.70
有效锌（mg/kg）	14	0.87	0.22	24.65	0.67~1.42
有效铁（mg/kg）	14	32.35	6.84	21.15	21.90~40.50
有效锰（mg/kg）	14	30.85	8.14	26.40	14.90~39.80
有效硼（mg/kg）	14	0.89	0.22	24.80	0.56~1.35
有效钼（mg/kg）	14	0.155	0.13	81.64	0.050~0.535
有效硫（mg/kg）	14	26.74	8.51	31.82	17.98~47.90
有效硅（mg/kg）	14	153.13	41.02	26.79	78.76~189.00

耕层质地

	砂土	砂壤土	轻壤土	中壤土	重壤土	黏土
样本数	0	0	4	9	1	0
占比（%）	0.00	0.00	28.57	64.29	7.14	0.00

土壤 pH

	≤4.5	(4.5~5.5]	(5.5~6.5]	(6.5~7.5]	(7.5~8.5]	>8.5
样本数	0	0	0	2	12	0
占比（%）	0.00	0.00	0.00	14.29	85.71	0.00

黑钙土—石灰性黑钙土—黄土质石灰性黑钙土耕地土壤主要理化性状

项目名称	样本数（个）	平均值	标准差	变异系数（%）	范围
有效土层厚度（cm）	2	65.0	21.21	32.64	50.0~80.0
耕层厚度（cm）	2	25.0	7.07	28.28	20.0~30.0
耕层容重（g/cm³）	2	1.52	0.11	7.44	1.44~1.60
有机质（g/kg）	2	19.5	12.26	62.98	10.8~28.1
全氮（g/kg）	2	1.074	0.62	57.41	0.638~1.510
有效磷（mg/kg）	2	28.3	29.22	103.11	7.7~49.0
速效钾（mg/kg）	2	325	234.29	72.16	159~490
缓效钾（mg/kg）	2	1 049	538.54	51.35	668~1 430
有效铜（mg/kg）	2	1.04	0.18	16.99	0.92~1.17
有效锌（mg/kg）	2	1.34	0.92	68.59	0.69~1.99
有效铁（mg/kg）	2	10.19	4.25	41.70	7.19~13.20
有效锰（mg/kg）	2	10.48	0.12	1.11	10.40~10.56
有效硼（mg/kg）	2	0.84	0.28	33.91	0.64~1.04
有效钼（mg/kg）	2	0.131	0.00	2.48	0.129~0.134
有效硫（mg/kg）	1	80.00	—	—	—
有效硅（mg/kg）	2	277.54	123.69	44.57	190.08~365.00

耕层质地

砂土		砂壤土		轻壤土		中壤土		重壤土		黏土	
样本数	占比（%）	样本数	占比（%）	样本数	占比（%）	样本数	占比（%）	样本数	占比（%）	样本数	占比（%）
0	0.00	1	50.00	0	0.00	1	50.00	0	0.00	0	0.00

土壤pH

≤4.5		(4.5~5.5]		(5.5~6.5]		(6.5~7.5]		(7.5~8.5]		>8.5	
样本数	占比（%）	样本数	占比（%）	样本数	占比（%）	样本数	占比（%）	样本数	占比（%）	样本数	占比（%）
0	0.00	0	0.00	0	0.00	0	0.00	1	50.00	1	50.00

黑钙土—盐化黑钙土—苏打盐化黑钙土耕地土壤主要理化性状

项目名称	样本数（个）	平均值	标准差	变异系数（%）	范　围
有效土层厚度（cm）	2	100.0	0.00	0.00	100.0～100.0
耕层厚度（cm）	2	25.0	7.07	28.28	20.0～30.0
耕层容重（g/cm³）	2	1.50	0.00	0.00	1.50～1.50
有机质（g/kg）	1	20.1	—	—	—
全氮（g/kg）	2	1.565	0.67	42.92	1.090～2.040
有效磷（mg/kg）	2	13.6	0.42	3.12	13.3～13.9
速效钾（mg/kg）	2	170	21.21	12.48	155～185
缓效钾（mg/kg）	2	945	126.57	13.40	855～1 034
有效铜（mg/kg）	2	1.32	0.03	2.14	1.30～1.34
有效锌（mg/kg）	2	1.55	1.34	86.68	0.60～2.50
有效铁（mg/kg）	2	13.10	9.76	74.49	6.20～20.00
有效锰（mg/kg）	2	26.00	19.52	75.06	12.20～39.80
有效硼（mg/kg）	2	1.10	0.14	12.86	1.00～1.20
有效钼（mg/kg）	2	0.190	0.07	37.22	0.140～0.240
有效硫（mg/kg）	2	50.09	53.90	107.60	11.98～88.20
有效硅（mg/kg）	2	116.82	34.10	29.19	92.70～140.93

耕层质地

	砂土		砂壤土		轻壤土		中壤土		重壤土		黏土	
	样本数	占比（%）	样本数	占比（%）	样本数	占比（%）	样本数	占比（%）	样本数	占比（%）	样本数	占比（%）
	0	0.00	0	0.00	1	50.00	1	50.00	0	0.00	0	0.00

土壤pH

	≤4.5		(4.5～5.5]		(5.5～6.5]		(6.5～7.5]		(7.5～8.5]		>8.5	
	样本数	占比（%）	样本数	占比（%）	样本数	占比（%）	样本数	占比（%）	样本数	占比（%）	样本数	占比（%）
	0	0.00	0	0.00	0	0.00	1	50.00	1	50.00	0	0.00

栗钙土—典型栗钙土—黄土质栗钙土耕地土壤主要理化性状

项目名称	样本数（个）	平均值	标准差	变异系数（%）	范　　围
有效土层厚度(cm)	264	91.9	19.75	21.49	35.0~130.0
耕层厚度(cm)	263	26.8	3.72	13.90	20.0~30.0
耕层容重(g/cm³)	263	1.41	0.07	4.75	1.12~1.55
有机质(g/kg)	246	22.4	9.30	41.44	5.5~48.4
全氮(g/kg)	247	1.250	0.48	38.07	0.280~2.600
有效磷(mg/kg)	259	20.7	15.47	74.76	4.0~98.0
速效钾(mg/kg)	251	229	97.40	42.60	57~500
缓效钾(mg/kg)	254	1 009	280.91	27.84	281~1 674
有效铜(mg/kg)	254	1.35	0.57	42.51	0.34~3.34
有效锌(mg/kg)	250	0.78	0.46	59.60	0.18~3.19
有效铁(mg/kg)	246	11.51	7.34	63.81	2.37~40.50
有效锰(mg/kg)	256	13.68	9.83	71.85	2.00~39.80
有效硼(mg/kg)	252	1.45	0.82	56.87	0.35~5.21
有效钼(mg/kg)	255	0.180	0.11	61.86	0.017~0.700
有效硫(mg/kg)	245	49.05	36.90	75.23	7.87~165.02
有效硅(mg/kg)	249	173.51	87.56	50.46	26.43~442.13

耕层质地

	砂土		砂壤土		轻壤土		中壤土		重壤土		黏土	
	样本数	占比（%）	样本数	占比（%）	样本数	占比（%）	样本数	占比（%）	样本数	占比（%）	样本数	占比（%）
	9	3.41	26	9.85	31	11.74	123	46.59	68	25.76	7	2.65

土壤 pH

	≤4.5		(4.5~5.5]		(5.5~6.5]		(6.5~7.5]		(7.5~8.5]		>8.5	
	样本数	占比（%）	样本数	占比（%）	样本数	占比（%）	样本数	占比（%）	样本数	占比（%）	样本数	占比（%）
	0	0.00	0	0.00	0	0.00	19	7.20	222	84.09	23	8.71

栗钙土—典型栗钙土—泥砂质栗钙土耕地土壤主要理化性状

项目名称	样本数（个）	平均值	标准差	变异系数（%）	范 围
有效土层厚度（cm）	156	80.0	24.07	30.08	35.0～120.0
耕层厚度（cm）	156	27.9	3.37	12.07	20.0～30.0
耕层容重（g/cm³）	156	1.45	0.05	3.52	1.26～1.55
有机质（g/kg）	136	22.8	8.34	36.60	6.4～47.7
全氮（g/kg）	142	1.263	0.46	36.06	0.280～2.540
有效磷（mg/kg）	150	17.1	11.83	69.26	4.2～70.2
速效钾（mg/kg）	153	198	93.02	46.86	58～500
缓效钾（mg/kg）	151	969	263.24	27.17	242～1590
有效铜（mg/kg）	151	1.66	0.65	39.11	0.31～4.43
有效锌（mg/kg）	152	0.96	0.63	65.25	0.19～3.40
有效铁（mg/kg）	151	15.88	10.63	66.93	3.30～40.50
有效锰（mg/kg）	153	16.49	10.31	62.51	2.10～39.80
有效硼（mg/kg）	145	1.57	0.80	50.76	0.35～4.90
有效钼（mg/kg）	152	0.198	0.13	66.48	0.017～0.711
有效硫（mg/kg）	152	44.11	30.44	69.01	7.50～165.20
有效硅（mg/kg）	146	157.62	77.33	49.06	43.00～437.95

耕层质地

	砂土		砂壤土		轻壤土		中壤土		重壤土		黏土	
	样本数	占比（%）	样本数	占比（%）	样本数	占比（%）	样本数	占比（%）	样本数	占比（%）	样本数	占比（%）
	6	3.85	18	11.54	47	30.13	78	50.00	6	3.85	1	0.64

土壤 pH

	≤4.5		(4.5～5.5]		(5.5～6.5]		(6.5～7.5]		(7.5～8.5]		>8.5	
	样本数	占比（%）	样本数	占比（%）	样本数	占比（%）	样本数	占比（%）	样本数	占比（%）	样本数	占比（%）
	0	0.00	0	0.00	0	0.00	11	7.05	144	92.31	1	0.64

栗钙土—典型栗钙土—麻砂质栗钙土耕地土壤主要理化性状

项目名称	样本数（个）	平均值	标准差	变异系数（%）	范 围
有效土层厚度（cm）	10	71.5	15.36	21.48	58.0~100.0
耕层厚度（cm）	12	29.0	1.95	6.74	25.0~30.0
耕层容重（g/cm³）	8	1.29	0.06	4.78	1.22~1.40
有机质（g/kg）	12	13.4	4.27	31.89	7.2~19.1
全氮（g/kg）	12	0.743	0.36	48.15	0.303~1.284
有效磷（mg/kg）	11	10.3	7.52	72.65	4.3~29.0
速效钾（mg/kg）	11	230	81.26	35.30	145~425
缓效钾（mg/kg）	12	898	200.02	22.27	536~1 137
有效铜（mg/kg）	9	0.95	0.60	63.56	0.31~2.23
有效锌（mg/kg）	12	0.55	0.28	50.25	0.19~1.06
有效铁（mg/kg）	12	9.13	7.11	77.91	3.33~30.23
有效锰（mg/kg）	12	9.64	3.35	34.76	4.72~14.50
有效硼（mg/kg）	12	1.68	1.14	67.84	0.86~3.94
有效钼（mg/kg）	12	0.129	0.06	46.77	0.035~0.265
有效硫（mg/kg）	12	34.61	24.95	72.10	9.36~98.04
有效硅（mg/kg）	12	105.26	29.72	28.24	65.61~171.05

耕层质地

	砂土		砂壤土		轻壤土		中壤土		重壤土		黏土	
	样本数	占比（%）	样本数	占比（%）	样本数	占比（%）	样本数	占比（%）	样本数	占比（%）	样本数	占比（%）
	2	16.67	9	75.00	1	8.33	0	0.00	0	0.00	0	0.00

土壤pH

	≤4.5		(4.5~5.5]		(5.5~6.5]		(6.5~7.5]		(7.5~8.5]		>8.5	
	样本数	占比（%）	样本数	占比（%）	样本数	占比（%）	样本数	占比（%）	样本数	占比（%）	样本数	占比（%）
	0	0.00	0	0.00	0	0.00	0	0.00	4	33.33	8	66.67

栗钙土—暗栗钙土—黄土质暗栗钙土耕地土壤主要理化性状

项目名称	样本数（个）	平均值	标准差	变异系数（%）	范　围
有效土层厚度（cm）	24	91.3	13.11	14.37	60.0~100.0
耕层厚度（cm）	24	28.8	2.66	9.25	20.0~30.0
耕层容重（g/cm³）	24	1.36	0.13	9.90	1.11~1.50
有机质（g/kg）	21	25.0	7.81	31.25	13.7~39.8
全氮（g/kg）	20	1.496	0.39	26.26	0.970~2.430
有效磷（mg/kg）	24	21.7	16.53	76.07	5.2~69.8
速效钾（mg/kg）	24	327	142.36	43.54	100~528
缓效钾（mg/kg）	21	1 017	227.99	22.43	699~1 464
有效铜（mg/kg）	24	1.36	0.69	50.68	0.39~3.74
有效锌（mg/kg）	24	0.65	0.37	57.00	0.19~1.66
有效铁（mg/kg）	24	11.59	7.62	65.72	2.45~28.90
有效锰（mg/kg）	17	19.60	11.12	56.73	1.96~39.80
有效硼（mg/kg）	24	1.34	0.53	39.33	0.66~2.26
有效钼（mg/kg）	23	0.302	0.21	69.23	0.090~0.740
有效硫（mg/kg）	23	47.02	32.07	68.21	14.20~124.80
有效硅（mg/kg）	22	225.88	71.50	31.65	82.07~400.00

耕层质地

	砂土	砂壤土	轻壤土	中壤土	重壤土	黏土
样本数	0	1	4	19	0	0
占比（%）	0.00	4.17	16.67	79.17	0.00	0.00

土壤 pH

	≤4.5	(4.5~5.5]	(5.5~6.5]	(6.5~7.5]	(7.5~8.5]	>8.5
样本数	0	0	0	3	21	0
占比（%）	0.00	0.00	0.00	12.50	87.50	0.00

栗钙土—暗栗栗钙土—泥砂质暗栗钙土耕地土壤主要理化性状

项目名称	样本数（个）	平均值	标准差	变异系数（%）	范 围
有效土层厚度（cm）	10	57.5	23.72	41.25	35.0～80.0
耕层厚度（cm）	10	26.3	4.62	17.57	20.0～30.0
耕层容重（g/cm³）	10	1.40	0.07	5.16	1.30～1.50
有机质（g/kg）	10	30.0	11.87	39.54	6.6～45.9
全氮（g/kg）	9	1.543	0.52	33.43	0.510～2.300
有效磷（mg/kg）	10	22.4	10.98	48.99	4.5～37.3
速效钾（mg/kg）	8	261	139.09	53.37	99～462
缓效钾（mg/kg）	8	1 262	371.76	29.46	564～1 594
有效铜（mg/kg）	9	1.31	0.45	34.23	0.80～2.36
有效锌（mg/kg）	10	1.61	0.63	38.77	0.90～2.80
有效铁（mg/kg）	10	25.14	16.42	65.30	5.55～40.50
有效锰（mg/kg）	10	23.06	13.17	57.11	3.76～39.80
有效硼（mg/kg）	10	1.25	0.68	54.23	0.40～2.72
有效钼（mg/kg）	10	0.250	0.18	72.21	0.037～0.600
有效硫（mg/kg）	8	32.13	15.94	49.61	7.49～56.90
有效硅（mg/kg）	9	144.82	84.15	58.11	53.70～291.27

耕层质地

砂土		砂壤土		轻壤土		中壤土		重壤土		黏土	
样本数	占比（%）	样本数	占比（%）	样本数	占比（%）	样本数	占比（%）	样本数	占比（%）	样本数	占比（%）
0	0.00	10	100.00	0	0.00	0	0.00	0	0.00	0	0.00

土壤pH

≤4.5		(4.5～5.5]		(5.5～6.5]		(6.5～7.5]		(7.5～8.5]		>8.5	
样本数	占比（%）	样本数	占比（%）	样本数	占比（%）	样本数	占比（%）	样本数	占比（%）	样本数	占比（%）
0	0.00	0	0.00	0	0.00	4	40.00	6	60.00	0	0.00

栗钙土—淡栗钙土—黄土质淡栗钙土耕地土壤主要理化性状

项目名称	样本数（个）	平均值	标准差	变异系数（%）	范　围
有效土层厚度（cm）	66	105.7	31.01	29.36	35.0~150.0
耕层厚度（cm）	75	24.7	3.72	15.05	20.0~30.0
耕层容重（g/cm³）	74	1.27	0.15	12.13	1.11~1.50
有机质（g/kg）	73	23.9	7.60	31.85	7.6~41.8
全氮（g/kg）	70	1.428	0.42	29.38	0.419~2.280
有效磷（mg/kg）	75	28.8	19.79	68.59	4.0~89.2
速效钾（mg/kg）	74	206	96.69	46.97	69~516
缓效钾（mg/kg）	74	1 013	240.76	23.77	357~1 654
有效铜（mg/kg）	75	1.44	0.53	36.77	0.60~3.70
有效锌（mg/kg）	75	0.93	0.58	62.61	0.30~3.40
有效铁（mg/kg）	74	15.51	6.66	42.91	2.80~40.50
有效锰（mg/kg）	75	15.87	8.43	53.10	4.88~39.80
有效硼（mg/kg）	74	1.35	0.58	42.64	0.50~2.70
有效钼（mg/kg）	73	0.167	0.10	61.54	0.012~0.700
有效硫（mg/kg）	67	39.92	32.30	80.91	7.56~154.90
有效硅（mg/kg）	73	177.86	84.34	47.42	27.33~393.00

耕层质地

	砂土	砂壤土	轻壤土	中壤土	重壤土	黏土
样本数	0	5	19	44	7	0
占比（%）	0.00	6.67	25.33	58.67	9.33	0.00

土壤 pH

	≤4.5	(4.5~5.5]	(5.5~6.5]	(6.5~7.5]	(7.5~8.5]	>8.5
样本数	0	0	0	0	63	12
占比（%）	0.00	0.00	0.00	0.00	84.00	16.00

栗钙土—淡栗钙土—泥砂质淡栗钙土耕地土壤主要理化性状

项目名称	样本数（个）	平均值	标准差	变异系数（%）	范　围
有效土层厚度 (cm)	35	82.7	23.86	28.87	40.0~150.0
耕层厚度 (cm)	40	24.4	4.70	19.26	20.0~30.0
耕层容重 (g/cm³)	41	1.45	0.06	4.45	1.18~1.56
有机质 (g/kg)	40	15.5	6.43	41.37	5.5~32.5
全氮 (g/kg)	39	0.988	0.49	49.14	0.250~1.940
有效磷 (mg/kg)	43	13.5	8.57	63.71	4.4~44.1
速效钾 (mg/kg)	43	154	78.05	50.62	49~458
缓效钾 (mg/kg)	39	790	346.00	43.77	176~1 370
有效铜 (mg/kg)	31	1.14	0.61	53.40	0.35~2.68
有效锌 (mg/kg)	40	0.72	0.53	73.22	0.19~3.14
有效铁 (mg/kg)	41	11.31	6.72	59.41	4.01~32.31
有效锰 (mg/kg)	43	9.01	3.27	36.23	3.10~19.01
有效硼 (mg/kg)	33	1.60	0.84	52.38	0.48~4.37
有效钼 (mg/kg)	43	0.226	0.19	85.09	0.020~0.730
有效硫 (mg/kg)	40	37.92	26.03	68.65	7.49~128.00
有效硅 (mg/kg)	35	140.16	62.44	44.55	27.60~300.10

耕层质地

	砂土		砂壤土		轻壤土		中壤土		重壤土		黏土	
	样本数	占比 (%)	样本数	占比 (%)	样本数	占比 (%)	样本数	占比 (%)	样本数	占比 (%)	样本数	占比 (%)
	8	18.60	21	48.84	5	11.63	9	20.93	0	0.00	0	0.00

土壤 pH

	≤4.5		(4.5, 5.5]		(5.5, 6.5]		(6.5, 7.5]		(7.5, 8.5]		>8.5	
	样本数	占比 (%)	样本数	占比 (%)	样本数	占比 (%)	样本数	占比 (%)	样本数	占比 (%)	样本数	占比 (%)
	0	0.00	0	0.00	0	0.00	1	2.33	26	60.47	16	37.21

栗钙土—淡栗钙土—麻砂质淡栗钙土耕地土壤主要理化性状

项目名称	样本数（个）	平均值	标准差	变异系数（%）	范围
有效土层厚度 (cm)	18	100.0	0.00	0.00	100.0～100.0
耕层厚度 (cm)	18	20.1	0.47	2.34	20.0～22.0
耕层容重 (g/cm³)	17	1.49	0.12	8.26	1.28～1.66
有机质 (g/kg)	18	12.6	3.56	28.25	5.2～19.8
全氮 (g/kg)	18	0.708	0.28	39.15	0.270～1.322
有效磷 (mg/kg)	18	8.2	5.46	66.70	3.8～27.3
速效钾 (mg/kg)	18	190	78.72	41.39	81～345
缓效钾 (mg/kg)	18	947	257.65	27.21	501～1 311
有效铜 (mg/kg)	15	0.72	0.35	49.12	0.48～1.83
有效锌 (mg/kg)	17	0.41	0.21	50.37	0.17～0.86
有效铁 (mg/kg)	18	8.19	3.77	46.07	3.63～17.99
有效锰 (mg/kg)	18	8.10	1.58	19.45	5.09～10.75
有效硼 (mg/kg)	18	2.12	0.49	23.05	1.45～2.85
有效钼 (mg/kg)	16	0.430	0.16	37.64	0.131～0.680
有效硫 (mg/kg)	18	29.36	28.20	96.06	8.87～126.87
有效硅 (mg/kg)	18	195.25	88.52	45.33	63.65～326.17

耕层质地

	砂土	砂壤土	轻壤土	中壤土	重壤土	黏土
样本数	0	8	10	0	0	0
占比（%）	0.00	44.44	55.56	0.00	0.00	0.00

土壤 pH

	≤4.5	(4.5～5.5]	(5.5～6.5]	(6.5～7.5]	(7.5～8.5]	>8.5
样本数	0	0	0	0	4	14
占比（%）	0.00	0.00	0.00	0.00	22.22	77.78

栗钙土—淡栗钙土—硅质淡栗钙土耕地土壤主要理化性状

项目名称	样本数（个）	平均值	标准差	变异系数（%）	范围
有效土层厚度（cm）	3	75.3	21.36	28.36	63.0~100.0
耕层厚度（cm）	3	30.0	0.00	0.00	30.0~30.0
耕层容重（g/cm³）	3	1.30	0.11	8.42	1.24~1.43
有机质（g/kg）	3	14.8	3.38	22.82	10.9~16.8
全氮（g/kg）	3	0.764	0.20	25.88	0.547~0.934
有效磷（mg/kg）	3	8.6	4.73	54.92	4.9~13.9
速效钾（mg/kg）	3	176	43.92	24.96	129~216
缓效钾（mg/kg）	3	918	54.54	5.94	860~968
有效铜（mg/kg）	3	1.12	0.96	85.53	0.52~2.23
有效锌（mg/kg）	3	0.50	0.15	30.58	0.35~0.66
有效铁（mg/kg）	3	13.66	13.57	99.31	4.59~29.26
有效锰（mg/kg）	3	11.12	0.54	4.83	10.63~11.69
有效硼（mg/kg）	3	2.94	1.39	47.21	1.77~4.47
有效钼（mg/kg）	3	0.088	0.04	47.52	0.061~0.136
有效硫（mg/kg）	3	16.83	10.81	64.27	8.20~28.96
有效硅（mg/kg）	3	136.47	40.96	30.02	99.56~180.54

耕层质地

	砂土		砂壤土		轻壤土		中壤土		重壤土		黏土	
	样本数	占比（%）	样本数	占比（%）	样本数	占比（%）	样本数	占比（%）	样本数	占比（%）	样本数	占比（%）
	0	0.00	1	33.33	2	66.67	0	0.00	0	0.00	0	0.00

土壤 pH

	≤4.5		(4.5~5.5]		(5.5~6.5]		(6.5~7.5]		(7.5~8.5]		>8.5	
	样本数	占比（%）	样本数	占比（%）	样本数	占比（%）	样本数	占比（%）	样本数	占比（%）	样本数	占比（%）
	0	0.00	0	0.00	0	0.00	0	0.00	2	66.67	1	33.33

栗钙土—草甸栗钙土—黄土质草甸栗钙土耕地土壤主要理化性状

项目名称	样本数（个）	平均值	标准差	变异系数（%）	范　围
有效土层厚度（cm）	2	95.0	7.07	7.44	90.0～100.0
耕层厚度（cm）	2	30.0	0.00	0.00	30.0～30.0
耕层容重（g/cm³）	2	1.40	0.00	0.00	1.40～1.40
有机质（g/kg）	0	—	—	—	—
全氮（g/kg）	0	—	—	—	—
有效磷（mg/kg）	2	8.8	5.02	57.38	5.2～12.3
速效钾（mg/kg）	2	261	38.18	14.63	234～288
缓效钾（mg/kg）	2	1 223	69.51	5.68	1 174～1 272
有效铜（mg/kg）	2	1.45	0.20	13.61	1.31～1.59
有效锌（mg/kg）	2	0.95	0.02	2.51	0.94～0.97
有效铁（mg/kg）	2	14.61	8.61	58.95	8.52～20.70
有效锰（mg/kg）	2	33.96	8.26	24.33	28.12～39.80
有效硼（mg/kg）	2	3.00	0.50	16.69	2.65～3.36
有效钼（mg/kg）	2	0.269	0.22	79.87	0.117～0.421
有效硫（mg/kg）	2	54.89	32.47	59.16	31.93～77.85
有效硅（mg/kg）	2	176.55	14.59	8.26	166.24～186.87

耕层质地

砂土		砂壤土		轻壤土		中壤土		重壤土		黏土	
样本数	占比（%）	样本数	占比（%）	样本数	占比（%）	样本数	占比（%）	样本数	占比（%）	样本数	占比（%）
0	0.00	0	0.00	0	0.00	2	100.00	0	0.00	0	0.00

土壤 pH

≤4.5		(4.5～5.5]		(5.5～6.5]		(6.5～7.5]		(7.5～8.5]		>8.5	
样本数	占比（%）	样本数	占比（%）	样本数	占比（%）	样本数	占比（%）	样本数	占比（%）	样本数	占比（%）
0	0.00	0	0.00	0	0.00	0	0.00	2	100.00	0	0.00

栗钙土—草甸栗钙土—泥砂质草甸栗钙土耕地土壤主要理化性状

项目名称	样本数（个）	平均值	标准差	变异系数（%）	范围
有效土层厚度（cm）	21	89.6	15.46	17.26	50.0～100.0
耕层厚度（cm）	21	28.0	3.58	12.78	20.0～30.0
耕层容重（g/cm³）	20	1.37	0.12	8.59	1.22～1.57
有机质（g/kg）	21	13.6	3.00	22.08	7.9～18.6
全氮（g/kg）	21	0.657	0.18	27.98	0.339～0.961
有效磷（mg/kg）	20	11.4	6.76	59.10	3.8～25.8
速效钾（mg/kg）	21	185	103.30	55.73	59～501
缓效钾（mg/kg）	21	824	243.27	29.52	222～1 136
有效铜（mg/kg）	20	1.60	1.02	63.81	0.34～3.82
有效锌（mg/kg）	19	0.73	0.28	38.06	0.39～1.53
有效铁（mg/kg）	19	16.54	11.52	69.64	4.11～37.86
有效锰（mg/kg）	21	9.97	2.10	21.09	5.51～13.28
有效硼（mg/kg）	20	2.70	1.30	48.36	0.55～4.97
有效钼（mg/kg）	21	0.142	0.18	127.53	0.030～0.719
有效硫（mg/kg）	20	39.66	29.50	74.40	8.99～110.87
有效硅（mg/kg）	21	116.85	35.50	30.38	67.63～208.33

耕层质地

	砂土		砂壤土		轻壤土		中壤土		重壤土		黏土	
	样本数	占比（%）	样本数	占比（%）	样本数	占比（%）	样本数	占比（%）	样本数	占比（%）	样本数	占比（%）
	9	42.86	6	28.57	4	19.05	1	4.76	1	4.76	0	0.00

土壤pH

	≤4.5		(4.5～5.5]		(5.5～6.5]		(6.5～7.5]		(7.5～8.5]		>8.5	
	样本数	占比（%）	样本数	占比（%）	样本数	占比（%）	样本数	占比（%）	样本数	占比（%）	样本数	占比（%）
	0	0.00	0	0.00	0	0.00	0	0.00	11	52.38	10	47.62

栗钙土—盐化栗钙土—氯化物栗钙土耕地土壤主要理化性状

项目名称	样本数（个）	平均值	标准差	变异系数（%）	范围
有效土层厚度（cm）	3	64.7	25.40	39.28	50.0～94.0
耕层厚度（cm）	3	30.0	0.00	0.00	30.0～30.0
耕层容重（g/cm³）	3	1.42	0.12	8.57	1.29～1.53
有机质（g/kg）	3	24.5	4.71	19.24	19.1～27.8
全氮（g/kg）	3	1.053	0.48	45.53	0.540～1.490
有效磷（mg/kg）	3	9.6	2.05	21.31	7.9～11.9
速效钾（mg/kg）	3	111	24.43	22.01	83～128
缓效钾（mg/kg）	3	712	344.73	48.45	315～940
有效铜（mg/kg）	3	1.44	0.29	20.35	1.10～1.62
有效锌（mg/kg）	3	0.66	0.39	58.98	0.21～0.90
有效铁（mg/kg）	3	14.99	3.84	25.58	10.60～17.68
有效锰（mg/kg）	3	12.22	3.09	25.31	8.70～14.50
有效硼（mg/kg）	3	1.97	0.42	21.47	1.50～2.32
有效钼（mg/kg）	3	0.131	0.06	45.00	0.086～0.198
有效硫（mg/kg）	3	57.76	51.54	89.24	28.00～117.27
有效硅（mg/kg）	2	124.86	4.38	3.51	121.77～127.96

耕层质地

	砂土		砂壤土		轻壤土		中壤土		重壤土		黏土	
	样本数	占比（%）	样本数	占比（%）	样本数	占比（%）	样本数	占比（%）	样本数	占比（%）	样本数	占比（%）
	0	0.00	0	0.00	2	66.67	1	33.33	0	0.00	0	0.00

土壤 pH

	≤4.5		(4.5～5.5]		(5.5～6.5]		(6.5～7.5]		(7.5～8.5]		＞8.5	
	样本数	占比（%）	样本数	占比（%）	样本数	占比（%）	样本数	占比（%）	样本数	占比（%）	样本数	占比（%）
	0	0.00	0	0.00	0	0.00	0	0.00	3	100.00	0	0.00

栗钙土—盐化栗钙土—硫酸盐黑栗钙土耕地土壤主要理化性状

项目名称	样本数（个）	平均值	标准差	变异系数（%）	范　围
有效土层厚度（cm）	16	91.0	13.93	15.31	60.0～110.0
耕层厚度（cm）	16	27.5	4.08	14.85	20.0～30.0
耕层容重（g/cm³）	16	1.42	0.05	3.47	1.30～1.50
有机质（g/kg）	13	20.9	10.06	48.16	8.9～41.3
全氮（g/kg）	13	1.195	0.50	41.87	0.549～2.210
有效磷（mg/kg）	16	23.4	15.18	64.97	5.4～54.0
速效钾（mg/kg）	16	287	124.68	43.48	86～504
缓效钾（mg/kg）	14	937	276.30	29.50	281～1 419
有效铜（mg/kg）	16	1.43	0.60	41.72	0.51～2.31
有效锌（mg/kg）	15	1.07	0.72	66.73	0.30～2.75
有效铁（mg/kg）	15	12.12	8.55	70.57	2.30～29.32
有效锰（mg/kg）	16	14.05	11.33	80.66	2.30～39.80
有效硼（mg/kg）	15	2.19	1.26	57.32	0.37～4.98
有效钼（mg/kg）	15	0.240	0.13	53.40	0.030～0.467
有效硫（mg/kg）	16	37.45	22.76	60.79	15.90～83.14
有效硅（mg/kg）	16	173.50	86.40	49.80	55.60～387.80

耕层质地

	砂土		砂壤土		轻壤土		中壤土		重壤土		黏土	
	样本数	占比（%）	样本数	占比（%）	样本数	占比（%）	样本数	占比（%）	样本数	占比（%）	样本数	占比（%）
	1	6.25	1	6.25	3	18.75	8	50.00	3	18.75	0	0.00

土壤 pH

	≤4.5		(4.5～5.5]		(5.5～6.5]		(6.5～7.5]		(7.5～8.5]		>8.5	
	样本数	占比（%）	样本数	占比（%）	样本数	占比（%）	样本数	占比（%）	样本数	占比（%）	样本数	占比（%）
	0	0.00	0	0.00	0	0.00	1	6.25	14	87.50	1	6.25

棕钙土—典型棕钙土—黄土质棕钙土耕地土壤主要理化性状

项目名称	样本数（个）	平均值	标准差	变异系数（%）	范 围
有效土层厚度（cm）	282	83.1	20.33	24.45	35.0~150.0
耕层厚度（cm）	272	29.1	1.96	6.74	20.0~30.0
耕层容重（g/cm³）	282	1.45	0.04	2.60	1.29~1.66
有机质（g/kg）	278	17.5	8.16	46.59	5.3~46.2
全氮（g/kg）	277	1.026	0.46	44.74	0.270~2.520
有效磷（mg/kg）	279	15.8	10.39	65.61	4.2~83.9
速效钾（mg/kg）	276	239	100.00	41.89	48~535
缓效钾（mg/kg）	275	1 048	256.96	24.52	240~1 664
有效铜（mg/kg）	275	1.45	0.75	51.43	0.45~5.50
有效锌（mg/kg）	262	0.96	0.62	63.89	0.19~3.80
有效铁（mg/kg）	270	10.07	5.99	59.49	2.40~33.60
有效锰（mg/kg）	265	10.45	4.62	44.21	2.30~34.79
有效硼（mg/kg）	278	1.27	0.64	50.22	0.35~5.01
有效钼（mg/kg）	277	0.215	0.12	53.92	0.015~0.630
有效硫（mg/kg）	269	43.04	31.57	73.34	7.94~159.56
有效硅（mg/kg）	275	191.63	77.28	40.32	35.00~439.30

耕层质地

砂土		砂壤土		轻壤土		中壤土		重壤土		黏土	
样本数	占比（%）	样本数	占比（%）	样本数	占比（%）	样本数	占比（%）	样本数	占比（%）	样本数	占比（%）
8	2.84	140	49.65	5	1.77	67	23.76	61	21.63	1	0.35

土壤pH

≤4.5		(4.5~5.5]		(5.5~6.5]		(6.5~7.5]		(7.5~8.5]		>8.5	
样本数	占比（%）	样本数	占比（%）	样本数	占比（%）	样本数	占比（%）	样本数	占比（%）	样本数	占比（%）
0	0.00	0	0.00	0	0.00	10	3.55	265	93.97	7	2.48

棕钙土—典型棕钙土—泥砂质棕钙土耕地土壤主要理化性状

项目名称	样本数（个）	平均值	标准差	变异系数（%）	范围
有效土层厚度（cm）	439	76.6	24.19	31.59	35.0~134.7
耕层厚度（cm）	439	27.4	3.46	12.60	20.0~30.0
耕层容重（g/cm³）	444	1.44	0.05	3.72	1.29~1.64
有机质（g/kg）	441	17.9	7.33	40.96	5.0~44.5
全氮（g/kg）	437	1.007	0.42	41.27	0.280~2.440
有效磷（mg/kg）	437	17.2	12.14	70.59	3.8~101.4
速效钾（mg/kg）	434	215	95.52	44.37	37~524
缓效钾（mg/kg）	424	962	288.71	30.01	184~1 689
有效铜（mg/kg）	438	1.30	0.61	47.00	0.30~5.49
有效锌（mg/kg）	423	0.87	0.56	64.59	0.18~3.55
有效铁（mg/kg）	434	9.92	6.42	64.73	2.46~40.50
有效锰（mg/kg）	441	10.16	5.20	51.16	2.20~39.80
有效硼（mg/kg）	433	1.43	0.74	51.84	0.36~4.96
有效钼（mg/kg）	436	0.204	0.11	55.12	0.012~0.680
有效硫（mg/kg）	428	49.36	35.72	72.38	7.94~162.00
有效硅（mg/kg）	420	183.26	71.87	39.22	31.30~444.06

耕层质地

	砂土		砂壤土		轻壤土		中壤土		重壤土		黏土	
	样本数	占比（%）	样本数	占比（%）	样本数	占比（%）	样本数	占比（%）	样本数	占比（%）	样本数	占比（%）
	63	14.13	198	44.39	18	4.04	130	29.15	33	7.40	4	0.90

土壤pH

	≤4.5		(4.5~5.5]		(5.5~6.5]		(6.5~7.5]		(7.5~8.5]		>8.5	
	样本数	占比（%）	样本数	占比（%）	样本数	占比（%）	样本数	占比（%）	样本数	占比（%）	样本数	占比（%）
	0	0.00	0	0.00	0	0.00	25	5.61	381	85.43	40	8.97

棕钙土—淡棕钙土—泥砂质淡棕钙土耕地土壤主要理化性状

项目名称	样本数（个）	平均值	标准差	变异系数（%）	范　围
有效土层厚度（cm）	130	58.4	22.74	38.96	35.0~150.0
耕层厚度（cm）	143	27.0	4.15	15.39	20.0~30.0
耕层容重（g/cm³）	128	1.45	0.08	5.57	1.15~1.66
有机质（g/kg）	141	11.1	4.40	39.73	4.7~25.3
全氮（g/kg）	143	0.623	0.29	45.88	0.260~1.830
有效磷（mg/kg）	128	14.4	10.08	69.94	3.9~53.2
速效钾（mg/kg）	143	194	124.03	63.93	37~500
缓效钾（mg/kg）	135	720	342.78	47.62	192~1 610
有效铜（mg/kg）	137	1.16	0.75	64.52	0.30~4.97
有效锌（mg/kg）	136	0.91	0.63	69.41	0.18~3.08
有效铁（mg/kg）	141	9.69	7.78	80.36	2.20~40.50
有效锰（mg/kg）	137	7.78	4.61	59.29	2.30~25.58
有效硼（mg/kg）	116	0.91	0.55	60.18	0.36~4.88
有效钼（mg/kg）	137	0.107	0.11	99.25	0.015~0.580
有效硫（mg/kg）	127	58.28	36.75	63.07	7.95~163.94
有效硅（mg/kg）	117	178.88	98.58	55.11	39.40~444.64

耕层质地

	砂土	砂壤土	轻壤土	中壤土	重壤土	黏土
样本数	14	89	19	15	1	6
占比（%）	9.72	61.81	13.19	10.42	0.69	4.17

土壤 pH

	≤4.5	(4.5~5.5]	(5.5~6.5]	(6.5~7.5]	(7.5~8.5]	>8.5
样本数	0	0	0	13	92	39
占比（%）	0.00	0.00	0.00	9.03	63.89	27.08

棕钙土—草甸棕钙土—泥砂质草甸棕钙土耕地土壤主要理化性状

项目名称	样本数（个）	平均值	标准差	变异系数（%）	范围
有效土层厚度（cm）	6	81.2	16.13	19.87	60.0~100.0
耕层厚度（cm）	6	28.0	2.45	8.75	25.0~30.0
耕层容重（g/cm³）	6	1.46	0.08	5.72	1.32~1.58
有机质（g/kg）	6	17.1	8.76	51.14	7.0~31.3
全氮（g/kg）	6	1.083	0.59	54.74	0.460~2.150
有效磷（mg/kg）	6	16.7	7.43	44.44	6.2~27.6
速效钾（mg/kg）	6	193	111.24	57.63	95~358
缓效钾（mg/kg）	6	656	418.37	63.82	290~1 239
有效铜（mg/kg）	6	1.04	0.61	58.26	0.39~2.03
有效锌（mg/kg）	5	0.79	0.40	50.91	0.38~1.37
有效铁（mg/kg）	6	9.04	7.01	77.51	4.94~23.20
有效锰（mg/kg）	6	8.57	4.00	46.67	3.35~12.82
有效硼（mg/kg）	3	1.65	1.09	65.85	0.42~2.47
有效钼（mg/kg）	6	0.205	0.18	86.99	0.044~0.448
有效硫（mg/kg）	6	37.12	19.85	53.49	21.16~72.39
有效硅（mg/kg）	5	208.20	114.11	54.81	45.08~323.10

耕层质地

	砂土		砂壤土		轻壤土		中壤土		重壤土		黏土	
	样本数	占比（%）	样本数	占比（%）	样本数	占比（%）	样本数	占比（%）	样本数	占比（%）	样本数	占比（%）
	0	0.00	1	16.67	2	33.33	2	33.33	0	0.00	1	16.67

土壤pH

	≤4.5		(4.5~5.5]		(5.5~6.5]		(6.5~7.5]		(7.5~8.5]		>8.5	
	样本数	占比（%）	样本数	占比（%）	样本数	占比（%）	样本数	占比（%）	样本数	占比（%）	样本数	占比（%）
	0	0.00	0	0.00	0	0.00	0	0.00	4	66.67	2	33.33

棕钙土—盐化棕钙土—硫酸盐棕钙土耕地土壤主要理化性状

项目名称	样本数（个）	平均值	标准差	变异系数（%）	范　围
有效土层厚度（cm）	10	98.0	30.49	31.11	50.0~138.5
耕层厚度（cm）	10	28.9	2.33	8.07	24.0~30.0
耕层容重（g/cm³）	10	1.41	0.06	4.15	1.31~1.50
有机质（g/kg）	10	24.1	10.91	45.27	12.5~46.2
全氮（g/kg）	10	1.364	0.50	36.58	0.750~2.420
有效磷（mg/kg）	9	35.1	35.11	99.88	5.8~91.2
速效钾（mg/kg）	10	296	84.01	28.40	128~415
缓效钾（mg/kg）	9	985	394.56	40.06	577~1 666
有效铜（mg/kg）	10	1.07	0.44	40.83	0.40~1.80
有效锌（mg/kg）	8	0.95	0.45	47.31	0.60~2.00
有效铁（mg/kg）	8	8.87	3.33	37.55	4.10~14.40
有效锰（mg/kg）	10	9.03	4.23	46.80	4.10~19.00
有效硼（mg/kg）	10	2.45	1.36	55.34	0.91~4.56
有效钼（mg/kg）	10	0.218	0.10	43.62	0.060~0.324
有效硫（mg/kg）	10	30.81	12.29	39.89	18.68~59.79
有效硅（mg/kg）	10	175.52	67.82	38.64	69.15~337.00

耕层质地

	砂土	砂壤土	轻壤土	中壤土	重壤土	黏土
样本数	4	3	0	3	0	0
占比（%）	40.00	30.00	0.00	30.00	0.00	0.00

土壤 pH

	≤4.5	(4.5~5.5]	(5.5~6.5]	(6.5~7.5]	(7.5~8.5]	>8.5
样本数	0	0	0	1	8	1
占比（%）	0.00	0.00	0.00	10.00	80.00	10.00

棕钙土—碱化棕钙土—碱化棕钙土耕地土壤主要理化性状

项目名称	样本数（个）	平均值	标准差	变异系数（%）	范　围
有效土层厚度（cm）	7	64.9	14.33	22.10	35.0～75.0
耕层厚度（cm）	7	29.3	1.89	6.45	25.0～30.0
耕层容重（g/cm³）	6	1.47	0.05	3.68	1.40～1.56
有机质（g/kg）	7	8.6	2.53	29.33	5.2～11.5
全氮（g/kg）	7	0.597	0.18	30.20	0.340～0.800
有效磷（mg/kg）	7	20.3	15.26	75.24	3.9～43.4
速效钾（mg/kg）	7	282	108.67	38.56	178～500
缓效钾（mg/kg）	7	1 070	46.56	4.35	976～1 126
有效铜（mg/kg）	7	0.94	0.16	17.04	0.79～1.19
有效锌（mg/kg）	7	1.01	0.31	31.24	0.69～1.52
有效铁（mg/kg）	7	6.07	2.35	38.75	3.98～9.86
有效锰（mg/kg）	7	5.92	0.60	10.13	5.28～6.97
有效硼（mg/kg）	7	1.13	0.17	15.41	0.81～1.29
有效钼（mg/kg）	7	0.166	0.03	18.05	0.136～0.210
有效硫（mg/kg）	7	24.71	0.49	1.97	24.00～25.00
有效硅（mg/kg）	7	239.06	21.96	9.18	206.22～264.31

耕层质地

砂土		砂壤土		轻壤土		中壤土		重壤土		黏土	
样本数	占比（%）	样本数	占比（%）	样本数	占比（%）	样本数	占比（%）	样本数	占比（%）	样本数	占比（%）
0	0.00	2	28.57	0	0.00	0	0.00	2	28.57	3	42.86

土壤 pH

≤4.5		(4.5～5.5]		(5.5～6.5]		(6.5～7.5]		(7.5～8.5]		>8.5	
样本数	占比（%）	样本数	占比（%）	样本数	占比（%）	样本数	占比（%）	样本数	占比（%）	样本数	占比（%）
0	0.00	0	0.00	0	0.00	0	0.00	7	100.00	0	0.00

灰钙土——典型灰钙土——黄土质灰钙土耕地土壤主要理化性状

项目名称	样本数（个）	平均值	标准差	变异系数（%）	范 围
有效土层厚度（cm）	433	102.9	20.69	20.11	35.0~150.0
耕层厚度（cm）	442	24.9	2.53	10.17	20.0~30.0
耕层容重（g/cm³）	440	1.37	0.12	8.62	1.11~1.50
有机质（g/kg）	441	17.7	6.08	34.44	4.5~43.3
全氮（g/kg）	442	1.037	0.34	32.47	0.290~2.300
有效磷（mg/kg）	436	19.7	14.41	73.32	4.0~99.3
速效钾（mg/kg）	438	202	90.70	44.99	46~535
缓效钾（mg/kg）	440	836	273.95	32.76	193~1 604
有效铜（mg/kg）	424	1.62	0.74	45.95	0.38~5.30
有效锌（mg/kg）	435	0.97	0.49	50.83	0.18~3.56
有效铁（mg/kg）	434	14.53	7.96	54.80	3.54~40.50
有效锰（mg/kg）	441	18.78	10.68	56.85	2.69~39.80
有效硼（mg/kg）	434	1.02	0.49	47.99	0.34~3.47
有效钼（mg/kg）	437	0.193	0.12	62.98	0.012~0.737
有效硫（mg/kg）	412	43.04	27.35	63.55	7.61~164.03
有效硅（mg/kg）	437	133.64	68.52	51.27	32.54~433.00

耕层质地

	砂土		砂壤土		轻壤土		中壤土		重壤土		黏土	
	样本数	占比（%）	样本数	占比（%）	样本数	占比（%）	样本数	占比（%）	样本数	占比（%）	样本数	占比（%）
	0	0.00	59	13.35	174	39.37	180	40.72	20	4.52	9	2.04

土壤pH

	≤4.5		(4.5~5.5]		(5.5~6.5]		(6.5~7.5]		(7.5~8.5]		>8.5	
	样本数	占比（%）	样本数	占比（%）	样本数	占比（%）	样本数	占比（%）	样本数	占比（%）	样本数	占比（%）
	0	0.00	0	0.00	0	0.00	2	0.45	363	82.13	77	17.42

灰钙土—典型灰钙土—泥砂质灰钙土耕地土壤主要理化性状

项目名称	样本数（个）	平均值	标准差	变异系数（%）	范围
有效土层厚度（cm）	107	77.9	28.22	36.23	35.0～110.0
耕层厚度（cm）	107	25.2	2.95	11.71	20.0～30.0
耕层容重（g/cm³）	105	1.43	0.06	4.50	1.15～1.60
有机质（g/kg）	106	17.2	6.14	35.69	4.5～38.1
全氮（g/kg）	107	0.994	0.36	36.38	0.290～2.340
有效磷（mg/kg）	105	15.1	8.51	56.25	4.6～56.9
速效钾（mg/kg）	106	187	92.71	49.48	41～524
缓效钾（mg/kg）	107	727	226.05	31.09	225～1 320
有效铜（mg/kg）	92	1.81	0.90	49.66	0.60～5.30
有效锌（mg/kg）	106	1.09	0.60	54.97	0.18～3.43
有效铁（mg/kg）	103	16.09	10.82	67.21	3.00～40.50
有效锰（mg/kg）	107	20.83	11.02	52.93	4.20～39.80
有效硼（mg/kg）	104	1.10	0.60	54.73	0.50～5.45
有效钼（mg/kg）	103	0.227	0.13	55.33	0.018～0.680
有效硫（mg/kg）	105	55.34	34.13	61.67	8.70～161.80
有效硅（mg/kg）	105	96.89	35.94	37.10	27.90～240.62

耕层质地

	砂土		砂壤土		轻壤土		中壤土		重壤土		黏土	
	样本数	占比（%）	样本数	占比（%）	样本数	占比（%）	样本数	占比（%）	样本数	占比（%）	样本数	占比（%）
	0	0.00	12	11.21	33	30.84	50	46.73	9	8.41	3	2.80

土壤pH

	≤4.5		(4.5～5.5]		(5.5～6.5]		(6.5～7.5]		(7.5～8.5]		>8.5	
	样本数	占比（%）	样本数	占比（%）	样本数	占比（%）	样本数	占比（%）	样本数	占比（%）	样本数	占比（%）
	0	0.00	0	0.00	0	0.00	0	0.00	103	96.26	4	3.74

灰钙土—典型灰钙土—砂田灰钙土耕地土壤主要理化性状

项目名称	样本数（个）	平均值	标准差	变异系数（%）	范　围
有效土层厚度（cm）	3	50.0	0.00	0.00	50.0~50.0
耕层厚度（cm）	3	25.0	0.00	0.00	25.0~25.0
耕层容重（g/cm³）	3	1.25	0.00	0.00	1.25~1.25
有机质（g/kg）	3	10.5	1.68	15.89	9.1~12.4
全氮（g/kg）	3	0.655	0.03	4.68	0.624~0.685
有效磷（mg/kg）	3	20.9	13.31	63.55	5.9~31.2
速效钾（mg/kg）	3	105	37.20	35.58	79~147
缓效钾（mg/kg）	3	726	111.71	15.40	608~830
有效铜（mg/kg）	3	1.10	0.17	15.17	0.98~1.29
有效锌（mg/kg）	3	0.45	0.07	15.77	0.40~0.53
有效铁（mg/kg）	3	15.29	5.47	35.78	10.37~21.19
有效锰（mg/kg）	3	8.85	1.77	20.00	7.25~10.75
有效硼（mg/kg）	3	0.97	0.50	51.70	0.39~1.30
有效钼（mg/kg）	3	0.110	0.04	32.91	0.074~0.146
有效硫（mg/kg）	3	16.21	7.49	46.20	8.12~22.90
有效硅（mg/kg）	3	199.72	31.20	15.62	171.12~233.00

耕层质地

	砂土	砂壤土	轻壤土	中壤土	重壤土	黏土
样本数	0	3	0	0	0	0
占比（%）	0.00	100.00	0.00	0.00	0.00	0.00

土壤pH

	≤4.5	(4.5~5.5]	(5.5~6.5]	(6.5~7.5]	(7.5~8.5]	>8.5
样本数	0	0	0	0	2	1
占比（%）	0.00	0.00	0.00	0.00	66.67	33.33

灰钙土—淡灰钙土—黄土质淡灰钙土耕地土壤主要理化性状

项目名称	样本数（个）	平均值	标准差	变异系数（%）	范　围
有效土层厚度（cm）	103	52.2	11.00	21.07	35.0~100.0
耕层厚度（cm）	107	20.1	0.83	4.12	20.0~25.0
耕层容重（g/cm³）	92	1.43	0.11	7.72	1.20~1.66
有机质（g/kg）	103	13.9	5.34	38.39	5.6~35.6
全氮（g/kg）	104	0.831	0.30	36.11	0.292~1.973
有效磷（mg/kg）	91	16.8	14.49	86.23	3.8~95.2
速效钾（mg/kg）	106	194	91.33	47.04	45~521
缓效钾（mg/kg）	106	952	245.91	25.84	229~1 403
有效铜（mg/kg）	105	1.00	0.42	41.99	0.32~3.24
有效锌（mg/kg）	96	0.95	0.62	65.39	0.19~3.07
有效铁（mg/kg）	107	9.02	3.69	40.96	3.70~27.27
有效锰（mg/kg）	107	9.20	3.13	34.08	3.50~15.98
有效硼（mg/kg）	104	1.60	1.05	65.56	0.43~5.00
有效钼（mg/kg）	106	0.146	0.07	48.79	0.047~0.606
有效硫（mg/kg）	99	55.68	35.97	64.60	10.71~162.80
有效硅（mg/kg）	107	160.62	48.12	29.96	60.00~360.52

耕层质地

	砂土	砂壤土	轻壤土	中壤土	重壤土	黏土
样本数	6	2	3	96	0	0
占比（%）	5.61	1.87	2.80	89.72	0.00	0.00

土壤pH

	≤4.5	(4.5~5.5]	(5.5~6.5]	(6.5~7.5]	(7.5~8.5]	>8.5
样本数	0	0	0	0	34	73
占比（%）	0.00	0.00	0.00	0.00	31.78	68.22

灰钙土—淡灰钙土—泥砂质淡灰钙土耕地土壤主要理化性状

项目名称	样本数（个）	平均值	标准差	变异系数（%）	范　围
有效土层厚度（cm）	42	119.3	42.43	35.57	35.0～150.0
耕层厚度（cm）	41	25.9	3.76	14.54	20.0～30.0
耕层容重（g/cm³）	42	1.24	0.13	10.47	1.11～1.50
有机质（g/kg）	41	13.7	4.98	36.27	5.2～23.9
全氮（g/kg）	39	0.807	0.27	33.16	0.270～1.310
有效磷（mg/kg）	41	29.2	17.06	58.35	4.1～66.0
速效钾（mg/kg）	40	164	61.41	37.35	40～311
缓效钾（mg/kg）	39	763	306.59	40.16	179～1 261
有效铜（mg/kg）	42	1.29	0.48	37.38	0.38～2.80
有效锌（mg/kg）	42	0.89	0.56	63.66	0.26～3.19
有效铁（mg/kg）	42	15.19	3.94	25.93	6.64～24.70
有效锰（mg/kg）	42	11.49	4.46	38.79	4.10～21.10
有效硼（mg/kg）	41	0.97	0.85	87.41	0.37～4.90
有效钼（mg/kg）	42	0.094	0.03	29.83	0.040～0.196
有效硫（mg/kg）	39	36.63	34.76	94.90	11.37～147.00
有效硅（mg/kg）	42	148.02	30.86	20.85	100.90～233.97

耕层质地

	砂土		砂壤土		轻壤土		中壤土		重壤土		黏土	
	样本数	占比（%）	样本数	占比（%）	样本数	占比（%）	样本数	占比（%）	样本数	占比（%）	样本数	占比（%）
	10	23.81	16	38.10	9	21.43	7	16.67	0	0.00	0	0.00

土壤pH

	≤4.5		(4.5～5.5]		(5.5～6.5]		(6.5～7.5]		(7.5～8.5]		>8.5	
	样本数	占比（%）	样本数	占比（%）	样本数	占比（%）	样本数	占比（%）	样本数	占比（%）	样本数	占比（%）
	0	0.00	0	0.00	0	0.00	0	0.00	26	61.90	16	38.10

灰钙土—草甸灰钙土—泥砂质草甸灰钙土耕地土壤主要理化性状

项目名称	样本数（个）	平均值	标准差	变异系数（%）	范　围
有效土层厚度（cm）	3	50.0	0.00	0.00	50.0~50.0
耕层厚度（cm）	3	25.0	0.00	0.00	25.0~25.0
耕层容重（g/cm³）	3	1.25	0.00	0.00	1.25~1.25
有机质（g/kg）	3	8.6	1.84	21.40	6.5~9.7
全氮（g/kg）	3	0.545	0.12	21.28	0.413~0.630
有效磷（mg/kg）	2	19.4	0.13	0.66	19.3~19.5
速效钾（mg/kg）	3	103	28.12	27.43	85~135
缓效钾（mg/kg）	3	617	231.84	37.57	350~766
有效铜（mg/kg）	3	0.69	0.05	7.34	0.63~0.73
有效锌（mg/kg）	3	0.49	0.31	64.10	0.29~0.85
有效铁（mg/kg）	3	9.07	3.09	34.00	6.50~12.49
有效锰（mg/kg）	3	6.16	1.68	27.29	5.16~8.10
有效硼（mg/kg）	2	1.27	0.33	25.61	1.04~1.50
有效钼（mg/kg）	3	0.104	0.05	51.08	0.055~0.160
有效硫（mg/kg）	2	15.09	6.94	46.02	10.18~20.00
有效硅（mg/kg）	3	181.19	47.55	26.24	135.00~229.99

耕层质地

	砂土		砂壤土		轻壤土		中壤土		重壤土		黏土	
	样本数	占比（%）	样本数	占比（%）	样本数	占比（%）	样本数	占比（%）	样本数	占比（%）	样本数	占比（%）
	0	0.00	3	100.00	0	0.00	0	0.00	0	0.00	0	0.00

土壤pH

	≤4.5		(4.5~5.5]		(5.5~6.5]		(6.5~7.5]		(7.5~8.5]		>8.5	
	样本数	占比（%）	样本数	占比（%）	样本数	占比（%）	样本数	占比（%）	样本数	占比（%）	样本数	占比（%）
	0	0.00	0	0.00	0	0.00	0	0.00	1	33.33	2	66.67

灰钙土—盐化灰钙土—氯化物灰钙土耕地土壤主要理化性状

项目名称	样本数（个）	平均值	标准差	变异系数（%）	范　围
有效土层厚度（cm）	5	60.0	0.00	0.00	60.0~60.0
耕层厚度（cm）	5	30.0	0.00	0.00	30.0~30.0
耕层容重（g/cm³）	5	1.32	0.06	4.29	1.22~1.35
有机质（g/kg）	5	7.5	1.66	22.05	5.1~8.9
全氮（g/kg）	5	0.483	0.07	15.51	0.378~0.568
有效磷（mg/kg）	5	12.3	7.87	64.18	4.6~24.0
速效钾（mg/kg）	5	113	34.92	30.84	61~156
缓效钾（mg/kg）	5	679	209.52	30.84	368~934
有效铜（mg/kg）	5	1.02	0.44	43.64	0.45~1.47
有效锌（mg/kg）	4	0.89	0.42	46.94	0.46~1.46
有效铁（mg/kg）	5	8.74	2.46	28.12	5.35~11.49
有效锰（mg/kg）	5	8.61	2.08	24.18	5.15~10.42
有效硼（mg/kg）	5	1.48	0.11	7.40	1.40~1.60
有效钼（mg/kg）	5	0.133	0.09	66.93	0.046~0.248
有效硫（mg/kg）	4	25.23	14.88	58.97	8.58~43.12
有效硅（mg/kg）	5	239.48	95.80	40.00	137.50~374.89

耕层质地

	砂土	砂壤土	轻壤土	中壤土	重壤土	黏土
样本数	0	5	0	0	0	1
占比（%）	0.00	100.00	0.00	0.00	0.00	0.00

土壤pH

	≤4.5	(4.5~5.5]	(5.5~6.5]	(6.5~7.5]	(7.5~8.5]	>8.5
样本数	0	0	0	0	4	1
占比（%）	0.00	0.00	0.00	0.00	80.00	20.00

灰钙土—盐化灰钙土—硫酸盐灰钙土耕地土壤主要理化性状

项目名称	样本数（个）	平均值	标准差	变异系数（%）	范围
有效土层厚度（cm）	4	83.8	33.51	40.01	35.0～110.0
耕层厚度（cm）	4	25.0	4.08	16.33	20.0～30.0
耕层容重（g/cm³）	4	1.42	0.05	3.51	1.40～1.50
有机质（g/kg）	4	16.9	7.13	42.21	7.0～23.6
全氮（g/kg）	4	0.960	0.41	42.87	0.460～1.410
有效磷（mg/kg）	3	19.5	15.76	80.96	5.4～36.5
速效钾（mg/kg）	4	208	76.61	36.92	129～303
缓效钾（mg/kg）	4	934	233.88	25.03	680～1 147
有效铜（mg/kg）	3	2.32	1.24	53.41	1.02～3.49
有效锌（mg/kg）	4	1.01	0.32	31.13	0.64～1.41
有效铁（mg/kg）	4	20.12	14.59	72.49	7.02～40.50
有效锰（mg/kg）	4	28.72	14.51	50.52	9.27～39.80
有效硼（mg/kg）	4	1.49	0.55	37.12	0.80～2.15
有效钼（mg/kg）	4	0.207	0.07	34.71	0.110～0.262
有效硫（mg/kg）	4	42.94	41.39	96.38	7.87～102.90
有效硅（mg/kg）	4	113.05	18.34	16.22	92.08～136.50

耕层质地

	砂土		砂壤土		轻壤土		中壤土		重壤土		黏土	
	样本数	占比（%）	样本数	占比（%）	样本数	占比（%）	样本数	占比（%）	样本数	占比（%）	样本数	占比（%）
	0	0.00	1	25.00	1	25.00	2	50.00	0	0.00	0	0.00

土壤 pH

	≤4.5		(4.5～5.5]		(5.5～6.5]		(6.5～7.5]		(7.5～8.5]		>8.5	
	样本数	占比（%）	样本数	占比（%）	样本数	占比（%）	样本数	占比（%）	样本数	占比（%）	样本数	占比（%）
	0	0.00	0	0.00	0	0.00	0	0.00	4	100.00	0	0.00

灰漠土—典型灰漠土—黄土质灰漠土耕地土壤主要理化性状

项目名称	样本数（个）	平均值	标准差	变异系数（%）	范　围
有效土层厚度（cm）	174	84.1	26.73	31.77	35.0～136.6
耕层厚度（cm）	177	26.5	3.30	12.47	20.0～30.0
耕层容重（g/cm³）	177	1.42	0.09	6.03	1.12～1.64
有机质（g/kg）	173	16.0	7.38	46.01	4.7～44.0
全氮（g/kg）	171	1.003	0.44	43.63	0.260～2.610
有效磷（mg/kg）	175	23.9	15.82	66.05	3.8～93.6
速效钾（mg/kg）	160	264	122.22	46.23	45～525
缓效钾（mg/kg）	175	880	263.93	29.98	187～1 690
有效铜（mg/kg）	163	1.45	0.78	53.43	0.30～5.16
有效锌（mg/kg）	159	0.87	0.60	68.84	0.18～2.95
有效铁（mg/kg）	160	9.44	7.26	76.95	2.20～40.50
有效锰（mg/kg）	162	7.89	4.58	58.12	2.00～28.66
有效硼（mg/kg）	175	1.87	0.97	52.05	0.43～5.31
有效钼（mg/kg）	164	0.258	0.14	54.03	0.014～0.690
有效硫（mg/kg）	170	46.29	38.06	82.23	9.60～164.00
有效硅（mg/kg）	165	198.84	96.55	48.56	26.00～436.25

耕层质地

	砂土	砂壤土	轻壤土	中壤土	重壤土	黏土
样本数	9	28	14	91	28	7
占比（%）	5.08	15.82	7.91	51.41	15.82	3.95

土壤 pH

	≤4.5	(4.5～5.5]	(5.5～6.5]	(6.5～7.5]	(7.5～8.5]	>8.5
样本数	0	0	0	3	149	25
占比（%）	0.00	0.00	0.00	1.69	84.18	14.12

灰漠土—钙质灰漠土—泥砂质钙质灰漠土耕地土壤主要理化性状

项目名称	样本数（个）	平均值	标准差	变异系数（%）	范围
有效土层厚度（cm）	8	81.9	21.37	26.10	35.0~100.0
耕层厚度（cm）	14	25.8	2.52	9.76	20.0~30.0
耕层容重（g/cm³）	13	1.47	0.08	5.51	1.36~1.61
有机质（g/kg）	15	12.3	3.31	27.02	6.0~16.8
全氮（g/kg）	15	0.762	0.26	33.49	0.300~1.290
有效磷（mg/kg）	14	11.2	6.73	60.10	4.8~30.3
速效钾（mg/kg）	15	114	72.84	63.93	55~330
缓效钾（mg/kg）	15	620	279.08	45.02	300~1 290
有效铜（mg/kg）	15	1.19	0.49	41.24	0.62~2.60
有效锌（mg/kg）	15	1.61	0.70	43.68	0.60~3.34
有效铁（mg/kg）	15	14.97	4.13	27.61	7.30~19.83
有效锰（mg/kg）	15	10.73	4.54	42.30	5.80~16.33
有效硼（mg/kg）	10	1.37	1.29	94.34	0.50~4.78
有效钼（mg/kg）	13	0.201	0.23	112.81	0.030~0.710
有效硫（mg/kg）	15	49.74	25.32	50.91	18.79~119.70
有效硅（mg/kg）	10	112.28	51.23	45.63	27.20~217.41

耕层质地

砂土		砂壤土		轻壤土		中壤土		重壤土		黏土	
样本数	占比（%）	样本数	占比（%）	样本数	占比（%）	样本数	占比（%）	样本数	占比（%）	样本数	占比（%）
2	13.33	2	13.33	5	33.33	1	6.67	5	33.33	0	0.00

土壤 pH

≤4.5		(4.5~5.5]		(5.5~6.5]		(6.5~7.5]		(7.5~8.5]		>8.5	
样本数	占比（%）	样本数	占比（%）	样本数	占比（%）	样本数	占比（%）	样本数	占比（%）	样本数	占比（%）
0	0.00	0	0.00	0	0.00	0	0.00	11	73.33	4	26.67

灰漠土—盐化灰漠土—盐化物灰漠土耕地土壤主要理化性状

项目名称	样本数（个）	平均值	标准差	变异系数（%）	范围
有效土层厚度（cm）	12	76.0	27.45	36.12	42.0~120.0
耕层厚度（cm）	12	25.7	2.67	10.42	20.0~30.0
耕层容重（g/cm³）	12	1.42	0.08	5.97	1.25~1.50
有机质（g/kg）	11	15.5	5.10	32.81	8.5~25.6
全氮（g/kg）	12	0.988	0.41	41.39	0.300~1.770
有效磷（mg/kg）	12	17.5	10.40	59.41	4.7~35.4
速效钾（mg/kg）	11	268	128.02	47.74	88~429
缓效钾（mg/kg）	12	1 000	259.71	25.98	531~1 424
有效铜（mg/kg）	11	1.04	0.35	33.47	0.31~1.54
有效锌（mg/kg）	8	0.64	0.19	30.17	0.36~0.89
有效铁（mg/kg）	9	8.20	4.73	57.61	3.85~17.11
有效锰（mg/kg）	12	5.95	2.74	46.07	4.00~13.32
有效硼（mg/kg）	12	1.65	0.74	45.00	0.48~2.76
有效钼（mg/kg）	12	0.285	0.13	45.46	0.074~0.430
有效硫（mg/kg）	12	50.41	43.05	85.39	23.00~151.94
有效硅（mg/kg）	12	235.01	71.31	30.34	111.93~330.83

耕层质地

	砂土		砂壤土		轻壤土		中壤土		重壤土		黏土	
	样本数	占比（%）	样本数	占比（%）	样本数	占比（%）	样本数	占比（%）	样本数	占比（%）	样本数	占比（%）
	0	0.00	5	41.67	1	8.33	6	50.00	0	0.00	0	0.00

土壤 pH

	≤4.5		(4.5~5.5]		(5.5~6.5]		(6.5~7.5]		(7.5~8.5]		>8.5	
	样本数	占比（%）	样本数	占比（%）	样本数	占比（%）	样本数	占比（%）	样本数	占比（%）	样本数	占比（%）
	0	0.00	0	0.00	0	0.00	0	0.00	9	75.00	3	25.00

灰漠土—盐化灰漠土—硫酸盐灰漠土耕地土壤主要理化性状

项目名称	样本数（个）	平均值	标准差	变异系数（%）	范　围
有效土层厚度（cm）	33	82.4	31.32	38.01	35.0~120.0
耕层厚度（cm）	34	27.9	3.51	12.60	20.0~30.0
耕层容重（g/cm³）	34	1.45	0.04	2.90	1.34~1.56
有机质（g/kg）	28	14.4	6.36	44.07	4.8~29.5
全氮（g/kg）	33	1.067	0.47	44.32	0.440~2.450
有效磷（mg/kg）	34	17.6	8.45	47.90	7.9~39.7
速效钾（mg/kg）	32	350	111.54	31.89	121~533
缓效钾（mg/kg）	34	869	286.96	33.03	194~1 661
有效铜（mg/kg）	34	1.42	0.42	29.87	0.30~2.50
有效锌（mg/kg）	29	1.17	0.70	59.60	0.25~2.71
有效铁（mg/kg）	33	9.25	4.78	51.72	2.64~23.29
有效锰（mg/kg）	33	6.93	2.80	40.41	2.60~16.46
有效硼（mg/kg）	30	2.44	0.89	36.36	1.10~4.85
有效钼（mg/kg）	29	0.324	0.16	49.93	0.020~0.571
有效硫（mg/kg）	34	36.83	37.82	102.68	17.02~160.67
有效硅（mg/kg）	28	195.99	88.46	45.13	42.30~443.45

耕层质地

	砂土		砂壤土		轻壤土		中壤土		重壤土		黏土	
	样本数	占比（%）	样本数	占比（%）	样本数	占比（%）	样本数	占比（%）	样本数	占比（%）	样本数	占比（%）
	1	2.94	9	26.47	1	2.94	19	55.88	4	11.76	0	0.00

土壤 pH

	≤4.5		(4.5~5.5]		(5.5~6.5]		(6.5~7.5]		(7.5~8.5]		>8.5	
	样本数	占比（%）	样本数	占比（%）	样本数	占比（%）	样本数	占比（%）	样本数	占比（%）	样本数	占比（%）
	0	0.00	0	0.00	0	0.00	1	2.94	31	91.18	2	5.88

灰漠土—碱化灰漠土—碱化灰漠土耕地土壤主要理化性状

项目名称	样本数（个）	平均值	标准差	变异系数（%）	范围
有效土层厚度（cm）	3	94.0	45.03	47.91	42.0~120.0
耕层厚度（cm）	3	30.0	0.00	0.00	30.0~30.0
耕层容重（g/cm³）	3	1.44	0.02	1.15	1.42~1.45
有机质（g/kg）	3	16.9	6.92	41.01	10.8~24.4
全氮（g/kg）	3	0.947	0.28	29.73	0.650~1.210
有效磷（mg/kg）	3	23.1	7.86	34.01	14.5~29.9
速效钾（mg/kg）	3	309	204.08	66.12	108~516
缓效钾（mg/kg）	3	884	220.89	24.99	629~1 015
有效铜（mg/kg）	3	1.89	0.85	44.89	0.91~2.39
有效锌（mg/kg）	3	0.65	0.26	40.76	0.44~0.94
有效铁（mg/kg）	3	12.09	8.10	67.04	3.57~19.70
有效锰（mg/kg）	3	2.83	0.36	12.61	2.54~3.23
有效硼（mg/kg）	3	1.04	0.50	48.64	0.52~1.53
有效钼（mg/kg）	3	0.375	0.09	24.89	0.284~0.470
有效硫（mg/kg）	3	33.53	15.65	46.68	24.00~51.60
有效硅（mg/kg）	3	165.51	52.77	31.89	112.00~217.52

耕层质地

	砂土	砂壤土	轻壤土	中壤土	重壤土	黏土
样本数	0	3	0	0	0	0
占比（%）	0.00	100.00	0.00	0.00	0.00	0.00

土壤 pH

	≤4.5	(4.5~5.5]	(5.5~6.5]	(6.5~7.5]	(7.5~8.5]	>8.5
样本数	0	0	0	0	3	0
占比（%）	0.00	0.00	0.00	0.00	100.00	0.00

灰漠土—灌耕灰漠土—泥质灌耕灰漠土耕地土壤主要理化性状

项目名称	样本数（个）	平均值	标准差	变异系数（%）	范　围
有效土层厚度（cm）	87	79.2	24.69	31.18	35.0~120.0
耕层厚度（cm）	87	26.4	2.84	10.77	20.0~30.0
耕层容重（g/cm³）	87	1.44	0.04	2.86	1.30~1.57
有机质（g/kg）	87	18.0	7.94	44.16	6.3~35.9
全氮（g/kg）	87	1.015	0.47	46.08	0.250~2.150
有效磷（mg/kg）	85	21.0	12.37	58.76	3.9~62.5
速效钾（mg/kg）	83	236	94.07	39.82	60~455
缓效钾（mg/kg）	85	907	259.56	28.61	222~1 520
有效铜（mg/kg）	83	1.28	0.61	47.89	0.46~3.64
有效锌（mg/kg）	82	0.76	0.59	76.83	0.19~2.80
有效铁（mg/kg）	80	8.21	3.99	48.61	2.80~18.76
有效锰（mg/kg）	80	7.63	6.10	79.94	2.10~39.80
有效硼（mg/kg）	83	1.92	1.06	55.11	0.40~5.23
有效钼（mg/kg）	83	0.221	0.13	56.56	0.015~0.629
有效硫（mg/kg）	85	62.41	45.22	72.46	12.10~162.26
有效硅（mg/kg）	77	187.63	72.39	38.58	75.50~403.64

耕层质地

	砂土	砂壤土	轻壤土	中壤土	重壤土	黏土
样本数	0	21	7	39	20	0
占比（%）	0.00	24.14	8.05	44.83	22.99	0.00

土壤pH

	≤4.5	(4.5~5.5]	(5.5~6.5]	(6.5~7.5]	(7.5~8.5]	>8.5
样本数	0	0	0	3	83	1
占比（%）	0.00	0.00	0.00	3.45	95.40	1.15

灰漠土—灌耕灰漠土—泥砂质灌耕灰漠土耕地土壤主要理化性状

项目名称	样本数（个）	平均值	标准差	变异系数（%）	范　　围
有效土层厚度（cm）	283	78.2	29.41	37.62	35.0～130.0
耕层厚度（cm）	282	26.9	3.78	14.02	20.0～30.0
耕层容重（g/cm³）	282	1.44	0.06	3.94	1.23～1.66
有机质（g/kg）	280	16.8	7.17	42.74	4.6～45.9
全氮（g/kg）	280	0.996	0.40	40.27	0.260～2.600
有效磷（mg/kg）	281	24.8	15.42	62.20	3.8～100.5
速效钾（mg/kg）	271	251	123.09	49.06	56～535
缓效钾（mg/kg）	282	864	233.32	27.01	250～1 689
有效铜（mg/kg）	260	1.58	0.96	60.72	0.32～5.52
有效锌（mg/kg）	250	0.82	0.52	63.38	0.18～3.78
有效铁（mg/kg）	261	8.08	5.54	68.59	2.21～40.50
有效锰（mg/kg）	262	6.31	4.32	68.40	1.90～29.80
有效硼（mg/kg）	269	1.80	0.95	52.61	0.45～5.37
有效钼（mg/kg）	282	0.232	0.12	50.04	0.012～0.750
有效硫（mg/kg）	262	60.64	45.47	74.98	7.60～164.00
有效硅（mg/kg）	271	205.58	72.75	35.39	27.00～425.57

耕层质地

	砂土	砂壤土	轻壤土	中壤土	重壤土	黏土
样本数	8	63	14	160	24	14
占比（%）	2.83	22.26	4.95	56.54	8.48	4.95

土壤pH

	≤4.5	（4.5～5.5]	（5.5～6.5]	（6.5～7.5]	（7.5～8.5]	>8.5
样本数	0	0	0	9	261	13
占比（%）	0.00	0.00	0.00	3.18	92.23	4.59

灰棕漠土—典型灰棕漠土—泥砂质灰棕漠土耕地土壤主要理化性状

项目名称	样本数（个）	平均值	标准差	变异系数（%）	范　围
有效土层厚度 (cm)	46	60.9	21.07	34.62	35.0~120.0
耕层厚度 (cm)	56	28.0	3.12	11.13	20.0~30.0
耕层容重 (g/cm³)	56	1.32	0.12	9.03	1.11~1.54
有机质 (g/kg)	54	13.7	7.43	54.28	4.6~42.5
全氮 (g/kg)	51	0.833	0.31	37.31	0.388~1.740
有效磷 (mg/kg)	54	26.6	17.65	66.33	3.8~87.7
速效钾 (mg/kg)	56	201	113.04	56.35	57~500
缓效钾 (mg/kg)	54	885	323.80	36.58	296~1 644
有效铜 (mg/kg)	49	1.20	0.73	61.02	0.47~4.14
有效锌 (mg/kg)	54	0.77	0.46	59.67	0.18~2.41
有效铁 (mg/kg)	56	10.91	5.01	45.87	3.10~23.55
有效锰 (mg/kg)	56	8.03	4.99	62.05	2.23~39.80
有效硼 (mg/kg)	56	1.85	1.16	62.66	0.40~4.84
有效钼 (mg/kg)	52	0.242	0.17	69.07	0.041~0.703
有效硫 (mg/kg)	55	54.39	39.18	72.05	17.34~158.93
有效硅 (mg/kg)	53	205.43	91.63	44.60	39.90~419.68

耕层质地

	砂土		砂壤土		轻壤土		中壤土		重壤土		黏土	
	样本数	占比（%）	样本数	占比（%）	样本数	占比（%）	样本数	占比（%）	样本数	占比（%）	样本数	占比（%）
	19	33.93	20	35.71	6	10.71	9	16.07	0	0.00	2	3.57

土壤 pH

	≤4.5		(4.5~5.5]		(5.5~6.5]		(6.5~7.5]		(7.5~8.5]		>8.5	
	样本数	占比（%）	样本数	占比（%）	样本数	占比（%）	样本数	占比（%）	样本数	占比（%）	样本数	占比（%）
	0	0.00	0	0.00	0	0.00	0	0.00	41	73.21	15	26.79

灰棕漠土—石膏灰棕漠土—泥砂质石膏灰棕漠土耕地土壤主要理化性状

项目名称	样本数（个）	平均值	标准差	变异系数（%）	范　围
有效土层厚度（cm）	8	71.3	12.46	17.49	50.0~80.0
耕层厚度（cm）	9	28.4	3.24	11.41	21.0~30.0
耕层容重（g/cm³）	8	1.43	0.10	6.74	1.25~1.56
有机质（g/kg）	9	9.1	2.59	28.37	5.5~12.8
全氮（g/kg）	9	0.543	0.20	36.85	0.282~0.800
有效磷（mg/kg）	9	22.6	13.61	60.15	9.9~50.4
速效钾（mg/kg）	9	167	114.94	68.73	46~400
缓效钾（mg/kg）	9	745	203.43	27.32	445~1010
有效铜（mg/kg）	9	1.27	0.44	34.40	0.97~2.36
有效锌（mg/kg）	9	1.39	0.64	46.32	0.62~2.20
有效铁（mg/kg）	9	13.06	4.47	34.27	7.00~19.93
有效锰（mg/kg）	9	7.51	1.89	25.11	4.40~9.83
有效硼（mg/kg）	9	1.47	0.74	50.46	0.49~2.45
有效钼（mg/kg）	9	0.210	0.13	63.02	0.074~0.505
有效硫（mg/kg）	8	41.34	25.12	60.76	17.00~80.00
有效硅（mg/kg）	9	280.45	89.98	32.08	183.96~444.00

耕层质地

	砂土		砂壤土		轻壤土		中壤土		重壤土		黏土	
	样本数	占比（%）	样本数	占比（%）	样本数	占比（%）	样本数	占比（%）	样本数	占比（%）	样本数	占比（%）
	0	0.00	6	66.67	0	0.00	1	11.11	2	22.22	0	0.00

土壤 pH

	≤4.5		(4.5~5.5]		(5.5~6.5]		(6.5~7.5]		(7.5~8.5]		>8.5	
	样本数	占比（%）	样本数	占比（%）	样本数	占比（%）	样本数	占比（%）	样本数	占比（%）	样本数	占比（%）
	0	0.00	0	0.00	0	0.00	0	0.00	5	55.56	4	44.44

灰棕漠土—石膏盐盘灰棕漠土—泥砂质石膏盘盘灰棕漠土耕地土壤主要理化性状

项目名称	样本数（个）	平均值	标准差	变异系数（%）	范　围
有效土层厚度 (cm)	4	74.4	31.46	42.28	47.7~120.0
耕层厚度 (cm)	4	28.8	2.50	8.70	25.0~30.0
耕层容重 (g/cm³)	4	1.41	0.10	7.41	1.32~1.53
有机质 (g/kg)	4	13.4	12.83	95.71	6.3~32.6
全氮 (g/kg)	4	0.933	0.56	60.07	0.270~1.550
有效磷 (mg/kg)	4	28.7	8.66	30.20	16.4~36.0
速效钾 (mg/kg)	4	287	170.07	59.31	121~448
缓效钾 (mg/kg)	4	608	202.41	33.30	499~911
有效铜 (mg/kg)	4	0.64	0.36	55.99	0.30~1.08
有效锌 (mg/kg)	4	0.62	0.44	70.69	0.20~1.10
有效铁 (mg/kg)	4	4.97	2.04	40.92	2.20~7.10
有效锰 (mg/kg)	4	5.01	1.94	38.79	2.60~7.35
有效硼 (mg/kg)	3	2.53	1.53	60.43	0.80~3.70
有效钼 (mg/kg)	2	0.322	0.42	131.30	0.023~0.620
有效硫 (mg/kg)	4	24.75	2.50	10.10	21.00~26.00
有效硅 (mg/kg)	4	202.23	162.21	80.21	42.60~420.90

耕层质地

	砂土		砂壤土		轻壤土		中壤土		重壤土		黏土	
	样本数	占比（%）	样本数	占比（%）	样本数	占比（%）	样本数	占比（%）	样本数	占比（%）	样本数	占比（%）
	2	50.00	1	25.00	0	0.00	0	0.00	0	0.00	1	25.00

土壤 pH

	≤4.5		(4.5~5.5]		(5.5~6.5]		(6.5~7.5]		(7.5~8.5]		>8.5	
	样本数	占比（%）	样本数	占比（%）	样本数	占比（%）	样本数	占比（%）	样本数	占比（%）	样本数	占比（%）
	0	0.00	0	0.00	0	0.00	1	25.00	3	75.00	0	0.00

灰棕漠土—灌耕灰棕漠土—泥砂质灌耕灰棕漠土耕地土壤主要理化性状

项目名称	样本数（个）	平均值	标准差	变异系数（%）	范围
有效土层厚度（cm）	40	78.8	26.07	33.08	35.0~120.0
耕层厚度（cm）	40	26.0	4.35	16.73	20.0~30.0
耕层容重（g/cm³）	40	1.37	0.14	10.49	1.11~1.67
有机质（g/kg）	39	15.6	8.23	52.64	4.7~47.7
全氮（g/kg）	40	0.888	0.39	43.90	0.330~2.110
有效磷（mg/kg）	37	27.0	17.17	63.49	7.0~84.1
速效钾（mg/kg）	39	213	100.35	47.20	63~469
缓效钾（mg/kg）	39	561	217.64	38.77	281~1 265
有效铜（mg/kg）	40	1.22	0.43	35.25	0.46~2.67
有效锌（mg/kg）	39	0.85	0.48	57.01	0.26~2.50
有效铁（mg/kg）	40	12.66	6.40	50.54	3.12~25.70
有效锰（mg/kg）	40	9.62	5.05	52.57	2.00~25.52
有效硼（mg/kg）	38	2.34	1.50	64.17	0.54~5.00
有效钼（mg/kg）	37	0.189	0.18	94.39	0.012~0.745
有效硫（mg/kg）	38	39.47	36.84	93.34	18.80~153.00
有效硅（mg/kg）	40	160.14	57.92	36.17	45.30~322.54

耕层质地

	砂土	砂壤土	轻壤土	中壤土	重壤土	黏土
样本数	4	18	6	6	0	6
占比（%）	10.00	45.00	15.00	15.00	0.00	15.00

土壤 pH

	≤4.5	(4.5~5.5]	(5.5~6.5]	(6.5~7.5]	(7.5~8.5]	>8.5
样本数	0	0	0	0	32	8
占比（%）	0.00	0.00	0.00	0.00	80.00	20.00

棕漠土—典型棕漠土—泥砂质棕漠土耕地土壤主要理化性状

项目名称	样本数（个）	平均值	标准差	变异系数（%）	范　围
有效土层厚度（cm）	84	73.1	28.45	38.90	35.0～150.0
耕层厚度（cm）	84	27.9	3.73	13.37	20.0～30.0
耕层容重（g/cm³）	84	1.44	0.08	5.50	1.11～1.66
有机质（g/kg）	74	13.2	4.97	37.77	4.6～28.6
全氮（g/kg）	73	0.767	0.28	36.16	0.320～1.450
有效磷（mg/kg）	83	23.2	18.67	80.45	4.1～98.6
速效钾（mg/kg）	84	132	86.84	65.90	43～500
缓效钾（mg/kg）	83	806	318.80	39.53	247～1 688
有效铜（mg/kg）	82	1.56	0.92	58.55	0.38～4.08
有效锌（mg/kg）	81	1.05	0.67	63.41	0.20～3.80
有效铁（mg/kg）	83	14.97	9.91	66.21	3.30～40.50
有效锰（mg/kg）	83	8.15	4.04	49.54	1.90～23.50
有效硼（mg/kg）	81	1.56	0.78	50.11	0.50～4.00
有效钼（mg/kg）	84	0.221	0.14	63.50	0.012～0.720
有效硫（mg/kg）	77	49.02	38.58	78.70	11.60～156.47
有效硅（mg/kg）	78	109.14	64.24	58.86	31.80～306.60

耕层质地

砂土		砂壤土		轻壤土		中壤土		重壤土		黏土	
样本数	占比（%）	样本数	占比（%）	样本数	占比（%）	样本数	占比（%）	样本数	占比（%）	样本数	占比（%）
5	5.95	26	30.95	15	17.86	22	26.19	14	16.67	2	2.38

土壤 pH

≤4.5		(4.5～5.5]		(5.5～6.5]		(6.5～7.5]		(7.5～8.5]		>8.5	
样本数	占比（%）	样本数	占比（%）	样本数	占比（%）	样本数	占比（%）	样本数	占比（%）	样本数	占比（%）
0	0.00	0	0.00	0	0.00	0	0.00	71	84.52	13	15.48

棕漠土—盐化棕漠土—硫酸盐棕漠土耕地土壤主要理化性状

项目名称	样本数（个）	平均值	标准差	变异系数（%）	范　　围
有效土层厚度（cm）	31	75.7	26.46	34.95	35.0～110.0
耕层厚度（cm）	31	27.0	3.71	13.76	20.0～30.0
耕层容重（g/cm³）	31	1.45	0.05	3.32	1.31～1.53
有机质（g/kg）	29	13.4	7.51	56.25	4.5～39.3
全氮（g/kg）	29	0.758	0.39	51.90	0.260～2.160
有效磷（mg/kg）	30	25.2	25.04	99.50	4.8～87.0
速效钾（mg/kg）	29	202	93.23	46.12	69～455
缓效钾（mg/kg）	30	927	325.08	35.05	372～1 513
有效铜（mg/kg）	30	1.77	1.00	56.13	0.48～4.66
有效锌（mg/kg）	31	0.91	0.39	43.20	0.43～2.07
有效铁（mg/kg）	30	14.55	8.54	58.70	5.10～40.50
有效锰（mg/kg）	31	7.46	2.42	32.45	3.20～12.71
有效硼（mg/kg）	30	1.94	0.84	43.25	0.84～3.84
有效钼（mg/kg）	29	0.191	0.13	70.58	0.020～0.637
有效硫（mg/kg）	31	39.63	30.17	76.13	18.45～150.80
有效硅（mg/kg）	31	141.07	90.56	64.20	28.80～428.73

耕层质地	砂土		砂壤土		轻壤土		中壤土		重壤土		黏土	
	样本数	占比（%）	样本数	占比（%）	样本数	占比（%）	样本数	占比（%）	样本数	占比（%）	样本数	占比（%）
	2	6.45	11	35.48	5	16.13	9	29.03	4	12.90	0	0.00

土壤pH	≤4.5		(4.5～5.5]		(5.5～6.5]		(6.5～7.5]		(7.5～8.5]		>8.5	
	样本数	占比（%）	样本数	占比（%）	样本数	占比（%）	样本数	占比（%）	样本数	占比（%）	样本数	占比（%）
	0	0.00	0	0.00	0	0.00	1	3.23	26	83.87	4	12.90

棕漠土—石膏棕漠土—泥砂质石膏棕漠土耕地土壤主要理化性状

项目名称	样本数（个）	平均值	标准差	变异系数（%）	范围
有效土层厚度（cm）	35	97.3	20.48	21.05	35.0~120.0
耕层厚度（cm）	34	29.3	2.08	7.11	20.0~30.0
耕层容重（g/cm³）	35	1.43	0.04	3.11	1.30~1.52
有机质（g/kg）	34	14.7	7.76	52.60	4.6~40.4
全氮（g/kg）	35	0.878	0.43	49.11	0.250~2.163
有效磷（mg/kg）	34	23.5	20.04	85.08	5.5~102.4
速效钾（mg/kg）	34	167	97.23	58.18	59~479
缓效钾（mg/kg）	35	605	372.03	61.51	276~1 594
有效铜（mg/kg）	35	1.46	0.68	46.35	0.61~2.90
有效锌（mg/kg）	35	0.73	0.24	32.77	0.48~1.37
有效铁（mg/kg）	35	15.83	6.04	38.14	3.66~40.50
有效锰（mg/kg）	35	14.00	5.00	35.71	4.90~21.00
有效硼（mg/kg）	35	3.19	1.40	43.70	0.50~5.00
有效钼（mg/kg）	35	0.104	0.07	64.27	0.040~0.340
有效硫（mg/kg）	35	31.33	24.14	77.06	11.60~142.00
有效硅（mg/kg）	35	137.00	44.13	32.21	37.40~336.40

耕层质地

	砂土	砂壤土	轻壤土	中壤土	重壤土	黏土
样本数	2	28	5	0	0	0
占比（%）	5.71	80.00	14.29	0.00	0.00	0.00

土壤 pH

	≤4.5	(4.5~5.5]	(5.5~6.5]	(6.5~7.5]	(7.5~8.5]	>8.5
样本数	0	0	0	0	13	22
占比（%）	0.00	0.00	0.00	0.00	37.14	62.86

棕漠土—灌耕棕漠土—泥砂质灌耕棕漠土耕地土壤主要理化性状

项目名称	样本数（个）	平均值	标准差	变异系数（%）	范 围
有效土层厚度（cm）	228	85.9	28.04	32.63	35.0～150.0
耕层厚度（cm）	228	27.9	3.20	11.48	20.0～30.0
耕层容重（g/cm³）	228	1.43	0.06	4.11	1.27～1.60
有机质（g/kg）	220	13.9	6.32	45.49	4.6～35.4
全氮（g/kg）	218	0.759	0.36	47.05	0.250～2.080
有效磷（mg/kg）	216	19.7	17.21	87.25	3.9～101.6
速效钾（mg/kg）	225	149	80.98	54.22	36～477
缓效钾（mg/kg）	219	1 006	304.58	30.27	205～1 688
有效铜（mg/kg）	208	1.58	0.90	56.86	0.30～5.15
有效锌（mg/kg）	224	0.98	0.49	50.35	0.20～3.54
有效铁（mg/kg）	226	14.99	7.58	50.54	2.40～40.50
有效锰（mg/kg）	226	8.53	4.22	49.46	1.90～32.50
有效硼（mg/kg）	218	1.43	0.84	58.42	0.40～4.91
有效钼（mg/kg）	223	0.187	0.12	64.63	0.019～0.680
有效硫（mg/kg）	225	51.25	38.29	74.71	8.10～162.46
有效硅（mg/kg）	218	109.22	65.99	60.42	26.20～426.70

耕层质地

	砂土	砂壤土	轻壤土	中壤土	重壤土	黏土
样本数	16	90	47	44	28	3
占比（%）	7.02	39.47	20.61	19.30	12.28	1.32

土壤 pH

	≤4.5	(4.5～5.5]	(5.5～6.5]	(6.5～7.5]	(7.5～8.5]	>8.5
样本数	0	0	0	0	195	33
占比（%）	0.00	0.00	0.00	0.00	85.53	14.47

新积土—典型新积土—石灰性山洪土耕地土壤主要理化性状

项目名称	样本数（个）	平均值	标准差	变异系数（%）	范围
有效土层厚度（cm）	21	68.0	21.13	31.09	40.0~120.0
耕层厚度（cm）	20	24.9	2.85	11.43	20.0~30.0
耕层容重（g/cm³）	21	1.32	0.17	12.82	1.13~1.64
有机质（g/kg）	19	17.8	7.41	41.60	5.4~32.5
全氮（g/kg）	20	0.897	0.38	42.22	0.290~1.793
有效磷（mg/kg）	15	24.6	20.60	83.89	5.1~85.2
速效钾（mg/kg）	19	172	74.54	43.31	60~326
缓效钾（mg/kg）	17	911	339.86	37.29	360~1 542
有效铜（mg/kg）	21	1.44	0.83	57.76	0.49~4.35
有效锌（mg/kg）	20	1.00	0.49	49.13	0.50~2.29
有效铁（mg/kg）	21	15.26	4.61	30.22	5.82~22.50
有效锰（mg/kg）	20	10.97	4.80	43.77	4.12~21.10
有效硼（mg/kg）	20	2.15	1.31	61.00	0.79~5.10
有效钼（mg/kg）	21	0.128	0.11	81.85	0.059~0.567
有效硫（mg/kg）	20	50.15	30.84	61.50	17.49~137.78
有效硅（mg/kg）	21	156.38	62.93	40.24	62.37~360.47

耕层质地

	砂土		砂壤土		轻壤土		中壤土		重壤土		黏土	
	样本数	占比（%）	样本数	占比（%）	样本数	占比（%）	样本数	占比（%）	样本数	占比（%）	样本数	占比（%）
	1	4.76	8	38.10	1	4.76	8	38.10	0	0.00	3	14.29

土壤pH

	≤4.5		(4.5~5.5]		(5.5~6.5]		(6.5~7.5]		(7.5~8.5]		>8.5	
	样本数	占比（%）	样本数	占比（%）	样本数	占比（%）	样本数	占比（%）	样本数	占比（%）	样本数	占比（%）
	0	0.00	0	0.00	0	0.00	0	0.00	14	66.67	7	33.33

新积土—冲积土—冲积砂土耕地土壤主要理化性状

项目名称	样本数（个）	平均值	标准差	变异系数（%）	范围
有效土层厚度（cm）	9	72.2	21.43	29.68	50.0~120.0
耕层厚度（cm）	9	28.3	3.54	12.48	20.0~30.0
耕层容重（g/cm³）	9	1.41	0.04	2.83	1.34~1.47
有机质（g/kg）	9	19.4	8.63	44.59	12.4~33.5
全氮（g/kg）	9	0.874	0.21	24.16	0.630~1.250
有效磷（mg/kg）	9	23.2	24.04	103.42	8.0~85.4
速效钾（mg/kg）	9	180	96.58	53.76	64~345
缓效钾（mg/kg）	9	908	222.97	24.56	428~1 131
有效铜（mg/kg）	9	1.35	0.37	27.48	0.77~2.01
有效锌（mg/kg）	7	1.10	0.93	84.34	0.25~3.07
有效铁（mg/kg）	8	8.74	3.65	41.80	4.26~16.71
有效锰（mg/kg）	9	5.62	1.61	28.55	3.29~7.72
有效硼（mg/kg）	9	1.63	0.91	55.78	0.47~3.32
有效钼（mg/kg）	8	0.255	0.10	39.47	0.023~0.332
有效硫（mg/kg）	8	31.52	11.83	37.55	23.00~53.30
有效硅（mg/kg）	9	196.83	87.04	44.22	70.61~330.00

耕层质地

	砂土		砂壤土		轻壤土		中壤土		重壤土		黏土	
	样本数	占比（%）	样本数	占比（%）	样本数	占比（%）	样本数	占比（%）	样本数	占比（%）	样本数	占比（%）
	2	22.22	0	0.00	1	11.11	4	44.44	2	22.22	0	0.00

土壤 pH

	≤4.5		(4.5~5.5]		(5.5~6.5]		(6.5~7.5]		(7.5~8.5]		>8.5	
	样本数	占比（%）	样本数	占比（%）	样本数	占比（%）	样本数	占比（%）	样本数	占比（%）	样本数	占比（%）
	0	0.00	0	0.00	0	0.00	1	11.11	8	88.89	0	0.00

新积土—冲积土—冲积壤土耕地土壤主要理化性状

项目名称	样本数（个）	平均值	标准差	变异系数（%）	范 围
有效土层厚度（cm）	1	100.0	—	—	—
耕层厚度（cm）	1	30.0	—	—	—
耕层容重（g/cm³）	1	1.31	—	—	—
有机质（g/kg）	1	14.2	—	—	—
全氮（g/kg）	1	0.766	—	—	—
有效磷（mg/kg）	1	24.6	—	—	—
速效钾（mg/kg）	1	136	—	—	—
缓效钾（mg/kg）	1	917	—	—	—
有效铜（mg/kg）	1	0.41	—	—	—
有效锌（mg/kg）	1	0.19	—	—	—
有效铁（mg/kg）	1	34.41	—	—	—
有效锰（mg/kg）	1	19.14	—	—	—
有效硼（mg/kg）	1	2.49	—	—	—
有效钼（mg/kg）	1	0.082	—	—	—
有效硫（mg/kg）	1	86.54	—	—	—
有效硅（mg/kg）	1	173.48	—	—	—

耕层质地

砂土		砂壤土		轻壤土		中壤土		重壤土		黏土	
样本数	占比（%）	样本数	占比（%）	样本数	占比（%）	样本数	占比（%）	样本数	占比（%）	样本数	占比（%）
0	0.00	0	0.00	1	100.00	0	0.00	0	0.00	0	0.00

土壤 pH

≤4.5		(4.5~5.5]		(5.5~6.5]		(6.5~7.5]		(7.5~8.5]		>8.5	
样本数	占比（%）	样本数	占比（%）	样本数	占比（%）	样本数	占比（%）	样本数	占比（%）	样本数	占比（%）
0	0.00	0	0.00	0	0.00	0	0.00	0	0.00	1	100.00

新积土—冲积土—石灰性冲积砂土耕地土壤主要理化性状

项目名称	样本数（个）	平均值	标准差	变异系数（%）	范围
有效土层厚度（cm）	2	52.0	16.97	32.64	40.0~64.0
耕层厚度（cm）	2	25.0	7.07	28.28	20.0~30.0
耕层容重（g/cm³）	2	1.29	0.23	17.54	1.13~1.45
有机质（g/kg）	2	13.5	0.12	0.88	13.5~13.6
全氮（g/kg）	2	0.576	0.11	19.10	0.499~0.654
有效磷（mg/kg）	2	27.1	1.88	6.93	25.8~28.4
速效钾（mg/kg）	2	74	45.78	61.85	42~106
缓效钾（mg/kg）	2	444	274.71	61.85	250~638
有效铜（mg/kg）	2	1.39	0.21	15.03	1.24~1.53
有效锌（mg/kg）	2	1.07	1.23	114.94	0.20~1.94
有效铁（mg/kg）	2	12.45	2.61	21.01	10.60~14.30
有效锰（mg/kg）	2	6.14	0.80	13.00	5.58~6.71
有效硼（mg/kg）	2	1.23	0.52	42.54	0.86~1.60
有效钼（mg/kg）	2	0.122	0.08	67.47	0.064~0.180
有效硫（mg/kg）	2	23.66	4.15	17.55	20.72~26.60
有效硅（mg/kg）	2	150.89	9.97	6.61	143.83~157.94

耕层质地

	砂土	砂壤土	轻壤土	中壤土	重壤土	黏土
样本数	1	0	0	0	1	0
占比（%）	50.00	0.00	0.00	0.00	50.00	0.00

土壤 pH

	≤4.5	(4.5~5.5]	(5.5~6.5]	(6.5~7.5]	(7.5~8.5]	>8.5
样本数	0	0	0	0	2	0
占比（%）	0.00	0.00	0.00	0.00	100.00	0.00

龟裂土—龟裂土—盐龟裂土耕地土壤主要理化性状

项目名称	样本数（个）	平均值	标准差	变异系数（%）	范围
有效土层厚度（cm）	26	87.6	21.03	24.02	55.0~120.0
耕层厚度（cm）	26	29.2	1.84	6.29	25.0~30.0
耕层容重（g/cm³）	26	1.47	0.07	4.55	1.35~1.66
有机质（g/kg）	26	11.1	4.45	40.08	4.9~24.8
全氮（g/kg）	25	0.666	0.26	39.32	0.260~1.371
有效磷（mg/kg）	25	26.7	19.20	71.87	9.1~84.3
速效钾（mg/kg）	26	197	125.74	63.94	39~500
缓效钾（mg/kg）	26	822	389.85	47.45	278~1 433
有效铜（mg/kg）	26	1.66	0.84	50.71	0.55~3.14
有效锌（mg/kg）	25	0.71	0.29	41.59	0.27~1.53
有效铁（mg/kg）	26	14.91	7.44	49.89	2.22~31.78
有效锰（mg/kg）	25	8.81	5.15	58.48	3.80~21.00
有效硼（mg/kg）	26	2.41	1.51	62.73	0.80~5.00
有效钼（mg/kg）	26	0.142	0.16	114.06	0.030~0.670
有效硫（mg/kg）	26	32.46	24.28	74.81	24.00~140.98
有效硅（mg/kg）	24	171.46	79.51	46.37	40.20~353.02

耕层质地

砂土		砂壤土		轻壤土		中壤土		重壤土		黏土	
样本数	占比（%）	样本数	占比（%）	样本数	占比（%）	样本数	占比（%）	样本数	占比（%）	样本数	占比（%）
0	0.00	11	42.31	0	0.00	3	11.54	5	19.23	7	26.92

土壤 pH

≤4.5		(4.5~5.5]		(5.5~6.5]		(6.5~7.5]		(7.5~8.5]		>8.5	
样本数	占比（%）	样本数	占比（%）	样本数	占比（%）	样本数	占比（%）	样本数	占比（%）	样本数	占比（%）
0	0.00	0	0.00	0	0.00	0	0.00	21	80.77	5	19.23

风沙土—荒漠风沙土—荒漠固定风沙土耕地土壤主要理化性状

项目名称	样本数（个）	平均值	标准差	变异系数（%）	范　围
有效土层厚度（cm）	196	91.1	20.43	22.44	35.0～120.0
耕层厚度（cm）	208	28.3	2.93	10.34	20.0～30.0
耕层容重（g/cm³）	201	1.38	0.09	6.28	1.11～1.65
有机质（g/kg）	200	12.5	5.55	44.53	4.7～36.5
全氮（g/kg）	199	0.729	0.34	46.56	0.260～2.240
有效磷（mg/kg）	204	22.4	16.81	75.02	3.8～98.4
速效钾（mg/kg）	206	170	93.10	54.88	48～502
缓效钾（mg/kg）	203	925	298.48	32.28	212～1 614
有效铜（mg/kg）	208	1.38	0.76	55.09	0.31～4.45
有效锌（mg/kg）	204	0.84	0.51	60.84	0.20～3.12
有效铁（mg/kg）	207	11.46	6.09	53.20	3.30～40.50
有效锰（mg/kg）	209	7.34	3.69	50.21	2.30～39.80
有效硼（mg/kg）	197	1.60	0.94	58.74	0.35～5.47
有效钼（mg/kg）	200	0.188	0.13	70.11	0.012～0.740
有效硫（mg/kg）	200	50.41	37.96	75.30	9.47～157.47
有效硅（mg/kg）	204	156.92	81.35	51.84	34.37～439.00

耕层质地

	砂土		砂壤土		轻壤土		中壤土		重壤土		黏土
	样本数	占比（%）	样本数	占比（%）	样本数	占比（%）	样本数	占比（%）	样本数	占比（%）	样本数	占比（%）
	96	45.71	104	49.52	1	0.48	8	3.81	1	0.48	0	0.00

土壤pH

	≤4.5		(4.5～5.5]		(5.5～6.5]		(6.5～7.5]		(7.5～8.5]		>8.5
	样本数	占比（%）	样本数	占比（%）	样本数	占比（%）	样本数	占比（%）	样本数	占比（%）	样本数	占比（%）
	0	0.00	0	0.00	0	0.00	2	0.95	157	74.76	51	24.29

风沙土—荒漠风沙土—荒漠半固定风沙土耕地土壤主要理化性状

项目名称	样本数（个）	平均值	标准差	变异系数（%）	范围
有效土层厚度（cm）	5	48.0	4.47	9.32	40.0～50.0
耕层厚度（cm）	5	25.0	0.00	0.00	25.0～25.0
耕层容重（g/cm³）	5	1.32	0.16	12.18	1.25～1.61
有机质（g/kg）	5	11.7	2.20	18.74	9.6～14.1
全氮（g/kg）	5	0.679	0.11	15.62	0.554～0.845
有效磷（mg/kg）	5	14.7	2.27	15.44	12.1～17.7
速效钾（mg/kg）	5	107	42.66	39.88	55～150
缓效钾（mg/kg）	5	706	182.05	25.80	485～966
有效铜（mg/kg）	5	1.20	0.50	41.44	0.65～2.00
有效锌（mg/kg）	5	0.73	0.71	97.75	0.33～2.00
有效铁（mg/kg）	5	12.97	3.15	24.33	8.00～16.79
有效锰（mg/kg）	5	6.91	1.54	22.23	5.80～8.96
有效硼（mg/kg）	5	1.27	1.06	83.24	0.40～2.99
有效钼（mg/kg）	5	0.095	0.04	39.51	0.050～0.147
有效硫（mg/kg）	4	83.80	64.17	76.57	27.79～162.10
有效硅（mg/kg）	5	198.93	59.90	30.11	124.00～262.73

耕层质地

	砂土		砂壤土		轻壤土		中壤土		重壤土		黏土	
	样本数	占比（%）	样本数	占比（%）	样本数	占比（%）	样本数	占比（%）	样本数	占比（%）	样本数	占比（%）
	1	20.00	4	80.00	0	0.00	0	0.00	0	0.00	0	0.00

土壤pH

	≤4.5		(4.5～5.5]		(5.5～6.5]		(6.5～7.5]		(7.5～8.5]		>8.5	
	样本数	占比（%）	样本数	占比（%）	样本数	占比（%）	样本数	占比（%）	样本数	占比（%）	样本数	占比（%）
	0	0.00	0	0.00	0	0.00	0	0.00	4	80.00	1	20.00

风沙土—荒漠风沙土—荒漠流动风沙土耕地土壤主要理化性状

项目名称	样本数（个）	平均值	标准差	变异系数（%）	范　围
有效土层厚度（cm）	34	85.9	20.91	24.34	40.0~120.0
耕层厚度（cm）	44	28.8	2.19	7.62	25.0~30.0
耕层容重（g/cm³）	34	1.36	0.16	11.62	1.12~1.66
有机质（g/kg）	44	11.7	4.44	37.91	7.3~25.9
全氮（g/kg）	44	0.713	0.26	36.74	0.348~1.649
有效磷（mg/kg）	41	27.2	15.51	57.11	5.4~61.7
速效钾（mg/kg）	43	144	74.54	51.71	59~500
缓效钾（mg/kg）	44	605	211.82	35.01	266~1 213
有效铜（mg/kg）	44	1.10	0.35	31.65	0.53~2.37
有效锌（mg/kg）	43	1.01	0.70	69.32	0.26~2.70
有效铁（mg/kg）	44	13.42	5.22	38.88	4.36~28.11
有效锰（mg/kg）	44	9.99	4.83	48.36	2.82~21.00
有效硼（mg/kg）	42	1.91	1.52	79.47	0.41~5.00
有效钼（mg/kg）	44	0.118	0.08	64.11	0.045~0.398
有效硫（mg/kg）	42	54.32	38.67	71.20	8.44~147.20
有效硅（mg/kg）	43	183.30	67.84	37.01	95.00~382.00

耕层质地

	砂土		砂壤土		轻壤土		中壤土		重壤土		黏土	
	样本数	占比（%）	样本数	占比（%）	样本数	占比（%）	样本数	占比（%）	样本数	占比（%）	样本数	占比（%）
	2	4.55	31	70.45	8	18.18	3	6.82	0	0.00	0	0.00

土壤 pH

	≤4.5		(4.5~5.5]		(5.5~6.5]		(6.5~7.5]		(7.5~8.5]		>8.5	
	样本数	占比（%）	样本数	占比（%）	样本数	占比（%）	样本数	占比（%）	样本数	占比（%）	样本数	占比（%）
	0	0.00	0	0.00	0	0.00	0	0.00	23	52.27	21	47.73

风沙土—草原风沙土—草原固定风沙土耕地土壤主要理化性状

项目名称	样本数（个）	平均值	标准差	变异系数（%）	范围
有效土层厚度（cm）	38	89.4	20.27	22.68	40.0~100.0
耕层厚度（cm）	39	20.0	0.00	0.00	20.0~20.0
耕层容重（g/cm³）	39	1.43	0.11	7.73	1.13~1.50
有机质（g/kg）	34	9.5	4.33	45.60	4.5~23.5
全氮（g/kg）	28	0.514	0.31	61.14	0.250~1.650
有效磷（mg/kg）	31	14.7	11.16	75.79	4.0~46.3
速效钾（mg/kg）	39	128	50.26	39.38	37~257
缓效钾（mg/kg）	35	372	230.39	61.87	176~1 289
有效铜（mg/kg）	28	0.60	0.37	61.08	0.30~1.81
有效锌（mg/kg）	38	0.63	0.41	64.85	0.21~1.78
有效铁（mg/kg）	39	10.48	5.74	54.76	3.74~26.40
有效锰（mg/kg）	39	6.35	3.05	48.03	2.32~15.16
有效硼（mg/kg）	27	0.82	0.36	44.42	0.41~1.64
有效钼（mg/kg）	39	0.079	0.04	48.16	0.020~0.203
有效硫（mg/kg）	36	59.79	36.73	61.42	10.09~156.00
有效硅（mg/kg）	35	178.03	82.74	46.47	43.00~430.00

耕层质地

	砂土	砂壤土	轻壤土	中壤土	重壤土	黏土
样本数	34	2	0	2	13	1
占比（%）	87.18	5.13	0.00	5.13	33.33	2.56

土壤pH

	≤4.5	(4.5~5.5]	(5.5~6.5]	(6.5~7.5]	(7.5~8.5]	>8.5
样本数	0	0	0	0	13	26
占比（%）	0.00	0.00	0.00	0.00	33.33	66.67

风沙土—草原风沙土—草原半固定风沙土耕地土壤主要理化性状

项目名称	样本数（个）	平均值	标准差	变异系数（%）	范 围
有效土层厚度 (cm)	36	77.3	22.27	28.82	40.0～120.0
耕层厚度 (cm)	35	23.0	3.68	15.99	20.0～30.0
耕层容重 (g/cm³)	36	1.30	0.17	13.34	1.12～1.50
有机质 (g/kg)	29	9.6	4.11	42.97	4.5～21.3
全氮 (g/kg)	26	0.501	0.22	43.51	0.256～1.000
有效磷 (mg/kg)	31	15.0	10.81	72.17	3.8～40.6
速效钾 (mg/kg)	34	100	44.14	44.26	41～225
缓效钾 (mg/kg)	32	417	288.95	69.26	180～1 350
有效铜 (mg/kg)	32	0.96	0.47	49.27	0.40～1.76
有效锌 (mg/kg)	36	0.66	0.46	69.22	0.18～2.02
有效铁 (mg/kg)	36	11.38	5.46	47.95	4.38～28.30
有效锰 (mg/kg)	36	7.71	3.43	44.53	3.32～14.93
有效硼 (mg/kg)	31	2.05	1.53	74.42	0.36～5.10
有效钼 (mg/kg)	36	0.089	0.04	43.40	0.020～0.248
有效硫 (mg/kg)	33	49.22	35.24	71.61	9.19～158.00
有效硅 (mg/kg)	36	175.09	53.58	30.60	88.00～322.76

耕层质地

	砂土	砂壤土	轻壤土	中壤土	重壤土	黏土
样本数	20	2	2	12	0	0
占比（%）	55.56	5.56	5.56	33.33	0.00	0.00

土壤 pH

	≤4.5	(4.5～5.5]	(5.5～6.5]	(6.5～7.5]	(7.5～8.5]	>8.5
样本数	0	0	0	0	14	22
占比（%）	0.00	0.00	0.00	0.00	38.89	61.11

风沙土—草原风沙土—草原流动风沙土耕地土壤主要理化性状

项目名称	样本数（个）	平均值	标准差	变异系数（%）	范围
有效土层厚度（cm）	16	96.1	15.75	16.40	37.0～100.0
耕层厚度（cm）	18	20.6	1.62	7.87	20.0～25.0
耕层容重（g/cm³）	18	1.43	0.10	7.08	1.14～1.50
有机质（g/kg）	11	9.7	4.58	47.33	5.3～21.1
全氮（g/kg）	14	0.494	0.37	75.21	0.250～1.670
有效磷（mg/kg）	15	15.7	17.21	109.78	5.0～73.7
速效钾（mg/kg）	18	121	48.69	40.11	51～197
缓效钾（mg/kg）	16	312	127.18	40.75	185～544
有效铜（mg/kg）	15	0.50	0.26	52.01	0.30～1.28
有效锌（mg/kg）	17	0.52	0.34	65.55	0.19～1.61
有效铁（mg/kg）	18	11.48	6.72	58.50	4.94～32.30
有效锰（mg/kg）	18	5.77	3.00	52.04	3.40～15.88
有效硼（mg/kg）	11	0.88	0.81	91.63	0.36～3.07
有效钼（mg/kg）	18	0.073	0.03	40.21	0.040～0.140
有效硫（mg/kg）	16	64.05	32.79	51.19	8.33～118.00
有效硅（mg/kg）	16	157.27	38.49	24.47	103.00～240.00

耕层质地

	砂土	砂壤土	轻壤土	中壤土	重壤土	黏土
样本数	15	1	1	0	1	0
占比（%）	83.33	5.56	5.56	0.00	5.56	0.00

土壤pH

	≤4.5	(4.5～5.5]	(5.5～6.5]	(6.5～7.5]	(7.5～8.5]	>8.5
样本数	0	0	0	0	5	13
占比（%）	0.00	0.00	0.00	0.00	27.78	72.22

风沙土—草甸风沙土—草甸固定风沙土耕地土壤主要理化性状

项目名称	样本数（个）	平均值	标准差	变异系数（%）	范围
有效土层厚度（cm）	7	100.0	0.00	0.00	100.0～100.0
耕层厚度（cm）	7	22.1	2.67	12.07	20.0～25.0
耕层容重（g/cm³）	7	1.35	0.04	2.60	1.31～1.41
有机质（g/kg）	6	8.4	2.71	32.13	5.5～12.9
全氮（g/kg）	7	0.553	0.27	48.39	0.300～1.010
有效磷（mg/kg）	6	9.1	3.11	34.23	5.5～12.7
速效钾（mg/kg）	7	115	61.59	53.32	72～246
缓效钾（mg/kg）	6	326	65.15	19.96	263～439
有效铜（mg/kg）	6	0.49	0.19	38.79	0.32～0.82
有效锌（mg/kg）	6	0.47	0.21	44.14	0.27～0.74
有效铁（mg/kg）	7	8.07	2.48	30.78	4.95～12.77
有效锰（mg/kg）	7	5.48	2.23	40.80	2.70～9.17
有效硼（mg/kg）	7	0.69	0.48	69.63	0.43～1.76
有效钼（mg/kg）	7	0.089	0.01	15.19	0.070～0.100
有效硫（mg/kg）	5	56.15	19.85	35.35	30.16～77.00
有效硅（mg/kg）	6	143.13	83.06	58.03	47.78～293.00

耕层质地

砂土		砂壤土		轻壤土		中壤土		重壤土		黏土	
样本数	占比（%）	样本数	占比（%）	样本数	占比（%）	样本数	占比（%）	样本数	占比（%）	样本数	占比（%）
6	85.71	0	0.00	0	0.00	0	0.00	0	0.00	1	14.29

土壤 pH

≤4.5		(4.5～5.5]		(5.5～6.5]		(6.5～7.5]		(7.5～8.5]		>8.5	
样本数	占比（%）	样本数	占比（%）	样本数	占比（%）	样本数	占比（%）	样本数	占比（%）	样本数	占比（%）
0	0.00	0	0.00	0	0.00	0	0.00	2	28.57	5	71.43

风沙土—草甸风沙土—草甸半固定风沙土耕地土壤主要理化性状

项目名称	样本数（个）	平均值	标准差	变异系数（%）	范　围
有效土层厚度（cm）	77	96.4	10.97	11.37	40.0～100.0
耕层厚度（cm）	82	29.2	2.36	8.08	20.0～30.0
耕层容重（g/cm³）	64	1.39	0.12	8.48	1.20～1.65
有机质（g/kg）	79	11.0	3.17	28.95	4.7～17.5
全氮（g/kg）	79	0.539	0.19	35.25	0.258～0.970
有效磷（mg/kg）	81	14.4	11.62	80.91	3.8～78.3
速效钾（mg/kg）	81	206	108.01	52.36	64～488
缓效钾（mg/kg）	81	883	285.03	32.29	268～1 398
有效铜（mg/kg）	73	0.99	0.48	48.95	0.34～2.46
有效锌（mg/kg）	77	0.67	0.58	85.69	0.17～2.70
有效铁（mg/kg）	82	11.41	5.43	47.58	3.25～34.80
有效锰（mg/kg）	81	8.17	2.37	28.97	3.64～13.30
有效硼（mg/kg）	79	1.91	0.68	35.50	0.48～3.47
有效钼（mg/kg）	81	0.148	0.09	58.89	0.030～0.520
有效硫（mg/kg）	78	33.46	24.46	73.11	9.98～103.80
有效硅（mg/kg）	79	141.95	54.55	38.43	61.90～343.68

耕层质地

砂土		砂壤土		轻壤土		中壤土		重壤土		黏土	
样本数	占比（%）	样本数	占比（%）	样本数	占比（%）	样本数	占比（%）	样本数	占比（%）	样本数	占比（%）
37	45.12	30	36.59	1	1.22	6	7.32	6	7.32	2	2.44

土壤pH

≤4.5		(4.5～5.5]		(5.5～6.5]		(6.5～7.5]		(7.5～8.5]		>8.5	
样本数	占比（%）	样本数	占比（%）	样本数	占比（%）	样本数	占比（%）	样本数	占比（%）	样本数	占比（%）
0	0.00	0	0.00	0	0.00	0	0.00	46	56.10	36	43.90

风沙土—草甸风沙土—草甸流动风沙土耕地土壤主要理化性状

项目名称	样本数（个）	平均值	标准差	变异系数（%）	范　围
有效土层厚度（cm）	2	100.0	0.00	0.00	100.0～100.0
耕层厚度（cm）	2	26.5	2.12	8.00	25.0～28.0
耕层容重（g/cm³）	2	1.45	0.08	5.38	1.39～1.50
有机质（g/kg）	1	14.7	—	—	—
全氮（g/kg）	2	0.512	0.20	39.22	0.370～0.654
有效磷（mg/kg）	2	9.5	2.90	30.54	7.5～11.6
速效钾（mg/kg）	2	209	12.29	5.88	200～218
缓效钾（mg/kg）	2	703	665.98	94.79	232～1 174
有效铜（mg/kg）	2	1.25	0.09	7.56	1.18～1.32
有效锌（mg/kg）	2	0.69	0.27	39.02	0.50～0.88
有效铁（mg/kg）	2	16.91	2.46	14.54	15.17～18.65
有效锰（mg/kg）	2	12.13	0.68	5.58	11.65～12.60
有效硼（mg/kg）	1	1.88	—	—	—
有效钼（mg/kg）	2	0.055	0.04	64.28	0.030～0.080
有效硫（mg/kg）	2	14.63	8.86	60.57	8.36～20.89
有效硅（mg/kg）	2	89.66	66.55	74.23	42.60～136.72

耕层质地

砂土		砂壤土		轻壤土		中壤土		重壤土		黏土	
样本数	占比（%）	样本数	占比（%）	样本数	占比（%）	样本数	占比（%）	样本数	占比（%）	样本数	占比（%）
0	0.00	0	0.00	1	50.00	1	50.00	0	0.00	0	0.00

土壤 pH

≤4.5		(4.5～5.5]		(5.5～6.5]		(6.5～7.5]		(7.5～8.5]		>8.5	
样本数	占比（%）	样本数	占比（%）	样本数	占比（%）	样本数	占比（%）	样本数	占比（%）	样本数	占比（%）
0	0.00	0	0.00	1	50.00	0	0.00	1	50.00	1	0.00

粗骨土—中性粗骨土—麻砂质中性粗骨土耕地土壤主要理化性状

项目名称	样本数（个）	平均值	标准差	变异系数（%）	范围
有效土层厚度 (cm)	9	83.8	17.19	20.52	63.0~100.0
耕层厚度 (cm)	9	29.8	0.67	2.24	28.0~30.0
耕层容重 (g/cm³)	9	1.37	0.07	5.34	1.29~1.51
有机质 (g/kg)	9	13.3	1.90	14.22	10.9~16.3
全氮 (g/kg)	9	0.759	0.18	23.18	0.603~1.188
有效磷 (mg/kg)	9	12.6	6.48	51.25	6.2~25.9
速效钾 (mg/kg)	9	244	102.26	41.90	121~462
缓效钾 (mg/kg)	9	880	303.66	34.53	459~1 358
有效铜 (mg/kg)	9	1.16	0.94	80.91	0.40~2.85
有效锌 (mg/kg)	9	0.61	0.28	45.75	0.28~1.22
有效铁 (mg/kg)	9	15.38	12.90	83.87	4.29~38.05
有效锰 (mg/kg)	9	9.93	1.49	15.02	8.16~12.12
有效硼 (mg/kg)	9	2.87	0.91	31.61	1.41~4.75
有效钼 (mg/kg)	9	0.079	0.05	65.70	0.027~0.178
有效硫 (mg/kg)	9	34.74	37.57	108.15	7.81~125.04
有效硅 (mg/kg)	9	134.63	30.47	22.63	81.18~183.14

耕层质地

	砂土		砂壤土		轻壤土		中壤土		重壤土		黏土	
	样本数	占比（%）	样本数	占比（%）	样本数	占比（%）	样本数	占比（%）	样本数	占比（%）	样本数	占比（%）
	0	0.00	4	44.44	4	44.44	0	0.00	0	0.00	1	11.11

土壤pH

	≤4.5		(4.5~5.5]		(5.5~6.5]		(6.5~7.5]		(7.5~8.5]		>8.5	
	样本数	占比（%）	样本数	占比（%）	样本数	占比（%）	样本数	占比（%）	样本数	占比（%）	样本数	占比（%）
	0	0.00	0	0.00	0	0.00	0	0.00	6	66.67	3	33.33

粗骨土—钙质粗骨土—灰泥质钙质粗骨土耕地土壤主要理化性状

项目名称	样本数（个）	平均值	标准差	变异系数（%）	范　围
有效土层厚度 (cm)	9	55.6	16.67	30.00	50.0~100.0
耕层厚度 (cm)	9	20.0	0.00	0.00	20.0~20.0
耕层容重 (g/cm³)	9	1.45	0.05	3.60	1.40~1.56
有机质 (g/kg)	9	11.2	3.66	32.80	5.2~15.2
全氮 (g/kg)	8	0.659	0.20	29.94	0.275~0.933
有效磷 (mg/kg)	8	11.7	6.64	56.72	5.1~22.2
速效钾 (mg/kg)	9	296	86.85	29.32	133~418
缓效钾 (mg/kg)	9	789	196.62	24.92	454~1 102
有效铜 (mg/kg)	9	1.54	0.92	60.00	0.31~2.52
有效锌 (mg/kg)	7	0.63	0.26	41.39	0.28~0.97
有效铁 (mg/kg)	9	13.05	4.83	36.97	6.06~21.94
有效锰 (mg/kg)	9	9.86	2.40	24.38	5.51~13.38
有效硼 (mg/kg)	9	1.95	0.76	39.07	0.90~2.96
有效钼 (mg/kg)	9	0.222	0.10	46.67	0.101~0.424
有效硫 (mg/kg)	9	27.49	16.73	60.87	8.34~60.66
有效硅 (mg/kg)	9	198.90	45.98	23.12	124.28~247.40

耕层质地

	砂土		砂壤土		轻壤土		中壤土		重壤土		黏土	
	样本数	占比（%）	样本数	占比（%）	样本数	占比（%）	样本数	占比（%）	样本数	占比（%）	样本数	占比（%）
	5	55.56	1	11.11	2	22.22	1	11.11	0	0.00	0	0.00

土壤 pH

	≤4.5		(4.5~5.5]		(5.5~6.5]		(6.5~7.5]		(7.5~8.5]		>8.5	
	样本数	占比（%）	样本数	占比（%）	样本数	占比（%）	样本数	占比（%）	样本数	占比（%）	样本数	占比（%）
	0	0.00	0	0.00	0	0.00	0	0.00	8	88.89	1	11.11

石质土—钙质石质土—灰泥钙质石质土耕地土壤主要理化性状

项目名称	样本数（个）	平均值	标准差	变异系数（%）	范围
有效土层厚度（cm）	3	40.0	8.66	21.65	35.0~50.0
耕层厚度（cm）	3	24.0	1.73	7.22	22.0~25.0
耕层容重（g/cm³）	3	1.39	0.07	4.72	1.32~1.44
有机质（g/kg）	3	11.4	5.38	47.39	7.5~17.5
全氮（g/kg）	3	0.703	0.32	45.46	0.420~1.050
有效磷（mg/kg）	3	22.6	15.96	70.74	13.3~41.0
速效钾（mg/kg）	3	105	9.87	9.37	94~112
缓效钾（mg/kg）	3	908	376.95	41.50	474~1 151
有效铜（mg/kg）	3	1.28	0.64	50.30	0.74~1.99
有效锌（mg/kg）	3	0.42	0.26	61.62	0.25~0.72
有效铁（mg/kg）	3	9.42	8.47	89.90	3.80~19.16
有效锰（mg/kg）	3	4.95	3.43	69.26	2.40~8.84
有效硼（mg/kg）	2	1.87	0.66	35.19	1.40~2.33
有效钼（mg/kg）	3	0.212	0.10	48.44	0.140~0.330
有效硫（mg/kg）	3	31.44	13.25	42.15	17.30~43.58
有效硅（mg/kg）	3	177.22	18.23	10.29	159.00~195.47

耕层质地

	砂土	砂壤土	轻壤土	中壤土	重壤土	黏土
样本数	1	0	0	2	0	0
占比（%）	33.33	0.00	0.00	66.67	0.00	0.00

土壤pH

	≤4.5	(4.5~5.5]	(5.5~6.5]	(6.5~7.5]	(7.5~8.5]	>8.5
样本数	0	0	0	0	3	0
占比（%）	0.00	0.00	0.00	0.00	100.00	0.00

石质土—含盐石质土—含盐石质土耕地土壤主要理化性状

项目名称	样本数（个）	平均值	标准差	变异系数（%）	范 围
有效土层厚度（cm）	3	50.0	0.00	0.00	50.0～50.0
耕层厚度（cm）	3	25.0	0.00	0.00	25.0～25.0
耕层容重（g/cm³）	3	1.25	0.00	0.00	1.25～1.25
有机质（g/kg）	3	11.8	1.14	9.66	10.9～13.1
全氮（g/kg）	3	0.700	0.10	13.64	0.613～0.802
有效磷（mg/kg）	3	16.4	12.68	77.34	7.9～31.0
速效钾（mg/kg）	3	112	17.41	15.53	100～132
缓效钾（mg/kg）	3	627	54.81	8.74	570～679
有效铜（mg/kg）	3	0.82	0.14	16.83	0.66～0.91
有效锌（mg/kg）	3	0.45	0.13	28.09	0.34～0.59
有效铁（mg/kg）	3	15.98	3.09	19.35	12.70～18.84
有效锰（mg/kg）	3	6.75	1.82	27.00	5.62～8.86
有效硼（mg/kg）	3	1.78	0.72	40.56	1.09～2.53
有效钼（mg/kg）	3	0.083	0.03	30.91	0.057～0.108
有效硫（mg/kg）	3	96.70	33.95	35.11	66.12～133.23
有效硅（mg/kg）	3	242.70	7.68	3.16	236.83～251.39

耕层质地

砂土		砂壤土		轻壤土		中壤土		重壤土		黏土	
样本数	占比（%）	样本数	占比（%）	样本数	占比（%）	样本数	占比（%）	样本数	占比（%）	样本数	占比（%）
0	0.00	3	100.00	0	0.00	0	0.00	0	0.00	0	0.00

土壤 pH

≤4.5		(4.5～5.5]		(5.5～6.5]		(6.5～7.5]		(7.5～8.5]		>8.5	
样本数	占比（%）	样本数	占比（%）	样本数	占比（%）	样本数	占比（%）	样本数	占比（%）	样本数	占比（%）
0	0.00	0	0.00	0	0.00	0	0.00	1	33.33	2	66.67

草甸土——典型草甸土——草甸砂土耕地土壤主要理化性状

项目名称	样本数（个）	平均值	标准差	变异系数（%）	范围
有效土层厚度（cm）	2	100.0	0.00	0.00	100.0～100.0
耕层厚度（cm）	2	22.5	3.54	15.71	20.0～25.0
耕层容重（g/cm³）	2	1.38	0.24	17.42	1.21～1.55
有机质（g/kg）	2	12.5	0.14	1.13	12.4～12.6
全氮（g/kg）	2	0.502	0.11	21.81	0.425～0.580
有效磷（mg/kg）	2	17.8	10.74	60.24	10.2～25.4
速效钾（mg/kg）	2	279	251.46	90.29	101～456
缓效钾（mg/kg）	2	1 219	45.31	3.72	1 187～1 251
有效铜（mg/kg）	2	1.11	0.83	74.93	0.52～1.69
有效锌（mg/kg）	2	0.56	0.36	64.53	0.30～0.81
有效铁（mg/kg）	2	7.12	3.28	46.06	4.80～9.44
有效锰（mg/kg）	2	8.26	1.33	16.06	7.32～9.20
有效硼（mg/kg）	2	1.80	0.28	15.81	1.59～2.00
有效钼（mg/kg）	2	0.189	0.13	67.66	0.099～0.280
有效硫（mg/kg）	1	20.39	—	—	—
有效硅（mg/kg）	2	192.31	6.60	3.43	187.64～196.98

耕层质地

砂土		砂壤土		轻壤土		中壤土		重壤土		黏土	
样本数	占比（%）	样本数	占比（%）	样本数	占比（%）	样本数	占比（%）	样本数	占比（%）	样本数	占比（%）
0	0.00	0	0.00	2	100.00	0	0.00	0	0.00	0	0.00

土壤 pH

≤4.5		(4.5～5.5]		(5.5～6.5]		(6.5～7.5]		(7.5～8.5]		>8.5	
样本数	占比（%）	样本数	占比（%）	样本数	占比（%）	样本数	占比（%）	样本数	占比（%）	样本数	占比（%）
0	0.00	0	0.00	0	0.00	0	0.00	1	50.00	1	50.00

草甸土—典型草甸土—草甸壤土耕地土壤主要理化性状

项目名称	样本数（个）	平均值	标准差	变异系数（%）	范 围
有效土层厚度（cm）	1	45.0	—	—	—
耕层厚度（cm）	1	25.0	—	—	—
耕层容重（g/cm³）	1	1.19	—	—	—
有机质（g/kg）	1	24.7	—	—	—
全氮（g/kg）	1	1.210	—	—	—
有效磷（mg/kg）	1	22.8	—	—	—
速效钾（mg/kg）	1	137	—	—	—
缓效钾（mg/kg）	1	806	—	—	—
有效铜（mg/kg）	1	1.02	—	—	—
有效锌（mg/kg）	1	3.18	—	—	—
有效铁（mg/kg）	1	13.40	—	—	—
有效锰（mg/kg）	1	8.40	—	—	—
有效硼（mg/kg）	1	1.15	—	—	—
有效钼（mg/kg）	1	0.100	—	—	—
有效硫（mg/kg）	1	26.97	—	—	—
有效硅（mg/kg）	1	181.64	—	—	—

耕层质地

砂土		砂壤土		轻壤土		中壤土		重壤土		黏土	
样本数	占比（%）	样本数	占比（%）	样本数	占比（%）	样本数	占比（%）	样本数	占比（%）	样本数	占比（%）
0	0.00	1	100.00	0	0.00	0	0.00	0	0.00	0	0.00

土壤 pH

≤4.5		(4.5~5.5]		(5.5~6.5]		(6.5~7.5]		(7.5~8.5]		>8.5	
样本数	占比（%）	样本数	占比（%）	样本数	占比（%）	样本数	占比（%）	样本数	占比（%）	样本数	占比（%）
0	0.00	0	0.00	0	0.00	0	0.00	0	0.00	1	100.00

175

草甸土—典型草甸土—草甸黏土耕地土壤主要理化性状

项目名称	样本数（个）	平均值	标准差	变异系数（%）	范　围
有效土层厚度（cm）	2	100.0	0.00	0.00	100.0～100.0
耕层厚度（cm）	2	20.0	0.00	0.00	20.0～20.0
耕层容重（g/cm³）	2	1.35	0.01	0.53	1.34～1.35
有机质（g/kg）	2	10.2	3.85	37.79	7.5～12.9
全氮（g/kg）	2	0.645	0.26	40.56	0.460～0.830
有效磷（mg/kg）	1	11.6	—	—	—
速效钾（mg/kg）	2	154	129.37	83.88	63～246
缓效钾（mg/kg）	2	500	86.28	17.26	439～561
有效铜（mg/kg）	2	0.91	0.13	13.99	0.82～1.00
有效锌（mg/kg）	2	0.54	0.37	70.05	0.27～0.80
有效铁（mg/kg）	2	9.76	3.32	34.00	7.41～12.10
有效锰（mg/kg）	2	7.45	3.75	50.43	4.79～10.10
有效硼（mg/kg）	2	1.18	0.83	70.41	0.59～1.76
有效钼（mg/kg）	2	0.095	0.01	7.44	0.090～0.100
有效硫（mg/kg）	1	105.00	—	—	—
有效硅（mg/kg）	2	304.50	16.26	5.34	293.00～316.00

耕层质地

砂土		砂壤土		轻壤土		中壤土		重壤土		黏土	
样本数	占比（%）	样本数	占比（%）	样本数	占比（%）	样本数	占比（%）	样本数	占比（%）	样本数	占比（%）
2	100.00	0	0.00	0	0.00	0	0.00	0	0.00	0	0.00

土壤 pH

≤4.5		(4.5～5.5]		(5.5～6.5]		(6.5～7.5]		(7.5～8.5]		>8.5	
样本数	占比（%）	样本数	占比（%）	样本数	占比（%）	样本数	占比（%）	样本数	占比（%）	样本数	占比（%）
0	0.00	0	0.00	0	0.00	0	0.00	1	50.00	1	50.00

草甸土—石灰性草甸土—石灰性草甸砂土耕地土壤主要理化性状

项目名称	样本数（个）	平均值	标准差	变异系数（%）	范　　围
有效土层厚度（cm）	98	99.1	19.86	20.04	35.0~120.0
耕层厚度（cm）	97	28.4	2.16	7.60	20.0~30.0
耕层容重（g/cm³）	98	1.42	0.06	4.27	1.29~1.50
有机质（g/kg）	91	13.3	6.76	50.70	4.7~47.8
全氮（g/kg）	95	0.751	0.43	57.50	0.250~2.600
有效磷（mg/kg）	96	32.0	22.20	69.29	4.0~102.9
速效钾（mg/kg）	97	166	100.46	60.40	50~500
缓效钾（mg/kg）	93	1 046	330.63	31.62	199~1 685
有效铜（mg/kg）	96	1.62	0.73	45.03	0.33~4.46
有效锌（mg/kg）	96	0.84	0.41	49.24	0.20~2.76
有效铁（mg/kg）	97	19.13	10.40	54.40	3.00~40.50
有效锰（mg/kg）	97	7.05	5.43	77.12	1.90~39.80
有效硼（mg/kg）	94	1.55	0.56	36.02	0.37~4.50
有效钼（mg/kg）	93	0.256	0.16	62.67	0.020~0.736
有效硫（mg/kg）	96	49.84	36.25	72.74	11.23~159.37
有效硅（mg/kg）	93	118.16	72.76	61.58	26.70~346.00

耕层质地

砂　土		砂壤土		轻壤土		中壤土		重壤土		黏　土	
样本数	占比（%）	样本数	占比（%）	样本数	占比（%）	样本数	占比（%）	样本数	占比（%）	样本数	占比（%）
32	32.65	50	51.02	9	9.18	4	4.08	3	3.06	0	0.00

土壤pH

≤4.5		(4.5~5.5]		(5.5~6.5]		(6.5~7.5]		(7.5~8.5]		>8.5	
样本数	占比（%）	样本数	占比（%）	样本数	占比（%）	样本数	占比（%）	样本数	占比（%）	样本数	占比（%）
0	0.00	0	0.00	0	0.00	4	4.08	78	79.59	16	16.33

草甸土—石灰性草甸土—石灰性草甸壤土耕地土壤主要理化性状

项目名称	样本数（个）	平均值	标准差	变异系数（%）	范围
有效土层厚度（cm）	1 012	99.1	23.95	24.16	35.0~150.0
耕层厚度（cm）	1 007	28.0	3.10	11.08	20.0~30.0
耕层容重（g/cm³）	1 011	1.44	0.05	3.62	1.27~1.67
有机质（g/kg）	977	14.8	7.12	48.06	4.7~47.2
全氮（g/kg）	971	0.846	0.41	48.38	0.250~2.610
有效磷（mg/kg）	980	25.3	18.04	71.17	3.8~103.0
速效钾（mg/kg）	991	176	110.57	62.66	35~524
缓效钾（mg/kg）	983	960	310.36	32.31	195~1 683
有效铜（mg/kg）	971	1.66	0.86	51.63	0.32~5.41
有效锌（mg/kg）	971	0.91	0.54	59.12	0.18~3.80
有效铁（mg/kg）	979	14.37	8.22	57.18	2.25~40.50
有效锰（mg/kg）	991	8.18	6.07	74.19	2.00~39.80
有效硼（mg/kg）	970	1.78	0.86	48.54	0.40~5.42
有效钼（mg/kg）	993	0.214	0.13	62.77	0.012~0.740
有效硫（mg/kg）	978	46.30	36.27	78.35	7.76~165.05
有效硅（mg/kg）	964	146.91	85.65	58.30	26.00~443.57

耕层质地

	砂土		砂壤土		轻壤土		中壤土		重壤土		黏土	
	样本数	占比（%）	样本数	占比（%）	样本数	占比（%）	样本数	占比（%）	样本数	占比（%）	样本数	占比（%）
	30	2.96	295	29.12	164	16.19	382	37.71	125	12.34	17	1.68

土壤 pH

	≤4.5		(4.5~5.5]		(5.5~6.5]		(6.5~7.5]		(7.5~8.5]		>8.5	
	样本数	占比（%）	样本数	占比（%）	样本数	占比（%）	样本数	占比（%）	样本数	占比（%）	样本数	占比（%）
	0	0.00	0	0.00	0	0.00	18	1.78	872	86.08	123	12.14

草甸土—石灰性草甸土—石灰性草甸黏土耕地土壤主要理化性状

项目名称	样本数（个）	平均值	标准差	变异系数（%）	范 围
有效土层厚度（cm）	78	104.3	19.19	18.40	60.0~150.0
耕层厚度（cm）	78	27.3	3.09	11.31	20.0~30.0
耕层容重（g/cm³）	76	1.47	0.09	6.10	1.23~1.66
有机质（g/kg）	77	15.6	7.13	45.63	4.7~34.6
全氮（g/kg）	77	0.915	0.41	44.91	0.260~2.100
有效磷（mg/kg）	78	26.0	19.17	73.72	4.6~102.0
速效钾（mg/kg）	75	205	112.74	55.00	44~532
缓效钾（mg/kg）	76	1 012	275.01	27.18	184~1 657
有效铜（mg/kg）	76	1.77	0.90	50.65	0.40~5.20
有效锌（mg/kg）	73	0.96	0.69	71.82	0.30~3.68
有效铁（mg/kg）	78	13.01	7.53	57.91	2.99~40.50
有效锰（mg/kg）	76	7.34	4.33	58.94	2.00~24.18
有效硼（mg/kg）	76	1.77	0.92	51.71	0.50~4.91
有效钼（mg/kg）	75	0.239	0.13	54.84	0.012~0.680
有效硫（mg/kg）	75	53.53	43.13	80.58	11.80~163.60
有效硅（mg/kg）	75	140.54	92.98	66.16	28.50~425.00

耕层质地

	砂土		砂壤土		轻壤土		中壤土		重壤土		黏土	
	样本数	占比（%）	样本数	占比（%）	样本数	占比（%）	样本数	占比（%）	样本数	占比（%）	样本数	占比（%）
	0	0.00	0	0.00	0	0.00	0	0.00	41	52.56	37	47.44

土壤 pH

	≤4.5		(4.5~5.5]		(5.5~6.5]		(6.5~7.5]		(7.5~8.5]		>8.5	
	样本数	占比（%）	样本数	占比（%）	样本数	占比（%）	样本数	占比（%）	样本数	占比（%）	样本数	占比（%）
	0	0.00	0	0.00	0	0.00	0	0.00	69	88.46	9	11.54

草甸土—潜育草甸土—潜育草甸土耕地土壤主要理化性状

项目名称	样本数（个）	平均值	标准差	变异系数（%）	范　围
有效土层厚度（cm）	1	45.0	—	—	—
耕层厚度（cm）	8	28.8	3.54	12.30	20.0～30.0
耕层容重（g/cm³）	8	1.16	0.06	4.93	1.11～1.25
有机质（g/kg）	8	11.8	0.79	6.69	10.6～13.0
全氮（g/kg）	8	0.645	0.06	9.95	0.553～0.748
有效磷（mg/kg）	8	33.2	20.58	61.96	9.3～73.6
速效钾（mg/kg）	8	124	44.53	35.98	82～178
缓效钾（mg/kg）	8	682	118.99	17.46	577～928
有效铜（mg/kg）	8	1.24	0.21	16.73	1.06～1.67
有效锌（mg/kg）	8	0.36	0.07	19.83	0.23～0.46
有效铁（mg/kg）	8	13.14	3.76	28.58	10.21～21.82
有效锰（mg/kg）	8	7.64	1.98	25.90	4.88～11.23
有效硼（mg/kg）	8	1.34	0.39	28.86	0.84～2.01
有效钼（mg/kg）	8	0.084	0.02	26.59	0.060～0.115
有效硫（mg/kg）	8	55.41	39.84	71.89	17.59～125.25
有效硅（mg/kg）	8	172.15	52.82	30.69	120.79～293.56

耕层质地

砂土		砂壤土		轻壤土		中壤土		重壤土		黏土	
样本数	占比（%）	样本数	占比（%）	样本数	占比（%）	样本数	占比（%）	样本数	占比（%）	样本数	占比（%）
0	0.00	3	37.50	1	12.50	4	50.00	0	0.00	0	0.00

土壤 pH

≤4.5		(4.5～5.5]		(5.5～6.5]		(6.5～7.5]		(7.5～8.5]		>8.5	
样本数	占比（%）	样本数	占比（%）	样本数	占比（%）	样本数	占比（%）	样本数	占比（%）	样本数	占比（%）
0	0.00	0	0.00	0	0.00	0	0.00	0	0.00	8	100.00

草甸土—盐化草甸土—氯化物草甸土耕地土壤主要理化性状

项目名称	样本数（个）	平均值	标准差	变异系数（%）	范 围
有效土层厚度（cm）	22	110.6	30.18	27.29	40.0~139.4
耕层厚度（cm）	24	28.8	2.21	7.69	25.0~30.0
耕层容重（g/cm³）	24	1.39	0.10	7.12	1.11~1.50
有机质（g/kg）	23	16.9	10.03	59.44	7.0~44.9
全氮（g/kg）	24	0.890	0.52	58.90	0.300~2.550
有效磷（mg/kg）	22	34.6	20.23	58.43	7.2~91.2
速效钾（mg/kg）	23	258	135.27	52.52	57~468
缓效钾（mg/kg）	22	728	273.89	37.62	283~1 501
有效铜（mg/kg）	24	1.46	0.75	51.48	0.68~3.72
有效锌（mg/kg）	24	0.88	0.54	61.08	0.21~3.02
有效铁（mg/kg）	24	9.42	5.30	56.24	4.00~21.00
有效锰（mg/kg）	24	9.15	5.63	61.55	3.20~32.11
有效硼（mg/kg）	14	2.86	1.61	56.42	1.00~5.60
有效钼（mg/kg）	17	0.282	0.22	78.24	0.028~0.692
有效硫（mg/kg）	24	35.97	23.57	65.53	23.00~127.50
有效硅（mg/kg）	20	234.98	109.95	46.79	50.20~428.78

耕层质地

	砂土	砂壤土	轻壤土	中壤土	重壤土	黏土
样本数	3	6	1	6	8	0
占比（%）	12.50	25.00	4.17	25.00	33.33	0.00

土壤 pH

	≤4.5	(4.5~5.5]	(5.5~6.5]	(6.5~7.5]	(7.5~8.5]	>8.5
样本数	0	0	0	0	21	3
占比（%）	0.00	0.00	0.00	0.00	87.50	12.50

草甸土—盐化草甸土—硫酸盐草甸土耕地土壤主要理化性状

项目名称	样本数（个）	平均值	标准差	变异系数（%）	范　围
有效土层厚度（cm）	176	103.6	26.93	25.99	35.0～150.0
耕层厚度（cm）	176	28.2	2.88	10.21	20.0～30.0
耕层容重（g/cm³）	176	1.44	0.04	3.09	1.28～1.62
有机质（g/kg）	166	14.4	8.26	57.53	4.8～47.1
全氮（g/kg）	167	0.789	0.40	51.26	0.250～2.520
有效磷（mg/kg）	175	25.8	15.99	62.05	5.1～83.3
速效钾（mg/kg）	170	223	122.84	55.08	43～530
缓效钾（mg/kg）	170	939	318.86	33.97	199～1 655
有效铜（mg/kg）	174	1.82	0.79	43.55	0.30～5.16
有效锌（mg/kg）	170	1.04	0.66	63.71	0.29～3.80
有效铁（mg/kg）	172	15.71	8.51	54.16	3.35～40.50
有效锰（mg/kg）	173	6.70	3.78	56.39	1.90～31.50
有效硼（mg/kg）	170	2.30	0.99	42.86	0.40～5.40
有效钼（mg/kg）	162	0.254	0.15	58.96	0.020～0.705
有效硫（mg/kg）	172	36.79	28.73	78.09	15.00～163.40
有效硅（mg/kg）	172	154.62	91.26	59.02	26.70～433.60

耕层质地

砂土		砂壤土		轻壤土		中壤土		重壤土		黏土	
样本数	占比（%）	样本数	占比（%）	样本数	占比（%）	样本数	占比（%）	样本数	占比（%）	样本数	占比（%）
6	3.41	49	27.84	21	11.93	74	42.05	22	12.50	4	2.27

土壤 pH

≤4.5		(4.5～5.5]		(5.5～6.5]		(6.5～7.5]		(7.5～8.5]		>8.5	
样本数	占比（%）	样本数	占比（%）	样本数	占比（%）	样本数	占比（%）	样本数	占比（%）	样本数	占比（%）
0	0.00	0	0.00	0	0.00	1	0.57	159	90.34	16	9.09

草甸土—盐化草甸土—苏打草甸土耕地土壤主要理化性状

项目名称	样本数（个）	平均值	标准差	变异系数（%）	范　围
有效土层厚度（cm）	2	85.0	21.21	24.96	70.0~100.0
耕层厚度（cm）	2	22.5	3.54	15.71	20.0~25.0
耕层容重（g/cm³）	2	1.39	0.10	7.12	1.32~1.46
有机质（g/kg）	2	14.8	4.82	32.57	11.4~18.2
全氮（g/kg）	2	0.595	0.02	3.57	0.580~0.610
有效磷（mg/kg）	2	5.0	0.83	16.40	4.5~5.6
速效钾（mg/kg）	2	98	24.77	25.34	80~115
缓效钾（mg/kg）	2	473	30.97	6.55	451~495
有效铜（mg/kg）	1	0.49	—	—	—
有效锌（mg/kg）	2	0.26	0.04	13.86	0.23~0.28
有效铁（mg/kg）	2	6.88	0.93	13.57	6.22~7.54
有效锰（mg/kg）	2	6.21	0.16	2.51	6.10~6.32
有效硼（mg/kg）	2	0.70	0.07	10.10	0.65~0.75
有效钼（mg/kg）	2	0.065	0.01	10.88	0.060~0.070
有效硫（mg/kg）	1	68.60	—	—	—
有效硅（mg/kg）	2	184.00	48.08	26.13	150.00~218.00

耕层质地

	砂土		砂壤土		轻壤土		中壤土		重壤土		黏土	
	样本数	占比（%）	样本数	占比（%）	样本数	占比（%）	样本数	占比（%）	样本数	占比（%）	样本数	占比（%）
	1	50.00	1	50.00	0	0.00	0	0.00	1	50.00	0	0.00

土壤 pH

	≤4.5		(4.5~5.5]		(5.5~6.5]		(6.5~7.5]		(7.5~8.5]		>8.5	
	样本数	占比（%）	样本数	占比（%）	样本数	占比（%）	样本数	占比（%）	样本数	占比（%）	样本数	占比（%）
	0	0.00	0	0.00	0	0.00	0	0.00	1	50.00	1	50.00

潮土—典型潮土—潮砂土耕地土壤主要理化性状

项目名称	样本数（个）	平均值	标准差	变异系数（%）	范围
有效土层厚度（cm）	31	83.4	22.99	27.56	40.0~100.0
耕层厚度（cm）	31	27.4	4.45	16.22	20.0~30.0
耕层容重（g/cm³）	30	1.52	0.07	4.60	1.32~1.63
有机质（g/kg）	28	10.9	3.70	33.81	4.5~16.6
全氮（g/kg）	27	0.551	0.17	30.42	0.250~0.970
有效磷（mg/kg）	30	17.8	17.41	97.98	4.8~79.9
速效钾（mg/kg）	31	207	106.48	51.46	79~509
缓效钾（mg/kg）	30	753	325.10	43.17	227~1 348
有效铜（mg/kg）	29	1.80	1.03	57.19	0.37~4.34
有效锌（mg/kg）	29	0.52	0.19	37.16	0.18~1.07
有效铁（mg/kg）	30	20.03	9.43	47.10	4.88~39.70
有效锰（mg/kg）	31	8.39	2.89	34.39	3.89~16.80
有效硼（mg/kg）	28	2.18	1.44	65.99	0.40~5.43
有效钼（mg/kg）	31	0.089	0.04	39.94	0.030~0.171
有效硫（mg/kg）	31	42.63	26.71	62.65	12.55~131.00
有效硅（mg/kg）	31	144.60	36.59	25.31	61.08~248.00

耕层质地

	砂土	砂壤土	轻壤土	中壤土	重壤土	黏土
样本数	9	3	0	12	4	3
占比（%）	29.03	9.68	0.00	38.71	12.90	9.68

土壤pH

	≤4.5	(4.5~5.5]	(5.5~6.5]	(6.5~7.5]	(7.5~8.5]	>8.5
样本数	0	0	0	0	13	18
占比（%）	0.00	0.00	0.00	0.00	41.94	58.06

潮土—典型潮土—潮壤土耕地土壤主要理化性状

项目名称	样本数（个）	平均值	标准差	变异系数（%）	范　围
有效土层厚度（cm）	61	85.4	23.70	27.75	35.0~120.0
耕层厚度（cm）	61	27.0	4.12	15.23	20.0~30.0
耕层容重（g/cm³）	57	1.38	0.15	10.84	1.13~1.65
有机质（g/kg）	61	14.1	4.88	34.60	4.8~29.9
全氮（g/kg）	60	0.752	0.27	35.48	0.290~1.520
有效磷（mg/kg）	58	24.2	15.71	64.95	4.7~65.5
速效钾（mg/kg）	55	190	102.34	53.94	60~476
缓效钾（mg/kg）	59	815	284.48	34.90	254~1 410
有效铜（mg/kg）	60	1.60	0.70	43.35	0.42~3.90
有效锌（mg/kg）	60	0.79	0.52	66.71	0.29~2.64
有效铁（mg/kg）	58	15.78	7.46	47.29	3.07~34.10
有效锰（mg/kg）	61	8.93	3.40	38.07	2.75~20.90
有效硼（mg/kg）	58	2.66	1.29	48.48	0.39~5.45
有效钼（mg/kg）	60	0.113	0.09	79.14	0.012~0.405
有效硫（mg/kg）	59	42.97	29.96	69.73	9.11~157.03
有效硅（mg/kg）	61	174.30	54.04	31.01	44.63~355.37

耕层质地

	砂土	砂壤土	轻壤土	中壤土	重壤土	黏土
样本数	10	11	1	17	19	3
占比（%）	16.39	18.03	1.64	27.87	31.15	4.92

土壤pH

	≤4.5	(4.5~5.5]	(5.5~6.5]	(6.5~7.5]	(7.5~8.5]	>8.5
样本数	0	0	0	0	29	32
占比（%）	0.00	0.00	0.00	0.00	47.54	52.46

潮土—典型潮土—潮黏土耕地土壤主要理化性状

项目名称	样本数（个）	平均值	标准差	变异系数（%）	范围
有效土层厚度（cm）	69	97.7	9.42	9.64	60.0~100.0
耕层厚度（cm）	69	30.0	0.00	0.00	30.0~30.0
耕层容重（g/cm³）	62	1.49	0.09	6.24	1.19~1.67
有机质（g/kg）	69	13.0	2.94	22.59	7.1~20.3
全氮（g/kg）	68	0.610	0.17	27.56	0.340~1.170
有效磷（mg/kg）	68	21.6	14.51	67.17	5.2~78.9
速效钾（mg/kg）	68	210	105.60	50.30	58~512
缓效钾（mg/kg）	69	890	218.90	24.58	421~1 319
有效铜（mg/kg）	69	1.88	0.77	41.11	0.56~4.45
有效锌（mg/kg）	69	0.58	0.26	45.74	0.28~1.85
有效铁（mg/kg）	63	20.46	7.52	36.77	8.70~38.20
有效锰（mg/kg）	69	9.15	1.89	20.70	3.90~13.20
有效硼（mg/kg）	65	2.84	1.05	37.12	1.00~4.96
有效钼（mg/kg）	69	0.088	0.04	50.75	0.028~0.311
有效硫（mg/kg）	68	46.97	35.34	75.23	8.97~160.69
有效硅（mg/kg）	69	164.18	46.15	28.11	56.23~368.80

耕层质地

	砂土	砂壤土	轻壤土	中壤土	重壤土	黏土
样本数	13	3	0	22	23	8
占比（%）	18.84	4.35	0.00	31.88	33.33	11.59

土壤 pH

	≤4.5	(4.5~5.5]	(5.5~6.5]	(6.5~7.5]	(7.5~8.5]	>8.5
样本数	0	0	0	30	39	
占比（%）	0.00	0.00	0.00	43.48	56.52	

潮土—典型潮土—石灰性潮砂土耕地土壤主要理化性状

项目名称	样本数（个）	平均值	标准差	变异系数（%）	范围
有效土层厚度（cm）	21	87.7	23.09	26.34	50.0~120.0
耕层厚度（cm）	21	28.0	2.88	10.29	20.0~30.0
耕层容重（g/cm³）	21	1.43	0.07	4.58	1.31~1.50
有机质（g/kg）	21	14.9	6.45	43.14	5.9~31.7
全氮（g/kg）	21	0.980	0.39	39.59	0.430~1.840
有效磷（mg/kg）	21	27.3	20.06	73.41	4.2~81.2
速效钾（mg/kg）	19	226	119.33	52.89	67~492
缓效钾（mg/kg）	19	961	287.28	29.90	474~1 690
有效铜（mg/kg）	21	1.50	1.25	83.21	0.51~5.49
有效锌（mg/kg）	21	0.92	0.45	49.32	0.39~1.87
有效铁（mg/kg）	21	13.06	11.74	89.87	2.43~40.50
有效锰（mg/kg）	21	7.23	7.84	108.51	2.49~39.80
有效硼（mg/kg）	19	1.49	0.77	51.73	0.46~3.81
有效钼（mg/kg）	18	0.202	0.12	61.67	0.016~0.467
有效硫（mg/kg）	20	40.36	35.75	88.59	12.99~156.90
有效硅（mg/kg）	19	180.68	95.99	53.13	73.30~364.64

耕层质地

	砂土		砂壤土		轻壤土		中壤土		重壤土		黏土	
	样本数	占比（%）	样本数	占比（%）	样本数	占比（%）	样本数	占比（%）	样本数	占比（%）	样本数	占比（%）
	5	23.81	12	57.14	2	9.52	1	4.76	0	0.00	1	4.76

土壤 pH

	≤4.5		(4.5~5.5]		(5.5~6.5]		(6.5~7.5]		(7.5~8.5]		>8.5	
	样本数	占比（%）	样本数	占比（%）	样本数	占比（%）	样本数	占比（%）	样本数	占比（%）	样本数	占比（%）
	0	0.00	0	0.00	0	0.00	1	4.76	16	76.19	4	19.05

潮土—典型潮土—石灰性潮壤土耕地土壤主要理化性状

项目名称	样本数（个）	平均值	标准差	变异系数（%）	范 围
有效土层厚度（cm）	670	102.5	19.73	19.26	38.8～150.0
耕层厚度（cm）	673	28.5	2.75	9.64	20.0～30.0
耕层容重（g/cm³）	671	1.44	0.05	3.82	1.11～1.62
有机质（g/kg）	652	15.6	7.18	45.94	4.5～45.7
全氮（g/kg）	655	0.898	0.40	44.97	0.250～2.390
有效磷（mg/kg）	662	25.5	18.52	72.58	3.9～99.5
速效钾（mg/kg）	654	181	111.30	61.48	41～529
缓效钾（mg/kg）	656	894	294.81	32.98	204～1 646
有效铜（mg/kg）	659	1.75	0.85	48.72	0.30～5.50
有效锌（mg/kg）	650	0.94	0.54	58.12	0.19～3.62
有效铁（mg/kg）	660	13.53	7.53	55.69	2.20～40.50
有效锰（mg/kg）	667	7.61	4.56	59.91	1.95～39.80
有效硼（mg/kg）	662	1.84	0.88	47.71	0.40～5.60
有效钼（mg/kg）	645	0.211	0.12	54.71	0.012～0.700
有效硫（mg/kg）	654	47.06	37.68	80.08	7.70～163.50
有效硅（mg/kg）	638	155.12	86.96	56.06	25.60～438.56

耕层质地

砂土		砂壤土		轻壤土		中壤土		重壤土		黏土	
样本数	占比（%）	样本数	占比（%）	样本数	占比（%）	样本数	占比（%）	样本数	占比（%）	样本数	占比（%）
13	1.93	161	23.92	102	15.16	318	47.25	66	9.81	13	1.93

土壤pH

≤4.5		(4.5～5.5]		(5.5～6.5]		(6.5～7.5]		(7.5～8.5]		>8.5	
样本数	占比（%）	样本数	占比（%）	样本数	占比（%）	样本数	占比（%）	样本数	占比（%）	样本数	占比（%）
0	0.00	0	0.00	0	0.00	11	1.63	595	88.41	67	9.96

潮土—典型潮土—石灰性潮黏土耕地土壤主要理化性状

项目名称	样本数（个）	平均值	标准差	变异系数（%）	范围
有效土层厚度（cm）	55	101.6	19.58	19.26	50.0~150.0
耕层厚度（cm）	55	28.2	2.57	9.12	20.0~30.0
耕层容重（g/cm³）	49	1.50	0.08	5.56	1.33~1.66
有机质（g/kg）	55	15.3	7.55	49.18	6.2~46.2
全氮（g/kg）	55	0.829	0.43	51.44	0.330~2.200
有效磷（mg/kg）	54	24.7	17.27	69.95	4.3~83.1
速效钾（mg/kg）	54	231	112.89	48.82	60~478
缓效钾（mg/kg）	51	967	249.25	25.77	564~1 694
有效铜（mg/kg）	55	1.98	0.96	48.31	0.68~5.36
有效锌（mg/kg）	54	0.90	0.52	58.27	0.36~2.70
有效铁（mg/kg）	55	13.88	6.74	48.55	3.94~40.50
有效锰（mg/kg）	55	6.95	2.59	37.29	3.72~15.10
有效硼（mg/kg）	52	2.00	0.90	45.03	0.50~4.48
有效钼（mg/kg）	55	0.215	0.12	57.25	0.033~0.690
有效硫（mg/kg）	55	52.11	44.59	85.56	13.70~159.82
有效硅（mg/kg）	48	158.92	78.56	49.44	38.70~436.64

耕层质地

	砂土	砂壤土	轻壤土	中壤土	重壤土	黏土
样本数	0	0	0	5	12	38
占比（%）	0.00	0.00	0.00	9.09	21.82	69.09

土壤pH

	≤4.5	(4.5~5.5]	(5.5~6.5]	(6.5~7.5]	(7.5~8.5]	>8.5
样本数	0	0	0	3	40	12
占比（%）	0.00	0.00	0.00	5.45	72.73	21.82

潮土—灰潮土—石灰性灰潮砂土耕地土壤主要理化性状

项目名称	样本数（个）	平均值	标准差	变异系数（%）	范围
有效土层厚度 (cm)	10	67.3	12.37	18.39	48.3~80.0
耕层厚度 (cm)	10	25.8	3.77	14.59	20.0~30.0
耕层容重 (g/cm³)	10	1.45	0.04	2.99	1.40~1.50
有机质 (g/kg)	10	21.6	7.98	37.02	6.0~31.8
全氮 (g/kg)	10	1.136	0.41	36.13	0.350~1.740
有效磷 (mg/kg)	10	30.3	18.75	61.89	9.2~65.0
速效钾 (mg/kg)	10	210	149.50	71.12	60~470
缓效钾 (mg/kg)	10	721	311.56	43.22	345~1 215
有效铜 (mg/kg)	8	2.40	1.36	56.82	1.28~5.03
有效锌 (mg/kg)	10	1.49	0.79	52.85	0.69~3.30
有效铁 (mg/kg)	10	24.09	15.05	62.49	8.11~40.50
有效锰 (mg/kg)	10	17.04	11.25	66.03	5.25~39.80
有效硼 (mg/kg)	10	1.28	0.40	31.16	0.80~1.87
有效钼 (mg/kg)	10	0.266	0.11	41.95	0.170~0.504
有效硫 (mg/kg)	10	61.52	43.10	70.07	25.00~142.99
有效硅 (mg/kg)	10	127.27	36.44	28.63	88.18~204.00

耕层质地

	砂土		砂壤土		轻壤土		中壤土		重壤土		黏土	
	样本数	占比（%）	样本数	占比（%）	样本数	占比（%）	样本数	占比（%）	样本数	占比（%）	样本数	占比（%）
	4	40.00	6	60.00	0	0.00	0	0.00	0	0.00	0	0.00

土壤 pH

	≤4.5		(4.5~5.5]		(5.5~6.5]		(6.5~7.5]		(7.5~8.5]		>8.5	
	样本数	占比（%）	样本数	占比（%）	样本数	占比（%）	样本数	占比（%）	样本数	占比（%）	样本数	占比（%）
	0	0.00	0	0.00	0	0.00	0	0.00	10	100.00	0	0.00

潮土—灰潮土—石灰性灰潮壤土耕地土壤主要理化性状

项目名称	样本数（个）	平均值	标准差	变异系数（%）	范围
有效土层厚度（cm）	334	98.7	22.49	22.78	35.0~150.0
耕层厚度（cm）	331	27.6	3.20	11.59	20.0~30.0
耕层容重（g/cm³）	334	1.44	0.05	3.31	1.24~1.52
有机质（g/kg）	324	17.3	7.48	43.27	4.5~47.5
全氮（g/kg）	322	0.982	0.39	40.03	0.290~2.480
有效磷（mg/kg）	328	23.3	17.60	75.45	3.8~101.8
速效钾（mg/kg）	324	189	102.94	54.38	34~527
缓效钾（mg/kg）	325	917	297.10	32.40	248~1 668
有效铜（mg/kg）	320	1.94	0.94	48.54	0.30~5.36
有效锌（mg/kg）	326	0.95	0.52	54.54	0.20~3.65
有效铁（mg/kg）	330	15.67	9.08	57.95	2.38~40.50
有效锰（mg/kg）	329	10.27	6.99	68.04	1.90~39.80
有效硼（mg/kg）	323	1.73	0.86	49.83	0.37~5.00
有效钼（mg/kg）	319	0.229	0.14	60.31	0.013~0.750
有效硫（mg/kg）	324	53.45	39.38	73.68	7.50~164.90
有效硅（mg/kg）	325	152.85	80.83	52.89	26.10~442.30

耕层质地

	砂土	砂壤土	轻壤土	中壤土	重壤土	黏土
样本数	11	87	45	147	44	0
占比（%）	3.29	26.05	13.47	44.01	13.17	0.00

土壤 pH

	≤4.5	(4.5~5.5]	(5.5~6.5]	(6.5~7.5]	(7.5~8.5]	>8.5
样本数	0	0	0	4	292	38
占比（%）	0.00	0.00	0.00	1.20	87.43	11.38

潮土—灰潮土—石灰性灰潮黏土耕地土壤主要理化性状

项目名称	样本数（个）	平均值	标准差	变异系数（%）	范围
有效土层厚度（cm）	28	101.7	9.07	8.91	70.0~120.0
耕层厚度（cm）	28	26.4	2.30	8.70	25.0~30.0
耕层容重（g/cm³）	25	1.51	0.07	4.38	1.41~1.63
有机质（g/kg）	28	15.5	8.86	57.13	5.9~42.4
全氮（g/kg）	27	0.940	0.48	50.90	0.460~2.310
有效磷（mg/kg）	28	26.9	14.86	55.24	8.7~70.4
速效钾（mg/kg）	28	299	115.48	38.66	95~519
缓效钾（mg/kg）	28	1 090	181.52	16.66	697~1 480
有效铜（mg/kg）	27	1.42	0.51	36.04	0.70~2.60
有效锌（mg/kg）	26	0.58	0.20	34.04	0.23~1.05
有效铁（mg/kg）	27	12.63	6.10	48.31	2.80~26.20
有效锰（mg/kg）	27	5.68	1.75	30.73	2.40~12.16
有效硼（mg/kg）	27	2.17	0.92	42.57	0.69~4.58
有效钼（mg/kg）	28	0.267	0.11	40.82	0.021~0.490
有效硫（mg/kg）	28	32.85	21.88	66.61	19.00~134.40
有效硅（mg/kg）	27	170.32	87.16	51.17	26.20~372.01

耕层质地

	砂土		砂壤土		轻壤土		中壤土		重壤土		黏土	
	样本数	占比（%）	样本数	占比（%）	样本数	占比（%）	样本数	占比（%）	样本数	占比（%）	样本数	占比（%）
	0	0.00	0	0.00	0	0.00	0	0.00	0	0.00	28	100.00

土壤 pH

	≤4.5		(4.5~5.5]		(5.5~6.5]		(6.5~7.5]		(7.5~8.5]		>8.5	
	样本数	占比（%）	样本数	占比（%）	样本数	占比（%）	样本数	占比（%）	样本数	占比（%）	样本数	占比（%）
	0	0.00	0	0.00	0	0.00	0	0.00	20	71.43	8	28.57

潮土—灰潮土—灰潮壤土耕地土壤主要理化性状

项目名称	样本数（个）	平均值	标准差	变异系数（%）	范围
有效土层厚度（cm）	1	100.0	—	—	—
耕层厚度（cm）	1	30.0	—	—	—
耕层容重（g/cm³）	1	1.47	—	—	—
有机质（g/kg）	1	7.8	—	—	—
全氮（g/kg）	1	0.390	—	—	—
有效磷（mg/kg）	1	18.9	—	—	—
速效钾（mg/kg）	1	48	—	—	—
缓效钾（mg/kg）	1	596	—	—	—
有效铜（mg/kg）	0	—	—	—	—
有效锌（mg/kg）	1	0.75	—	—	—
有效铁（mg/kg）	1	40.50	—	—	—
有效锰（mg/kg）	1	9.73	—	—	—
有效硼（mg/kg）	1	1.68	—	—	—
有效钼（mg/kg）	1	0.348	—	—	—
有效硫（mg/kg）	1	39.00	—	—	—
有效硅（mg/kg）	1	102.41	—	—	—

耕层质地

	砂土	砂壤土	轻壤土	中壤土	重壤土	黏土
样本数	0	0	0	1	0	0
占比（%）	0.00	0.00	0.00	100.00	0.00	0.00

土壤 pH

	≤4.5	(4.5~5.5]	(5.5~6.5]	(6.5~7.5]	(7.5~8.5]	>8.5
样本数	0	0	0	1	0	0
占比（%）	0.00	0.00	0.00	100.00	0.00	0.00

潮土—脱潮土—脱潮砂土耕地土壤主要理化性状

项目名称	样本数（个）	平均值	标准差	变异系数（%）	范围
有效土层厚度（cm）	28	86.1	12.83	14.90	80.0~127.0
耕层厚度（cm）	28	28.0	2.83	10.11	20.0~30.0
耕层容重（g/cm³）	14	1.41	0.13	9.22	1.24~1.66
有机质（g/kg）	28	13.4	5.54	41.20	7.5~30.8
全氮（g/kg）	28	0.771	0.30	39.46	0.428~1.790
有效磷（mg/kg）	27	24.9	14.16	56.85	7.5~62.0
速效钾（mg/kg）	28	169	79.46	46.92	50~358
缓效钾（mg/kg）	28	677	140.06	20.69	408~932
有效铜（mg/kg）	27	1.04	0.37	35.15	0.44~2.00
有效锌（mg/kg）	25	1.16	0.76	65.85	0.27~3.00
有效铁（mg/kg）	26	12.82	2.89	22.55	7.65~20.02
有效锰（mg/kg）	26	8.35	2.78	33.28	4.30~16.40
有效硼（mg/kg）	28	1.03	0.35	34.54	0.46~1.50
有效钼（mg/kg）	28	0.099	0.06	59.89	0.012~0.282
有效硫（mg/kg）	27	60.47	43.97	72.72	13.50~158.00
有效硅（mg/kg）	27	248.75	80.12	32.21	56.50~401.46

耕层质地

	砂土		砂壤土		轻壤土		中壤土		重壤土		黏土	
	样本数	占比（%）	样本数	占比（%）	样本数	占比（%）	样本数	占比（%）	样本数	占比（%）	样本数	占比（%）
	0	0.00	12	42.86	4	14.29	8	28.57	4	14.29	0	0.00

土壤pH

	≤4.5		(4.5~5.5]		(5.5~6.5]		(6.5~7.5]		(7.5~8.5]		>8.5	
	样本数	占比（%）	样本数	占比（%）	样本数	占比（%）	样本数	占比（%）	样本数	占比（%）	样本数	占比（%）
	0	0.00	0	0.00	0	0.00	0	0.00	18	64.29	10	35.71

潮土—脱潮土—脱潮潮土耕地土壤主要理化性状

项目名称	样本数（个）	平均值	标准差	变异系数（%）	范　围
有效土层厚度（cm）	91	95.2	23.40	24.57	35.0～120.0
耕层厚度（cm）	89	27.9	3.35	11.98	20.0～30.0
耕层容重（g/cm³）	91	1.42	0.10	6.93	1.11～1.50
有机质（g/kg）	86	19.7	8.19	41.65	5.0～43.9
全氮（g/kg）	89	1.197	0.43	35.98	0.310～2.240
有效磷（mg/kg）	90	27.1	16.14	59.50.	3.8～98.6
速效钾（mg/kg）	85	292	119.23	40.78	76～526
缓效钾（mg/kg）	90	855	298.40	34.90	253～1 610
有效铜（mg/kg）	88	1.49	0.67	45.01	0.36～3.17
有效锌（mg/kg）	90	0.79	0.46	58.23	0.19～2.36
有效铁（mg/kg）	85	7.40	4.81	65.06	2.40～25.30
有效锰（mg/kg）	80	6.26	4.70	75.13	2.00～39.80
有效硼（mg/kg）	89	1.71	0.83	48.27	0.42～5.02
有效钼（mg/kg）	90	0.192	0.14	73.86	0.012～0.730
有效硫（mg/kg）	89	54.88	38.83	70.75	21.00～159.50
有效硅（mg/kg）	82	232.43	91.18	39.23	46.00～441.44

耕层质地

	砂土		砂壤土		轻壤土		中壤土		重壤土		黏土	
	样本数	占比（%）	样本数	占比（%）	样本数	占比（%）	样本数	占比（%）	样本数	占比（%）	样本数	占比（%）
	0	0.00	10	10.99	3	3.30	50	54.95	28	30.77	0	0.00

土壤 pH

	≤4.5		(4.5～5.5]		(5.5～6.5]		(6.5～7.5]		(7.5～8.5]		>8.5	
	样本数	占比（%）	样本数	占比（%）	样本数	占比（%）	样本数	占比（%）	样本数	占比（%）	样本数	占比（%）
	0	0.00	0	0.00	0	0.00	3	3.30	85	93.41	3	3.30

潮土—脱潮土—脱潮潮黏土耕地土壤主要理化性状

项目名称	样本数（个）	平均值	标准差	变异系数（%）	范　　围
有效土层厚度（cm）	8	100.0	13.09	13.09	70.0~110.0
耕层厚度（cm）	8	30.0	0.00	0.00	30.0~30.0
耕层容重（g/cm³）	6	1.52	0.11	7.49	1.35~1.66
有机质（g/kg）	8	23.4	11.78	50.34	4.7~35.1
全氮（g/kg）	8	1.400	0.40	28.22	0.830~1.890
有效磷（mg/kg）	8	34.3	18.63	54.34	5.1~53.2
速效钾（mg/kg）	5	297	114.61	38.61	177~450
缓效钾（mg/kg）	8	1086	313.50	28.86	404~1540
有效铜（mg/kg）	7	1.63	0.61	37.54	1.12~2.90
有效锌（mg/kg）	8	0.85	0.41	48.00	0.57~1.77
有效铁（mg/kg）	8	9.86	4.40	44.58	4.90~17.36
有效锰（mg/kg）	8	10.40	4.57	43.99	4.00~17.92
有效硼（mg/kg）	7	2.13	1.53	71.81	0.91~5.39
有效钼（mg/kg）	7	0.281	0.15	54.73	0.125~0.540
有效硫（mg/kg）	8	77.89	49.10	63.03	29.00~157.61
有效硅（mg/kg）	7	228.29	85.80	37.59	153.79~358.60

耕层质地

砂土		砂壤土		轻壤土		中壤土		重壤土		黏土	
样本数	占比（%）	样本数	占比（%）	样本数	占比（%）	样本数	占比（%）	样本数	占比（%）	样本数	占比（%）
0	0.00	0	0.00	0	0.00	0	0.00	0	0.00	8	100.00

土壤pH

≤4.5		(4.5~5.5]		(5.5~6.5]		(6.5~7.5]		(7.5~8.5]		>8.5	
样本数	占比（%）	样本数	占比（%）	样本数	占比（%）	样本数	占比（%）	样本数	占比（%）	样本数	占比（%）
0	0.00	0	0.00	0	0.00	0	0.00	8	100.00	0	0.00

潮土—湿潮土—湿潮壤土耕地土壤主要理化性状

项目名称	样本数（个）	平均值	标准差	变异系数（%）	范　围
有效土层厚度（cm）	33	102.9	12.66	12.30	40.0~120.0
耕层厚度（cm）	33	25.2	0.87	3.46	25.0~30.0
耕层容重（g/cm³）	33	1.44	0.08	5.48	1.13~1.61
有机质（g/kg）	33	17.8	6.86	38.50	7.8~40.9
全氮（g/kg）	33	0.948	0.36	37.79	0.350~1.950
有效磷（mg/kg）	33	25.3	17.75	70.07	5.2~84.3
速效钾（mg/kg）	33	237	108.56	45.86	60~464
缓效钾（mg/kg）	30	915	283.26	30.97	283~1 344
有效铜（mg/kg）	33	1.68	0.50	29.56	0.80~2.90
有效锌（mg/kg）	33	0.77	0.39	50.40	0.30~2.04
有效铁（mg/kg）	33	13.01	5.37	41.30	5.10~30.90
有效锰（mg/kg）	33	13.49	10.18	75.46	3.90~39.80
有效硼（mg/kg）	31	1.67	0.92	55.06	0.40~3.83
有效钼（mg/kg）	30	0.224	0.15	68.09	0.017~0.741
有效硫（mg/kg）	31	39.62	26.83	67.71	11.80~149.15
有效硅（mg/kg）	30	124.20	46.71	37.60	40.20~266.00

耕层质地

	砂土	砂壤土	轻壤土	中壤土	重壤土	黏土
样本数	0	6	5	10	5	7
占比（%）	0.00	18.18	15.15	30.30	15.15	21.21

土壤 pH

	≤4.5	(4.5~5.5]	(5.5~6.5]	(6.5~7.5]	(7.5~8.5]	>8.5
样本数	0	0	0	0	26	7
占比（%）	0.00	0.00	0.00	0.00	78.79	21.21

潮土—湿潮土—湿潮黏土耕地土壤主要理化性状

项目名称	样本数（个）	平均值	标准差	变异系数（%）	范围
有效土层厚度（cm）	1	60.0	—	—	—
耕层厚度（cm）	1	23.0	—	—	—
耕层容重（g/cm³）	1	1.15	—	—	—
有机质（g/kg）	1	16.5	—	—	—
全氮（g/kg）	1	0.890	—	—	—
有效磷（mg/kg）	1	12.7	—	—	—
速效钾（mg/kg）	1	128	—	—	—
缓效钾（mg/kg）	1	768	—	—	—
有效铜（mg/kg）	1	1.09	—	—	—
有效锌（mg/kg）	1	0.97	—	—	—
有效铁（mg/kg）	1	7.29	—	—	—
有效锰（mg/kg）	1	5.90	—	—	—
有效硼（mg/kg）	1	1.60	—	—	—
有效钼（mg/kg）	1	0.084	—	—	—
有效硫（mg/kg）	1	78.74	—	—	—
有效硅（mg/kg）	1	205.25	—	—	—

耕层质地

	砂土		砂壤土		轻壤土		中壤土		重壤土		黏土	
	样本数	占比（%）	样本数	占比（%）	样本数	占比（%）	样本数	占比（%）	样本数	占比（%）	样本数	占比（%）
	0	0.00	0	0.00	0	0.00	1	100.00	0	0.00	0	0.00

土壤 pH

	≤4.5		(4.5~5.5]		(5.5~6.5]		(6.5~7.5]		(7.5~8.5]		>8.5	
	样本数	占比（%）	样本数	占比（%）	样本数	占比（%）	样本数	占比（%）	样本数	占比（%）	样本数	占比（%）
	0	0.00	0	0.00	0	0.00	0	0.00	1	100.00	0	0.00

潮土—盐化潮土—氯化物潮土耕地土壤主要理化性状

项目名称	样本数（个）	平均值	标准差	变异系数（%）	范围
有效土层厚度（cm）	47	92.6	25.52	27.55	50.0~150.0
耕层厚度（cm）	50	26.1	2.73	10.45	20.0~30.0
耕层容重（g/cm³）	49	1.36	0.13	9.78	1.14~1.62
有机质（g/kg）	48	13.0	5.93	45.54	5.2~43.2
全氮（g/kg）	49	0.827	0.30	35.99	0.358~1.740
有效磷（mg/kg）	48	22.0	18.09	82.16	4.5~90.6
速效钾（mg/kg）	48	219	122.78	56.03	50~522
缓效钾（mg/kg）	49	817	301.79	36.93	321~1 583
有效铜（mg/kg）	49	1.69	0.71	42.25	0.57~3.40
有效锌（mg/kg）	49	0.74	0.46	61.63	0.18~2.10
有效铁（mg/kg）	49	15.76	5.90	37.44	3.90~26.67
有效锰（mg/kg）	50	10.04	4.74	47.21	3.78~21.10
有效硼（mg/kg）	41	2.22	1.43	64.33	0.45~5.10
有效钼（mg/kg）	49	0.153	0.12	80.68	0.012~0.500
有效硫（mg/kg）	45	53.65	36.69	68.38	10.37~147.05
有效硅（mg/kg）	39	151.71	64.88	42.77	28.34~293.42

耕层质地

	砂土	砂壤土	轻壤土	中壤土	重壤土	黏土
样本数	3	9	3	23	1	11
占比（%）	6.00	18.00	6.00	46.00	2.00	22.00

土壤 pH

	≤4.5	(4.5~5.5]	(5.5~6.5]	(6.5~7.5]	(7.5~8.5]	>8.5
样本数	0	0	0	0	27	23
占比（%）	0.00	0.00	0.00	0.00	54.00	46.00

潮土—盐化潮土—硫酸盐潮土耕地土壤主要理化性状

项目名称	样本数（个）	平均值	标准差	变异系数（%）	范围
有效土层厚度（cm）	424	99.1	20.60	20.79	40.0～150.0
耕层厚度（cm）	418	28.2	3.25	11.53	20.0～30.0
耕层容重（g/cm³）	416	1.43	0.10	6.75	1.13～1.66
有机质（g/kg）	416	13.3	5.30	39.81	4.5～45.8
全氮（g/kg）	414	0.753	0.29	38.84	0.250～2.050
有效磷（mg/kg）	417	23.1	15.64	67.63	3.8～98.4
速效钾（mg/kg）	414	211	109.10	51.82	36～534
缓效钾（mg/kg）	417	849	298.56	35.15	177～1 605
有效铜（mg/kg）	416	1.77	0.73	41.58	0.30～5.38
有效锌（mg/kg）	413	0.91	0.62	68.35	0.20～3.83
有效铁（mg/kg）	412	15.57	7.27	46.70	3.79～40.50
有效锰（mg/kg）	422	8.34	3.13	37.47	2.00～28.80
有效硼（mg/kg）	386	2.37	1.21	50.97	0.50～5.60
有效钼（mg/kg）	411	0.170	0.12	72.85	0.024～0.715
有效硫（mg/kg）	415	38.76	28.10	72.51	7.52～159.80
有效硅（mg/kg）	407	171.92	76.28	44.37	27.02～429.50

耕层质地

砂土		砂壤土		轻壤土		中壤土		重壤土		黏土	
样本数	占比（%）	样本数	占比（%）	样本数	占比（%）	样本数	占比（%）	样本数	占比（%）	样本数	占比（%）
27	6.37	52	12.26	82	19.34	183	43.16	49	11.56	31	7.31

土壤pH

≤4.5		(4.5～5.5]		(5.5～6.5]		(6.5～7.5]		(7.5～8.5]		>8.5	
样本数	占比（%）	样本数	占比（%）	样本数	占比（%）	样本数	占比（%）	样本数	占比（%）	样本数	占比（%）
0	0.00	0	0.00	0	0.00	4	0.94	313	73.82	107	25.24

潮土—盐化潮土—苏打潮土耕地土壤主要理化性状

项目名称	样本数（个）	平均值	标准差	变异系数（%）	范 围
有效土层厚度（cm）	33	91.6	26.37	28.77	37.0～129.0
耕层厚度（cm）	33	22.7	3.33	14.65	20.0～30.0
耕层容重（g/cm³）	33	1.40	0.08	5.64	1.24～1.51
有机质（g/kg）	29	10.5	4.23	40.29	4.6～17.3
全氮（g/kg）	28	0.758	0.39	51.98	0.310～1.840
有效磷（mg/kg）	27	13.4	8.65	64.67	4.4～36.7
速效钾（mg/kg）	33	157	68.32	43.42	43～306
缓效钾（mg/kg）	33	554	238.49	43.07	237～1 057
有效铜（mg/kg）	32	1.53	0.95	62.36	0.30～3.36
有效锌（mg/kg）	32	0.82	0.62	75.03	0.24～3.11
有效铁（mg/kg）	33	14.62	6.32	43.23	5.29～26.40
有效锰（mg/kg）	33	9.18	4.45	48.50	2.59～16.78
有效硼（mg/kg）	28	0.84	0.45	53.02	0.37～1.50
有效钼（mg/kg）	33	0.053	0.03	57.25	0.012～0.110
有效硫（mg/kg）	32	64.67	42.85	66.26	18.61～143.15
有效硅（mg/kg）	29	135.75	69.85	51.45	27.80～294.00

耕层质地

	砂土		砂壤土		轻壤土		中壤土		重壤土		黏土	
	样本数	占比（%）	样本数	占比（%）	样本数	占比（%）	样本数	占比（%）	样本数	占比（%）	样本数	占比（%）
	8	24.24	0	0.00	8	24.24	2	6.06	0	0.00	15	45.45

土壤 pH

	≤4.5		(4.5～5.5]		(5.5～6.5]		(6.5～7.5]		(7.5～8.5]		>8.5	
	样本数	占比（%）	样本数	占比（%）	样本数	占比（%）	样本数	占比（%）	样本数	占比（%）	样本数	占比（%）
	0	0.00	0	0.00	0	0.00	0	0.00	14	42.42	19	57.58

潮土—灌淤潮土—淡潮砂土耕地土壤主要理化性状

项目名称	样本数（个）	平均值	标准差	变异系数（%）	范　围
有效土层厚度 (cm)	39	91.8	23.01	25.07	35.0~150.0
耕层厚度 (cm)	38	26.9	3.52	13.08	20.0~30.0
耕层容重 (g/cm³)	39	1.46	0.07	4.66	1.30~1.65
有机质 (g/kg)	39	13.9	4.69	33.82	4.9~27.8
全氮 (g/kg)	38	0.785	0.27	34.72	0.250~1.430
有效磷 (mg/kg)	35	25.0	19.98	79.98	5.2~75.4
速效钾 (mg/kg)	37	168	72.11	42.90	50~297
缓效钾 (mg/kg)	38	865	302.77	35.02	295~1 628
有效铜 (mg/kg)	36	1.43	0.47	33.12	0.40~2.44
有效锌 (mg/kg)	35	0.85	0.50	58.52	0.25~2.48
有效铁 (mg/kg)	38	16.12	5.68	35.22	3.00~33.00
有效锰 (mg/kg)	39	8.97	2.66	29.71	2.20~13.09
有效硼 (mg/kg)	38	2.24	1.24	55.31	0.40~5.23
有效钼 (mg/kg)	39	0.123	0.08	65.21	0.030~0.341
有效硫 (mg/kg)	35	39.05	27.68	70.88	7.72~141.88
有效硅 (mg/kg)	39	146.84	63.43	43.19	56.00~388.75

耕层质地

	砂土		砂壤土		轻壤土		中壤土		重壤土		黏土	
	样本数	占比（%）	样本数	占比（%）	样本数	占比（%）	样本数	占比（%）	样本数	占比（%）	样本数	占比（%）
	1	2.56	10	25.64	10	25.64	9	23.08	6	15.38	3	7.69

土壤 pH

	≤4.5		(4.5~5.5]		(5.5~6.5]		(6.5~7.5]		(7.5~8.5]		>8.5	
	样本数	占比（%）	样本数	占比（%）	样本数	占比（%）	样本数	占比（%）	样本数	占比（%）	样本数	占比（%）
	0	0.00	0	0.00	0	0.00	1	2.56	15	38.46	23	58.97

潮土—灌淤潮土—淤潮壤土耕地土壤主要理化性状

项目名称	样本数（个）	平均值	标准差	变异系数（%）	范　围
有效土层厚度（cm）	299	100.3	17.74	17.69	35.0~150.0
耕层厚度（cm）	299	27.6	3.52	12.73	20.0~30.0
耕层容重（g/cm³）	295	1.45	0.08	5.65	1.13~1.65
有机质（g/kg）	293	15.2	4.98	32.82	4.8~34.3
全氮（g/kg）	292	0.871	0.29	32.88	0.250~1.900
有效磷（mg/kg）	290	21.5	15.48	72.00	3.8~92.3
速效钾（mg/kg）	288	199	110.31	55.44	43~517
缓效钾（mg/kg）	295	906	278.60	30.76	257~1 590
有效铜（mg/kg）	283	1.75	0.84	48.16	0.30~5.42
有效锌（mg/kg）	282	0.95	0.60	63.29	0.18~3.21
有效铁（mg/kg）	293	14.78	7.56	51.15	2.61~40.50
有效锰（mg/kg）	299	9.14	3.54	38.70	2.00~29.00
有效硼（mg/kg）	295	2.12	1.11	52.16	0.36~5.41
有效钼（mg/kg）	295	0.169	0.12	69.94	0.018~0.696
有效硫（mg/kg）	289	42.83	34.82	81.29	7.58~165.07
有效硅（mg/kg）	290	165.45	71.31	43.10	26.82~396.00

耕层质地

	砂土	砂壤土	轻壤土	中壤土	重壤土	黏土
样本数	11	40	56	128	36	28
占比（%）	3.68	13.38	18.73	42.81	12.04	9.36

土壤 pH

	≤4.5	(4.5~5.5]	(5.5~6.5]	(6.5~7.5]	(7.5~8.5]	>8.5
样本数	0	0	0	1	187	111
占比（%）	0.00	0.00	0.00	0.33	62.54	37.12

潮土—灌淤潮土—淤潮黏土耕地土壤主要理化性状

项目名称	样本数（个）	平均值	标准差	变异系数（%）	范　围
有效土层厚度（cm）	67	102.8	14.44	14.04	40.0～120.0
耕层厚度（cm）	67	28.5	2.95	10.32	20.0～30.0
耕层容重（g/cm³）	64	1.45	0.07	4.80	1.21～1.67
有机质（g/kg）	65	15.5	4.93	31.74	6.5～28.9
全氮（g/kg）	66	0.964	0.31	32.54	0.410～1.730
有效磷（mg/kg）	65	17.7	12.96	73.07	4.4～64.8
速效钾（mg/kg）	58	286	134.95	47.13	69～535
缓效钾（mg/kg）	67	884	248.82	28.14	249～1 590
有效铜（mg/kg）	65	2.04	1.14	55.68	0.32～4.90
有效锌（mg/kg）	64	0.85	0.42	49.99	0.17～2.44
有效铁（mg/kg）	65	10.66	7.52	70.57	2.50～35.69
有效锰（mg/kg）	65	7.49	3.29	43.97	2.10～15.95
有效硼（mg/kg）	66	1.94	0.87	44.89	0.44～5.59
有效钼（mg/kg）	67	0.175	0.11	65.73	0.012～0.520
有效硫（mg/kg）	64	53.56	44.16	82.46	9.18～155.68
有效硅（mg/kg）	63	224.47	73.16	32.59	64.91～388.00

耕层质地

	砂土		砂壤土		轻壤土		中壤土		重壤土		黏土	
	样本数	占比（%）	样本数	占比（%）	样本数	占比（%）	样本数	占比（%）	样本数	占比（%）	样本数	占比（%）
	1	1.49	4	5.97	6	8.96	5	7.46	37	55.22	14	20.90

土壤 pH

	≤4.5		(4.5～5.5]		(5.5～6.5]		(6.5～7.5]		(7.5～8.5]		>8.5	
	样本数	占比（%）	样本数	占比（%）	样本数	占比（%）	样本数	占比（%）	样本数	占比（%）	样本数	占比（%）
	0	0.00	0	0.00	0	0.00	0	0.00	54	80.60	13	19.40

潮土—灌淤潮土—表锈淤潮砂土耕地土壤主要理化性状

项目名称	样本数（个）	平均值	标准差	变异系数（%）	范 围
有效土层厚度（cm）	50	79.5	23.76	29.88	40.0~150.0
耕层厚度（cm）	48	25.6	3.81	14.86	20.0~30.0
耕层容重（g/cm³）	52	1.25	0.15	12.20	1.11~1.45
有机质（g/kg）	51	14.1	4.42	31.41	5.8~26.6
全氮（g/kg）	51	0.838	0.28	32.97	0.313~1.487
有效磷（mg/kg）	43	37.4	22.37	59.87	4.1~87.5
速效钾（mg/kg）	50	159	82.06	51.63	40~342
缓效钾（mg/kg）	47	894	443.05	49.57	240~1 656
有效铜（mg/kg）	52	1.39	0.79	57.24	0.31~5.49
有效锌（mg/kg）	50	0.62	0.40	64.10	0.26~2.06
有效铁（mg/kg）	52	13.81	4.95	35.88	5.50~24.94
有效锰（mg/kg）	51	7.90	2.74	34.67	3.60~17.28
有效硼（mg/kg）	52	1.65	0.98	59.42	0.49~4.90
有效钼（mg/kg）	52	0.108	0.03	30.29	0.065~0.211
有效硫（mg/kg）	50	53.35	37.53	70.35	8.32~146.91
有效硅（mg/kg）	51	196.43	54.59	27.79	122.70~370.70

耕层质地

	砂土	砂壤土	轻壤土	中壤土	重壤土	黏土
样本数	0	4	7	29	12	0
占比（%）	0.00	7.69	13.46	55.77	23.08	0.00

土壤 pH

	≤4.5	(4.5~5.5]	(5.5~6.5]	(6.5~7.5]	(7.5~8.5]	>8.5
样本数	0	0	0	0	42	10
占比（%）	0.00	0.00	0.00	0.00	80.77	19.23

林灌草甸土—典型林灌草甸土—林甸土耕地土壤主要理化性状

项目名称	样本数（个）	平均值	标准差	变异系数（%）	范 围
有效土层厚度（cm）	11	82.6	26.71	32.32	50.0~120.0
耕层厚度（cm）	12	28.6	2.23	7.82	25.0~30.0
耕层容重（g/cm³）	12	1.37	0.12	8.41	1.15~1.50
有机质（g/kg）	12	13.0	4.88	37.60	6.2~19.2
全氮（g/kg）	12	0.789	0.39	48.95	0.300~1.440
有效磷（mg/kg）	12	22.2	15.60	70.30	5.2~54.8
速效钾（mg/kg）	12	158	61.10	38.62	54~254
缓效钾（mg/kg）	12	824	279.49	33.90	348~1 306
有效铜（mg/kg）	12	1.03	0.29	27.89	0.60~1.49
有效锌（mg/kg）	12	0.88	0.54	61.29	0.48~2.12
有效铁（mg/kg）	12	11.58	4.70	40.59	6.68~20.11
有效锰（mg/kg）	12	6.78	2.13	31.43	4.13~10.93
有效硼（mg/kg）	12	1.71	1.14	66.62	0.73~5.05
有效钼（mg/kg）	12	0.174	0.09	51.43	0.052~0.336
有效硫（mg/kg）	12	35.60	24.54	68.94	9.30~106.50
有效硅（mg/kg）	12	151.35	66.11	43.68	37.30~231.00

耕层质地

	砂土		砂壤土		轻壤土		中壤土		重壤土		黏土	
	样本数	占比（%）	样本数	占比（%）	样本数	占比（%）	样本数	占比（%）	样本数	占比（%）	样本数	占比（%）
	0	0.00	7	58.33	0	0.00	3	25.00	2	16.67	0	0.00

土壤pH

	≤4.5		(4.5~5.5]		(5.5~6.5]		(6.5~7.5]		(7.5~8.5]		>8.5	
	样本数	占比（%）	样本数	占比（%）	样本数	占比（%）	样本数	占比（%）	样本数	占比（%）	样本数	占比（%）
	0	0.00	0	0.00	0	0.00	0	0.00	8	66.67	4	33.33

林灌草甸土—典型林灌草甸土—耕灌林灌草甸土耕地土壤主要理化性状

项目名称	样本数（个）	平均值	标准差	变异系数（%）	范 围
有效土层厚度（cm）	92	97.5	22.65	23.24	40.0~150.0
耕层厚度（cm）	92	28.5	2.57	8.99	20.0~30.0
耕层容重（g/cm³）	90	1.43	0.06	4.04	1.31~1.56
有机质（g/kg）	79	12.8	6.62	51.70	4.8~44.0
全氮（g/kg）	77	0.689	0.37	53.00	0.250~1.850
有效磷（mg/kg）	92	22.7	13.30	58.62	4.8~77.0
速效钾（mg/kg）	93	127	59.95	47.35	46~459
缓效钾（mg/kg）	92	1 022	279.27	27.31	256~1 691
有效铜（mg/kg）	91	1.76	0.88	49.82	0.50~4.88
有效锌（mg/kg）	92	0.79	0.30	38.16	0.23~1.80
有效铁（mg/kg）	92	17.50	9.08	51.90	3.40~40.50
有效锰（mg/kg）	91	8.41	8.00	95.21	2.50~39.80
有效硼（mg/kg）	93	1.74	0.91	52.46	0.41~5.17
有效钼（mg/kg）	92	0.200	0.14	68.59	0.020~0.492
有效硫（mg/kg）	89	41.97	31.21	74.37	7.50~164.42
有效硅（mg/kg）	90	112.01	55.61	49.65	26.10~289.43

耕层质地

	砂土	砂壤土	轻壤土	中壤土	重壤土	黏土
样本数	21	36	6	26	3	1
占比（%）	22.58	38.71	6.45	27.96	3.23	1.08

土壤 pH

	≤4.5	(4.5~5.5]	(5.5~6.5]	(6.5~7.5]	(7.5~8.5]	>8.5
样本数	0	0	0	3	72	18
占比（%）	0.00	0.00	0.00	3.23	77.42	19.35

林灌草甸土—盐化林灌草甸土—硫酸盐盐化林灌草甸土耕地土壤主要理化性状

项目名称	样本数（个）	平均值	标准差	变异系数（%）	范 围
有效土层厚度（cm）	26	91.5	16.99	18.56	70.0~120.0
耕层厚度（cm）	26	27.5	3.25	11.81	20.0~30.0
耕层容重（g/cm³）	23	1.44	0.05	3.72	1.34~1.54
有机质（g/kg）	25	10.5	3.26	31.14	5.8~20.4
全氮（g/kg）	25	0.552	0.19	34.48	0.310~1.080
有效磷（mg/kg）	25	26.1	15.34	58.70	4.5~63.6
速效钾（mg/kg）	26	190	112.93	59.33	52~508
缓效钾（mg/kg）	26	926	384.27	41.49	332~1 460
有效铜（mg/kg）	26	2.23	1.31	58.56	0.60~5.06
有效锌（mg/kg）	25	0.88	0.56	63.74	0.30~2.58
有效铁（mg/kg）	26	16.14	7.69	47.63	6.10~33.30
有效锰（mg/kg）	26	5.82	2.54	43.66	2.60~13.99
有效硼（mg/kg）	26	2.14	0.94	43.78	0.94~4.87
有效钼（mg/kg）	25	0.193	0.17	86.82	0.016~0.720
有效硫（mg/kg）	20	25.35	4.59	18.10	13.30~39.60
有效硅（mg/kg）	26	103.50	46.62	45.05	27.00~225.67

耕层质地

	砂土		砂壤土		轻壤土		中壤土		重壤土		黏土	
	样本数	占比（%）	样本数	占比（%）	样本数	占比（%）	样本数	占比（%）	样本数	占比（%）	样本数	占比（%）
	5	19.23	3	11.54	2	7.69	15	57.69	1	3.85	0	0.00

土壤 pH

	≤4.5		(4.5~5.5]		(5.5~6.5]		(6.5~7.5]		(7.5~8.5]		>8.5	
	样本数	占比（%）	样本数	占比（%）	样本数	占比（%）	样本数	占比（%）	样本数	占比（%）	样本数	占比（%）
	0	0.00	0	0.00	0	0.00	1	3.85	22	84.62	3	11.54

林灌草甸土—盐化林灌草甸土—苏打盐化林灌草甸土耕地土壤主要理化性状

项目名称	样本数（个）	平均值	标准差	变异系数（%）	范　围
有效土层厚度（cm）	2	73.5	2.12	2.89	72.0~75.0
耕层厚度（cm）	2	30.0	0.00	0.00	30.0~30.0
耕层容重（g/cm³）	2	1.46	0.02	1.06	1.45~1.47
有机质（g/kg）	2	5.9	1.87	31.64	4.6~7.2
全氮（g/kg）	2	0.365	0.12	32.93	0.280~0.450
有效磷（mg/kg）	2	20.4	12.80	62.89	11.3~29.4
速效钾（mg/kg）	2	108	50.20	46.70	72~143
缓效钾（mg/kg）	2	854	44.09	5.16	823~885
有效铜（mg/kg）	2	1.60	0.28	17.73	1.40~1.80
有效锌（mg/kg）	2	0.81	0.44	54.42	0.50~1.13
有效铁（mg/kg）	2	11.92	2.66	22.34	10.03~13.80
有效锰（mg/kg）	2	6.03	0.76	12.53	5.50~6.57
有效硼（mg/kg）	1	2.93	—	—	—
有效钼（mg/kg）	2	0.186	0.20	109.52	0.042~0.330
有效硫（mg/kg）	2	27.50	2.12	7.71	26.00~29.00
有效硅（mg/kg）	2	156.65	61.45	39.23	113.19~200.10

耕层质地

	砂土		砂壤土		轻壤土		中壤土		重壤土		黏土	
	样本数	占比（%）	样本数	占比（%）	样本数	占比（%）	样本数	占比（%）	样本数	占比（%）	样本数	占比（%）
	0	0.00	0	0.00	0	0.00	2	100.00	0	0.00	0	0.00

土壤pH

	≤4.5		(4.5~5.5]		(5.5~6.5]		(6.5~7.5]		(7.5~8.5]		>8.5	
	样本数	占比（%）	样本数	占比（%）	样本数	占比（%）	样本数	占比（%）	样本数	占比（%）	样本数	占比（%）
	0	0.00	0	0.00	0	0.00	0	0.00	2	100.00	0	0.00

209

沼泽土—典型沼泽土—典型沼泽土耕地土壤主要理化性状

项目名称	样本数（个）	平均值	标准差	变异系数（%）	范围
有效土层厚度（cm）	51	106.5	11.91	11.18	80.0～130.0
耕层厚度（cm）	51	26.8	3.04	11.36	20.0～30.0
耕层容重（g/cm³）	51	1.44	0.05	3.17	1.28～1.54
有机质（g/kg）	50	20.1	8.19	40.70	6.0～38.4
全氮（g/kg）	51	1.072	0.43	40.19	0.270～2.180
有效磷（mg/kg）	50	26.9	22.43	83.52	4.0～96.7
速效钾（mg/kg）	50	171	101.60	59.47	67～522
缓效钾（mg/kg）	51	888	321.57	36.21	297～1 644
有效铜（mg/kg）	42	2.24	1.05	47.11	1.00～5.20
有效锌（mg/kg）	50	0.98	0.58	59.18	0.20～3.13
有效铁（mg/kg）	50	21.06	11.66	55.34	3.40～40.50
有效锰（mg/kg）	51	11.44	8.05	70.31	3.21～39.80
有效硼（mg/kg）	51	2.05	1.07	52.42	0.60～4.70
有效钼（mg/kg）	49	0.199	0.10	48.73	0.020～0.442
有效硫（mg/kg）	48	55.94	40.39	72.21	21.00～158.30
有效硅（mg/kg）	47	130.02	78.97	60.74	32.60～382.21

耕层质地

砂土		砂壤土		轻壤土		中壤土		重壤土		黏土	
样本数	占比（%）	样本数	占比（%）	样本数	占比（%）	样本数	占比（%）	样本数	占比（%）	样本数	占比（%）
0	0.00	2	3.92	11	21.57	25	49.02	13	25.49	0	0.00

土壤 pH

≤4.5		(4.5～5.5]		(5.5～6.5]		(6.5～7.5]		(7.5～8.5]		>8.5	
样本数	占比（%）	样本数	占比（%）	样本数	占比（%）	样本数	占比（%）	样本数	占比（%）	样本数	占比（%）
0	0.00	0	0.00	0	0.00	0	0.00	47	92.16	4	7.84

沼泽土—泥炭沼泽土—泥炭沼泽土耕地土壤主要理化性状

项目名称	样本数（个）	平均值	标准差	变异系数（%）	范　围
有效土层厚度（cm）	7	60.3	26.09	43.27	40.0~100.0
耕层厚度（cm）	7	24.3	1.89	7.78	20.0~25.0
耕层容重（g/cm³）	7	1.46	0.05	3.36	1.40~1.50
有机质（g/kg）	7	21.2	10.57	49.99	11.8~40.6
全氮（g/kg）	7	1.136	0.46	40.37	0.740~1.930
有效磷（mg/kg）	7	13.2	7.00	52.96	7.5~27.2
速效钾（mg/kg）	7	126	76.03	60.13	49~262
缓效钾（mg/kg）	7	535	177.74	33.20	295~818
有效铜（mg/kg）	3	2.86	0.38	13.10	2.43~3.10
有效锌（mg/kg）	7	0.85	0.28	32.42	0.58~1.40
有效铁（mg/kg）	7	29.05	6.96	23.95	21.75~40.50
有效锰（mg/kg）	7	20.11	2.32	11.52	16.44~23.54
有效硼（mg/kg）	6	1.36	0.30	22.09	1.03~1.90
有效钼（mg/kg）	5	0.313	0.14	44.52	0.070~0.407
有效硫（mg/kg）	7	98.86	43.80	44.30	41.90~162.45
有效硅（mg/kg）	7	93.56	22.57	24.12	43.85~110.80

耕层质地

	砂土		砂壤土		轻壤土		中壤土		重壤土		黏土	
	样本数	占比（%）	样本数	占比（%）	样本数	占比（%）	样本数	占比（%）	样本数	占比（%）	样本数	占比（%）
	0	0.00	0	0.00	4	57.14	2	28.57	0	0.00	1	14.29

土壤pH

	≤4.5		(4.5~5.5]		(5.5~6.5]		(6.5~7.5]		(7.5~8.5]		>8.5	
	样本数	占比（%）	样本数	占比（%）	样本数	占比（%）	样本数	占比（%）	样本数	占比（%）	样本数	占比（%）
	0	0.00	0	0.00	0	0.00	0	0.00	7	100.00	0	0.00

沼泽土—草甸沼泽土—草甸沼泽土耕地土壤主要理化性状

项目名称	样本数（个）	平均值	标准差	变异系数（%）	范　围
有效土层厚度（cm）	60	101.2	25.69	25.38	35.0~150.0
耕层厚度（cm）	60	28.6	2.82	9.87	20.0~30.0
耕层容重（g/cm³）	60	1.46	0.06	3.83	1.27~1.63
有机质（g/kg）	56	13.6	7.88	57.89	4.7~39.8
全氮（g/kg）	55	0.735	0.35	47.44	0.320~2.030
有效磷（mg/kg）	59	26.2	17.44	66.67	5.8~93.7
速效钾（mg/kg）	58	174	114.44	65.78	40~503
缓效钾（mg/kg）	59	810	312.38	38.57	271~1 539
有效铜（mg/kg）	60	1.75	0.84	47.76	0.38~4.54
有效锌（mg/kg）	60	0.85	0.41	48.65	0.30~2.40
有效铁（mg/kg）	60	18.20	9.82	53.95	5.52~40.50
有效锰（mg/kg）	57	9.78	9.38	95.93	2.43~39.80
有效硼（mg/kg）	60	1.77	1.05	59.30	0.39~5.25
有效钼（mg/kg）	56	0.248	0.17	67.14	0.030~0.710
有效硫（mg/kg）	55	46.01	35.94	78.11	17.73~157.00
有效硅（mg/kg）	59	152.84	90.11	58.96	32.90~438.00

耕层质地

	砂土		砂壤土		轻壤土		中壤土		重壤土		黏土	
	样本数	占比（%）	样本数	占比（%）	样本数	占比（%）	样本数	占比（%）	样本数	占比（%）	样本数	占比（%）
	1	1.67	14	23.33	7	11.67	21	35.00	13	21.67	4	6.67

土壤 pH

	≤4.5		(4.5~5.5]		(5.5~6.5]		(6.5~7.5]		(7.5~8.5]		>8.5	
	样本数	占比（%）	样本数	占比（%）	样本数	占比（%）	样本数	占比（%）	样本数	占比（%）	样本数	占比（%）
	0	0.00	0	0.00	0	0.00	1	1.67	46	76.67	13	21.67

沼泽土—盐化沼泽土—盐化沼泽土耕地土壤主要理化性状

项目名称	样本数（个）	平均值	标准差	变异系数（%）	范围
有效土层厚度 (cm)	26	107.9	17.60	16.30	60.0~137.7
耕层厚度 (cm)	26	27.4	3.15	11.49	20.0~30.0
耕层容重 (g/cm³)	26	1.44	0.05	3.53	1.30~1.50
有机质 (g/kg)	24	17.3	8.72	50.24	5.5~44.6
全氮 (g/kg)	25	0.897	0.33	37.01	0.350~1.600
有效磷 (mg/kg)	26	28.6	18.08	63.17	5.1~101.6
速效钾 (mg/kg)	22	193	80.83	41.95	67~353
缓效钾 (mg/kg)	25	869	303.90	34.96	248~1 418
有效铜 (mg/kg)	24	1.90	0.79	41.44	0.67~3.80
有效锌 (mg/kg)	25	0.89	0.29	33.15	0.42~1.66
有效铁 (mg/kg)	26	18.29	11.97	65.45	2.75~40.50
有效锰 (mg/kg)	26	9.56	6.58	68.82	2.33~26.86
有效硼 (mg/kg)	23	2.34	1.28	54.73	0.67~4.66
有效钼 (mg/kg)	23	0.313	0.14	45.37	0.128~0.710
有效硫 (mg/kg)	26	36.00	34.41	95.60	9.58~161.30
有效硅 (mg/kg)	25	160.87	104.80	65.15	62.80~394.81

耕层质地

	砂土	砂壤土	轻壤土	中壤土	重壤土	黏土
样本数	0	4	7	12	3	0
占比（%）	0.00	15.38	26.92	46.15	11.54	0.00

土壤 pH

	≤4.5	(4.5~5.5]	(5.5~6.5]	(6.5~7.5]	(7.5~8.5]	>8.5
样本数	0	0	0	0	26	0
占比（%）	0.00	0.00	0.00	0.00	100.00	0.00

草甸盐土—典型草甸盐土—氯化物草甸盐土耕地土壤主要理化性状

项目名称	样本数（个）	平均值	标准差	变异系数（%）	范　围
有效土层厚度（cm）	252	94.1	18.77	19.94	40.0~150.0
耕层厚度（cm）	267	27.0	3.83	14.22	20.0~30.0
耕层容重（g/cm³）	259	1.40	0.13	9.11	1.11~1.66
有机质（g/kg）	266	13.4	4.32	32.26	4.8~31.0
全氮（g/kg）	263	0.774	0.29	36.91	0.250~1.930
有效磷（mg/kg）	266	24.4	20.42	83.73	3.8~102.2
速效钾（mg/kg）	262	204	104.41	51.17	34~514
缓效钾（mg/kg）	259	870	269.35	30.96	203~1 457
有效铜（mg/kg）	254	1.51	0.78	51.79	0.30~4.84
有效锌（mg/kg）	255	0.79	0.51	64.88	0.20~3.46
有效铁（mg/kg）	257	17.42	8.40	48.21	3.58~40.50
有效锰（mg/kg）	266	9.32	3.00	32.22	3.10~16.62
有效硼（mg/kg）	255	2.24	1.18	52.61	0.40~5.60
有效钼（mg/kg）	258	0.178	0.14	78.62	0.025~0.716
有效硫（mg/kg）	260	42.53	30.44	71.58	7.50~157.05
有效硅（mg/kg）	263	154.47	62.60	40.52	27.54~365.80

耕层质地

	砂土		砂壤土		轻壤土		中壤土		重壤土		黏土	
	样本数	占比（%）	样本数	占比（%）	样本数	占比（%）	样本数	占比（%）	样本数	占比（%）	样本数	占比（%）
	36	13.48	59	22.10	58	21.72	75	28.09	16	5.99	23	8.61

土壤 pH

	≤4.5		(4.5~5.5]		(5.5~6.5]		(6.5~7.5]		(7.5~8.5]		>8.5	
	样本数	占比（%）	样本数	占比（%）	样本数	占比（%）	样本数	占比（%）	样本数	占比（%）	样本数	占比（%）
	0	0.00	0	0.00	0	0.00	5	1.87	135	50.56	127	47.57

草甸盐土—典型草甸盐土—硫酸盐草甸盐土耕地土壤主要理化性状

项目名称	样本数（个）	平均值	标准差	变异系数（%）	范围
有效土层厚度（cm）	173	97.7	16.30	16.69	35.0～150.0
耕层厚度（cm）	173	27.9	3.47	12.42	20.0～30.0
耕层容重（g/cm³）	162	1.45	0.09	6.27	1.13～1.66
有机质（g/kg）	172	12.2	3.85	31.50	4.9～25.6
全氮（g/kg）	173	0.696	0.26	37.50	0.250～1.490
有效磷（mg/kg）	170	20.8	17.07	81.97	3.8～87.3
速效钾（mg/kg）	171	209	107.76	51.62	50～531
缓效钾（mg/kg）	173	903	302.78	33.55	225～1 664
有效铜（mg/kg）	157	1.79	0.97	54.16	0.31～5.44
有效锌（mg/kg）	170	0.88	0.57	65.60	0.18～3.80
有效铁（mg/kg）	166	16.49	9.22	55.95	3.89～40.50
有效锰（mg/kg）	172	8.28	2.74	33.01	3.10～18.12
有效硼（mg/kg）	170	1.95	0.97	49.60	0.40～4.98
有效钼（mg/kg）	169	0.209	0.15	70.76	0.020～0.750
有效硫（mg/kg）	171	38.65	27.85	72.06	7.90～148.00
有效硅（mg/kg）	170	137.07	60.27	43.97	28.80～365.70

耕层质地

	砂土		砂壤土		轻壤土		中壤土		重壤土		黏土	
	样本数	占比（%）	样本数	占比（%）	样本数	占比（%）	样本数	占比（%）	样本数	占比（%）	样本数	占比（%）
	29	16.67	31	17.82	42	24.14	36	20.69	21	12.07	15	8.62

土壤pH

	≤4.5		(4.5～5.5]		(5.5～6.5]		(6.5～7.5]		(7.5～8.5]		>8.5	
	样本数	占比（%）	样本数	占比（%）	样本数	占比（%）	样本数	占比（%）	样本数	占比（%）	样本数	占比（%）
	0	0.00	0	0.00	0	0.00	4	2.30	103	59.20	67	38.51

草甸盐土—典型草甸盐土—苏打草甸盐土耕地土壤主要理化性状

项目名称	样本数（个）	平均值	标准差	变异系数（%）	范　围
有效土层厚度（cm）	28	93.0	12.77	13.73	64.0~100.0
耕层厚度（cm）	28	24.8	2.73	11.00	20.0~30.0
耕层容重（g/cm³）	28	1.41	0.07	5.19	1.21~1.61
有机质（g/kg）	27	11.4	4.17	36.54	5.0~20.6
全氮（g/kg）	28	0.760	0.34	44.94	0.278~1.740
有效磷（mg/kg）	26	17.9	15.54	86.65	4.3~80.8
速效钾（mg/kg）	28	199	75.87	38.14	65~422
缓效钾（mg/kg）	28	765	279.44	36.51	328~1 395
有效铜（mg/kg）	28	1.89	1.02	53.79	0.31~4.43
有效锌（mg/kg）	27	0.95	0.61	64.06	0.21~2.87
有效铁（mg/kg）	26	19.35	7.37	38.05	4.80~37.00
有效锰（mg/kg）	28	11.53	4.00	34.65	2.20~16.78
有效硼（mg/kg）	18	1.48	1.19	79.98	0.35~5.10
有效钼（mg/kg）	28	0.110	0.12	104.77	0.050~0.648
有效硫（mg/kg）	26	53.74	37.94	70.61	11.86~146.20
有效硅（mg/kg）	19	127.35	96.62	75.87	26.36~395.20

耕层质地

	砂土		砂壤土		轻壤土		中壤土		重壤土		黏土	
	样本数	占比（%）	样本数	占比（%）	样本数	占比（%）	样本数	占比（%）	样本数	占比（%）	样本数	占比（%）
	2	7.14	1	3.57	4	14.29	11	39.29	5	17.86	5	17.86

土壤 pH

	≤4.5		(4.5~5.5]		(5.5~6.5]		(6.5~7.5]		(7.5~8.5]		>8.5	
	样本数	占比（%）	样本数	占比（%）	样本数	占比（%）	样本数	占比（%）	样本数	占比（%）	样本数	占比（%）
	0	0.00	0	0.00	0	0.00	0	0.00	10	35.71	18	64.29

草甸盐土—结壳盐土—氯化物结壳盐土耕地土壤主要理化性状

项目名称	样本数（个）	平均值	标准差	变异系数（%）	范 围
有效土层厚度（cm）	3	105.7	38.94	36.85	77.0~150.0
耕层厚度（cm）	3	30.0	0.00	0.00	30.0~30.0
耕层容重（g/cm³）	3	1.44	0.04	2.46	1.42~1.49
有机质（g/kg）	3	11.8	4.10	34.87	8.0~16.1
全氮（g/kg）	3	0.763	0.20	25.68	0.580~0.970
有效磷（mg/kg）	3	24.4	18.46	75.65	13.1~45.7
速效钾（mg/kg）	3	320	127.03	39.74	191~445
缓效钾（mg/kg）	2	983	162.73	16.55	868~1 098
有效铜（mg/kg）	3	2.77	1.42	51.42	1.50~4.30
有效锌（mg/kg）	3	0.83	0.09	10.29	0.73~0.90
有效铁（mg/kg）	3	18.03	9.19	50.95	7.50~24.40
有效锰（mg/kg）	3	9.77	0.64	6.56	9.12~10.40
有效硼（mg/kg）	3	2.16	0.55	25.55	1.55~2.63
有效钼（mg/kg）	3	0.177	0.11	63.27	0.059~0.281
有效硫（mg/kg）	3	26.33	2.31	8.77	25.00~29.00
有效硅（mg/kg）	3	130.77	56.70	43.36	65.40~166.70

耕层质地

	砂土	砂壤土	轻壤土	中壤土	重壤土	黏土
样本数	0	1	0	1	1	0
占比（%）	0.00	33.33	0.00	33.33	33.33	0.00

土壤pH

	≤4.5	(4.5~5.5]	(5.5~6.5]	(6.5~7.5]	(7.5~8.5]	>8.5
样本数	0	0	0	1	2	0
占比（%）	0.00	0.00	0.00	33.33	66.67	0.00

草甸盐土—沼泽盐土—硫酸盐沼泽盐土耕地土壤主要理化性状

项目名称	样本数（个）	平均值	标准差	变异系数（%）	范围
有效土层厚度（cm）	1	100.0	—	—	—
耕层厚度（cm）	1	30.0	—	—	—
耕层容重（g/cm³）	1	1.55	—	—	—
有机质（g/kg）	1	9.7	—	—	—
全氮（g/kg）	1	0.490	—	—	—
有效磷（mg/kg）	1	8.6	—	—	—
速效钾（mg/kg）	1	281	—	—	—
缓效钾（mg/kg）	1	1 209	—	—	—
有效铜（mg/kg）	1	2.36	—	—	—
有效锌（mg/kg）	1	0.98	—	—	—
有效铁（mg/kg）	1	16.13	—	—	—
有效锰（mg/kg）	1	6.87	—	—	—
有效硼（mg/kg）	1	1.48	—	—	—
有效钼（mg/kg）	1	0.125	—	—	—
有效硫（mg/kg）	1	25.00	—	—	—
有效硅（mg/kg）	1	182.77	—	—	—

耕层质地

砂土		砂壤土		轻壤土		中壤土		重壤土		黏土	
样本数	占比（%）	样本数	占比（%）	样本数	占比（%）	样本数	占比（%）	样本数	占比（%）	样本数	占比（%）
0	0.00	0	0.00	1	100.00	0	0.00	0	0.00	0	0.00

土壤 pH

≤4.5		(4.5～5.5]		(5.5～6.5]		(6.5～7.5]		(7.5～8.5]		>8.5	
样本数	占比（%）	样本数	占比（%）	样本数	占比（%）	样本数	占比（%）	样本数	占比（%）	样本数	占比（%）
0	0.00	0	0.00	0	0.00	0	0.00	1	100.00	0	0.00

草甸盐土—碱化盐土—镁质碱化盐土耕地土壤主要理化性状

项目名称	样本数（个）	平均值	标准差	变异系数（%）	范围
有效土层厚度（cm）	23	89.6	13.64	15.23	80.0~120.0
耕层厚度（cm）	23	30.0	0.00	0.00	30.0~30.0
耕层容重（g/cm³）	14	1.49	0.12	7.75	1.24~1.66
有机质（g/kg）	23	11.2	4.18	37.43	4.5~22.0
全氮（g/kg）	23	0.690	0.24	35.36	0.339~1.271
有效磷（mg/kg）	23	31.4	18.65	59.32	9.2~76.7
速效钾（mg/kg）	23	156	65.54	42.10	59~310
缓效钾（mg/kg）	23	548	216.00	39.39	208~1 080
有效铜（mg/kg）	23	0.99	0.34	34.28	0.44~2.25
有效锌（mg/kg）	23	1.03	0.78	75.21	0.30~3.44
有效铁（mg/kg）	23	13.18	3.99	30.31	5.96~20.84
有效锰（mg/kg）	23	11.55	4.87	42.20	5.20~21.00
有效硼（mg/kg）	23	1.70	1.40	82.40	0.36~5.00
有效钼（mg/kg）	23	0.133	0.11	86.33	0.038~0.555
有效硫（mg/kg）	23	60.03	46.87	78.07	12.50~165.00
有效硅（mg/kg）	23	233.26	90.40	38.76	135.00~389.00

耕层质地

	砂土	砂壤土	轻壤土	中壤土	重壤土	黏土
样本数	0	18	1	2	2	0
占比（%）	0.00	78.26	4.35	8.70	8.70	0.00

土壤 pH

	≤4.5	(4.5~5.5]	(5.5~6.5]	(6.5~7.5]	(7.5~8.5]	>8.5
样本数	0	0	0	0	18	5
占比（%）	0.00	0.00	0.00	0.00	78.26	21.74

碱土—草原碱土—草原碱土耕地土壤主要理化性状

项目名称	样本数（个）	平均值	标准差	变异系数（%）	范　围
有效土层厚度（cm）	3	83.3	28.87	34.64	50.0～100.0
耕层厚度（cm）	3	20.0	0.00	0.00	20.0～20.0
耕层容重（g/cm³）	3	1.43	0.03	2.14	1.40～1.46
有机质（g/kg）	3	11.5	3.62	31.47	7.4～14.0
全氮（g/kg）	3	0.746	0.19	25.72	0.534～0.908
有效磷（mg/kg）	3	25.2	13.87	54.96	11.4～39.2
速效钾（mg/kg）	3	171	117.30	68.58	90～306
缓效钾（mg/kg）	3	753	227.83	30.25	573～1 009
有效铜（mg/kg）	3	1.94	0.59	30.54	1.36～2.55
有效锌（mg/kg）	2	0.62	0.25	39.89	0.44～0.79
有效铁（mg/kg）	3	25.00	13.21	52.83	10.44～36.22
有效锰（mg/kg）	3	12.43	1.88	15.13	10.26～13.54
有效硼（mg/kg）	3	1.86	0.39	20.75	1.45～2.21
有效钼（mg/kg）	3	0.131	0.02	14.82	0.108～0.142
有效硫（mg/kg）	3	46.82	51.95	110.96	15.23～106.77
有效硅（mg/kg）	3	173.35	17.80	10.27	161.46～193.82

耕层质地

砂土		砂壤土		轻壤土		中壤土		重壤土		黏土	
样本数	占比（%）	样本数	占比（%）	样本数	占比（%）	样本数	占比（%）	样本数	占比（%）	样本数	占比（%）
0	0.00	1	33.33	1	33.33	0	0.00	0	0.00	1	33.33

土壤 pH

≤4.5		(4.5～5.5]		(5.5～6.5]		(6.5～7.5]		(7.5～8.5]		>8.5	
样本数	占比（%）	样本数	占比（%）	样本数	占比（%）	样本数	占比（%）	样本数	占比（%）	样本数	占比（%）
0	0.00	0	0.00	0	0.00	0	0.00	0	0.00	3	100.00

水稻土—潴育水稻土—潮泥田耕地土壤主要理化性状

项目名称	样本数（个）	平均值	标准差	变异系数（%）	范　围
有效土层厚度（cm）	12	127.2	14.43	11.35	108.0~150.0
耕层厚度（cm）	12	26.3	3.50	13.29	20.0~30.0
耕层容重（g/cm³）	12	1.44	0.04	2.86	1.37~1.53
有机质（g/kg）	12	19.7	8.12	41.17	7.1~30.2
全氮（g/kg）	12	1.063	0.33	31.06	0.640~1.550
有效磷（mg/kg）	12	34.3	16.15	47.15	10.4~64.6
速效钾（mg/kg）	12	133	54.74	41.21	51~213
缓效钾（mg/kg）	11	833	317.42	38.09	460~1 356
有效铜（mg/kg）	12	2.88	0.81	28.08	1.20~4.00
有效锌（mg/kg）	12	1.34	0.80	59.38	0.20~2.60
有效铁（mg/kg）	12	25.87	7.84	30.31	7.70~40.50
有效锰（mg/kg）	11	10.79	1.97	18.25	6.90~14.15
有效硼（mg/kg）	11	2.67	1.44	54.03	1.20~4.90
有效钼（mg/kg）	12	0.166	0.10	59.59	0.040~0.390
有效硫（mg/kg）	11	57.39	31.11	54.22	20.60~104.06
有效硅（mg/kg）	12	132.74	28.81	21.70	84.59~199.65

耕层质地

	砂土	砂壤土	轻壤土	中壤土	重壤土	黏土
样本数	0	0	3	2	6	1
占比（%）	0.00	0.00	25.00	16.67	50.00	8.33

土壤pH

	≤4.5	(4.5~5.5]	(5.5~6.5]	(6.5~7.5]	(7.5~8.5]	>8.5
样本数	0	0	0	0	10	2
占比（%）	0.00	0.00	0.00	0.00	83.33	16.67

221

水稻土—渗育水稻土—渗潮泥田耕地土壤主要理化性状

项目名称	样本数（个）	平均值	标准差	变异系数（%）	范围
有效土层厚度（cm）	2	115.0	7.07	6.15	110.0~120.0
耕层厚度（cm）	2	25.0	7.07	28.28	20.0~30.0
耕层容重（g/cm³）	2	1.37	0.06	4.04	1.33~1.41
有机质（g/kg）	2	35.2	0.07	0.20	35.1~35.2
全氮（g/kg）	2	1.765	0.08	4.41	1.710~1.820
有效磷（mg/kg）	2	27.8	28.71	103.27	7.5~48.1
速效钾（mg/kg）	2	115	5.66	4.92	111~119
缓效钾（mg/kg）	1	990	—	—	—
有效铜（mg/kg）	2	2.01	1.15	57.15	1.20~2.83
有效锌（mg/kg）	2	1.92	2.15	111.96	0.40~3.44
有效铁（mg/kg）	2	15.05	4.03	26.76	12.20~17.89
有效锰（mg/kg）	2	9.87	2.93	29.71	7.80~11.95
有效硼（mg/kg）	1	3.92	—	—	—
有效钼（mg/kg）	2	0.491	0.23	45.87	0.332~0.650
有效硫（mg/kg）	2	24.00	0.00	0.00	24.00~24.00
有效硅（mg/kg）	1	115.15	—	—	—

耕层质地

	砂土		砂壤土		轻壤土		中壤土		重壤土		黏土	
	样本数	占比（%）	样本数	占比（%）	样本数	占比（%）	样本数	占比（%）	样本数	占比（%）	样本数	占比（%）
	0	0.00	0	0.00	1	50.00	0	0.00	1	0.00	1	50.00

土壤 pH

	≤4.5		(4.5~5.5]		(5.5~6.5]		(6.5~7.5]		(7.5~8.5]		>8.5	
	样本数	占比（%）	样本数	占比（%）	样本数	占比（%）	样本数	占比（%）	样本数	占比（%）	样本数	占比（%）
	0	0.00	0	0.00	0	0.00	0	0.00	1	50.00	1	50.00

水稻土—潜育水稻土—青潮泥田耕地土壤主要理化性状

项目名称	样本数（个）	平均值	标准差	变异系数（%）	范　围
有效土层厚度（cm）	22	109.4	16.59	15.17	50.0~128.0
耕层厚度（cm）	22	27.1	3.84	14.18	20.0~30.0
耕层容重（g/cm³）	22	1.45	0.07	5.14	1.34~1.65
有机质（g/kg）	20	20.1	12.05	59.99	4.9~45.9
全氮（g/kg）	20	0.982	0.64	65.32	0.250~2.500
有效磷（mg/kg）	22	26.3	15.60	59.36	5.3~61.3
速效钾（mg/kg）	22	160	92.49	57.69	46~437
缓效钾（mg/kg）	22	977	238.57	24.42	506~1 392
有效铜（mg/kg）	22	2.51	0.92	36.51	0.50~4.17
有效锌（mg/kg）	18	1.52	0.73	48.19	0.70~2.94
有效铁（mg/kg）	22	20.96	7.10	33.88	12.10~40.50
有效锰（mg/kg）	22	9.41	3.43	36.48	3.90~15.85
有效硼（mg/kg）	22	2.96	1.32	44.69	1.10~4.85
有效钼（mg/kg）	22	0.224	0.12	52.00	0.062~0.526
有效硫（mg/kg）	21	62.79	45.17	71.95	20.00~155.62
有效硅（mg/kg）	22	111.48	46.82	42.00	41.40~253.44

耕层质地

	砂土	砂壤土	轻壤土	中壤土	重壤土	黏土
样本数	0	3	7	3	4	5
占比（%）	0.00	13.64	31.82	13.64	18.18	22.73

土壤 pH

	≤4.5	(4.5~5.5]	(5.5~6.5]	(6.5~7.5]	(7.5~8.5]	>8.5
样本数	0	0	0	3	19	3
占比（%）	0.00	0.00	0.00	13.64	86.36	13.64

水稻土—盐渍水稻土—硫酸盐泥砂田耕地土壤主要理化性状

项目名称	样本数（个）	平均值	标准差	变异系数（%）	范　围
有效土层厚度（cm）	3	112.0	7.21	6.44	106.0～120.0
耕层厚度（cm）	3	27.7	2.08	7.52	26.0～30.0
耕层容重（g/cm³）	3	1.56	0.07	4.38	1.50～1.63
有机质（g/kg）	2	27.7	29.54	106.57	6.8～48.6
全氮（g/kg）	3	1.200	1.07	89.31	0.410～2.420
有效磷（mg/kg）	3	40.6	24.82	61.12	16.3～65.9
速效钾（mg/kg）	3	179	8.50	4.76	170～187
缓效钾（mg/kg）	3	517	256.70	49.68	231～728
有效铜（mg/kg）	2	2.11	0.01	0.34	2.10～2.11
有效锌（mg/kg）	3	0.76	0.38	49.89	0.50～1.20
有效铁（mg/kg）	3	18.88	9.58	50.71	8.30～26.95
有效锰（mg/kg）	3	20.40	17.25	84.55	6.80～39.80
有效硼（mg/kg）	3	3.60	1.74	48.43	1.60～4.80
有效钼（mg/kg）	3	0.362	0.24	66.50	0.110～0.590
有效硫（mg/kg）	3	48.29	32.88	68.10	24.00～85.71
有效硅（mg/kg）	3	130.24	51.52	39.56	71.44～167.47

耕层质地

砂土		砂壤土		轻壤土		中壤土		重壤土		黏土	
样本数	占比（%）	样本数	占比（%）	样本数	占比（%）	样本数	占比（%）	样本数	占比（%）	样本数	占比（%）
0	0.00	0	0.00	0	0.00	0	0.00	1	33.33	2	66.67

土壤 pH

≤4.5		(4.5～5.5]		(5.5～6.5]		(6.5～7.5]		(7.5～8.5]		>8.5	
样本数	占比（%）	样本数	占比（%）	样本数	占比（%）	样本数	占比（%）	样本数	占比（%）	样本数	占比（%）
0	0.00	0	0.00	0	0.00	0	0.00	3	100.00	0	0.00

灌淤土—典型灌淤土—灌淤砂土耕地土壤主要理化性状

项目名称	样本数（个）	平均值	标准差	变异系数（%）	范围
有效土层厚度（cm）	197	116.9	19.67	16.82	40.0~150.0
耕层厚度（cm）	197	27.5	3.79	13.79	20.0~30.0
耕层容重（g/cm³）	197	1.42	0.07	4.87	1.12~1.60
有机质（g/kg）	186	11.7	5.31	45.36	4.5~37.2
全氮（g/kg）	184	0.675	0.31	46.06	0.250~2.180
有效磷（mg/kg）	191	24.8	18.38	74.14	5.0~86.8
速效钾（mg/kg）	195	153	92.38	60.46	44~530
缓效钾（mg/kg）	177	1 155	289.61	25.06	285~1 695
有效铜（mg/kg）	196	0.90	0.49	54.93	0.30~3.88
有效锌（mg/kg）	195	1.00	0.52	51.74	0.18~3.75
有效铁（mg/kg）	197	11.02	4.18	37.91	3.60~32.06
有效锰（mg/kg）	194	5.00	2.17	43.45	1.90~13.72
有效硼（mg/kg）	192	1.62	0.98	60.81	0.36~5.24
有效钼（mg/kg）	195	0.132	0.08	57.75	0.014~0.680
有效硫（mg/kg）	187	46.83	30.77	65.71	8.04~163.40
有效硅（mg/kg）	194	100.20	65.68	65.55	28.20~327.70

耕层质地

	砂土		砂壤土		轻壤土		中壤土		重壤土		黏土	
	样本数	占比（%）	样本数	占比（%）	样本数	占比（%）	样本数	占比（%）	样本数	占比（%）	样本数	占比（%）
	7	3.55	133	67.51	28	14.21	24	12.18	5	2.54	0	0.00

土壤 pH

	≤4.5		(4.5~5.5]		(5.5~6.5]		(6.5~7.5]		(7.5~8.5]		>8.5	
	样本数	占比（%）	样本数	占比（%）	样本数	占比（%）	样本数	占比（%）	样本数	占比（%）	样本数	占比（%）
	0	0.00	0	0.00	0	0.00	0	0.00	141	71.57	56	28.43

灌淤土—典型灌淤土—灌淤壤土耕地土壤主要理化性状

项目名称	样本数（个）	平均值	标准差	变异系数（%）	范围
有效土层厚度（cm）	530	104.9	20.82	19.85	40.0~150.0
耕层厚度（cm）	543	28.8	2.80	9.73	20.0~30.0
耕层容重（g/cm³）	534	1.42	0.08	5.56	1.11~1.66
有机质（g/kg）	534	14.6	5.21	35.63	4.6~39.6
全氮（g/kg）	534	0.832	0.31	36.88	0.260~2.230
有效磷（mg/kg）	526	26.4	20.06	75.99	4.0~100.7
速效钾（mg/kg）	528	157	94.24	60.15	40~514
缓效钾（mg/kg）	531	893	324.95	36.38	177~1 667
有效铜（mg/kg）	527	1.65	0.80	48.22	0.34~5.39
有效锌（mg/kg）	523	1.03	0.61	59.56	0.19~3.81
有效铁（mg/kg）	530	15.52	7.94	51.18	2.50~40.50
有效锰（mg/kg）	534	8.46	3.66	43.23	2.00~29.80
有效硼（mg/kg）	537	1.66	0.89	53.55	0.40~5.56
有效钼（mg/kg）	532	0.182	0.11	62.90	0.012~0.700
有效硫（mg/kg）	523	50.70	37.74	74.43	7.60~163.56
有效硅（mg/kg）	525	116.10	78.33	67.47	25.80~443.80

耕层质地

	砂土		砂壤土		轻壤土		中壤土		重壤土		黏土	
	样本数	占比（%）	样本数	占比（%）	样本数	占比（%）	样本数	占比（%）	样本数	占比（%）	样本数	占比（%）
	18	3.31	148	27.26	117	21.55	208	38.31	52	9.58	0	0.00

土壤pH

	≤4.5		(4.5~5.5]		(5.5~6.5]		(6.5~7.5]		(7.5~8.5]		>8.5	
	样本数	占比（%）	样本数	占比（%）	样本数	占比（%）	样本数	占比（%）	样本数	占比（%）	样本数	占比（%）
	0	0.00	0	0.00	0	0.00	3	0.55	456	83.98	84	15.47

三、土　属

灌淤土—典型灌淤土—灌淤黏土耕地土壤主要理化性状

项目名称	样本数（个）	平均值	标准差	变异系数（%）	范　围
有效土层厚度（cm）	113	114.9	17.88	15.57	50.0~150.0
耕层厚度（cm）	114	25.0	4.23	16.96	20.0~30.0
耕层容重（g/cm³）	109	1.40	0.12	8.59	1.16~1.67
有机质（g/kg）	113	15.4	7.25	46.99	4.5~39.1
全氮（g/kg）	113	0.912	0.39	42.30	0.300~2.120
有效磷（mg/kg）	104	21.8	15.68	72.04	3.9~75.3
速效钾（mg/kg）	110	219	115.30	52.61	64~532
缓效钾（mg/kg）	113	859	231.80	26.97	426~1 487
有效铜（mg/kg）	111	1.37	0.72	52.48	0.32~4.64
有效锌（mg/kg）	109	0.86	0.47	54.45	0.19~2.54
有效铁（mg/kg）	111	11.70	5.75	49.18	3.34~28.40
有效锰（mg/kg）	112	6.36	2.38	37.35	2.05~13.40
有效硼（mg/kg）	106	1.18	0.82	68.94	0.41~5.00
有效钼（mg/kg）	114	0.148	0.08	54.53	0.037~0.713
有效硫（mg/kg）	102	38.50	29.30	76.10	7.86~159.21
有效硅（mg/kg）	111	204.21	69.38	33.97	67.40~398.00

耕层质地

	砂土		砂壤土		轻壤土		中壤土		重壤土		黏土	
	样本数	占比（%）	样本数	占比（%）	样本数	占比（%）	样本数	占比（%）	样本数	占比（%）	样本数	占比（%）
	0	0.00	0	0.00	1	0.88	29	25.44	48	42.11	36	31.58

土壤pH

	≤4.5		(4.5~5.5]		(5.5~6.5]		(6.5~7.5]		(7.5~8.5]		>8.5	
	样本数	占比（%）	样本数	占比（%）	样本数	占比（%）	样本数	占比（%）	样本数	占比（%）	样本数	占比（%）
	0	0.00	0	0.00	0	0.00	0	0.00	52	45.61	62	54.39

灌淤土—潮灌淤土—潮潮淤壤土耕地土壤主要理化性状

项目名称	样本数（个）	平均值	标准差	变异系数（%）	范围
有效土层厚度（cm）	210	93.4	22.48	24.07	40.0~150.0
耕层厚度（cm）	212	26.1	4.15	15.93	20.0~30.0
耕层容重（g/cm³）	190	1.36	0.16	11.75	1.13~1.66
有机质（g/kg）	211	14.7	5.04	34.20	5.2~39.1
全氮（g/kg）	212	0.824	0.25	30.53	0.292~1.784
有效磷（mg/kg）	202	29.4	21.31	72.37	3.7~91.8
速效钾（mg/kg）	196	151	80.75	53.43	34~474
缓效钾（mg/kg）	198	690	309.81	44.93	178~1 692
有效铜（mg/kg）	200	1.25	0.65	51.97	0.31~4.42
有效锌（mg/kg）	201	0.96	0.71	74.19	0.17~3.81
有效铁（mg/kg）	212	13.90	6.06	43.59	3.56~40.50
有效锰（mg/kg）	203	7.84	2.78	35.46	2.16~19.20
有效硼（mg/kg）	212	1.54	0.87	56.71	0.34~5.10
有效钼（mg/kg）	207	0.119	0.12	100.32	0.012~0.600
有效硫（mg/kg）	207	45.01	31.82	70.69	7.99~162.00
有效硅（mg/kg）	209	177.15	68.88	38.88	37.20~441.00

耕层质地

	砂土	砂壤土	轻壤土	中壤土	重壤土	黏土
样本数	1	40	40	114	17	0
占比（%）	0.47	18.87	18.87	53.77	8.02	0.00

土壤 pH

	≤4.5	(4.5~5.5]	(5.5~6.5]	(6.5~7.5]	(7.5~8.5]	>8.5
样本数	0	0	0	1	136	75
占比（%）	0.00	0.00	0.00	0.47	64.15	35.38

灌淤土—表锈灌淤土—表锈灌淤壤土耕地土壤主要理化性状

项目名称	样本数（个）	平均值	标准差	变异系数（%）	范　围
有效土层厚度（cm）	106	83.0	31.58	38.04	40.0～150.0
耕层厚度（cm）	128	25.4	3.56	14.03	20.0～30.0
耕层容重（g/cm³）	127	1.29	0.13	10.12	1.12～1.49
有机质（g/kg）	128	15.5	3.87	25.00	6.2～28.8
全氮（g/kg）	129	0.874	0.23	26.00	0.283～1.519
有效磷（mg/kg）	115	45.0	26.70	59.36	5.1～101.9
速效钾（mg/kg）	98	126	75.05	59.50	36～444
缓效钾（mg/kg）	95	689	331.72	48.18	181～1 656
有效铜（mg/kg）	128	1.43	0.59	41.48	0.53～4.03
有效锌（mg/kg）	124	0.99	0.59	59.38	0.19～3.70
有效铁（mg/kg）	129	15.43	5.58	36.15	5.70～28.40
有效锰（mg/kg）	122	7.71	3.17	41.06	2.06～21.10
有效硼（mg/kg）	129	1.46	0.68	46.57	0.36～5.10
有效钼（mg/kg）	129	0.120	0.06	46.40	0.058～0.363
有效硫（mg/kg）	119	51.00	35.61	69.83	8.32～157.03
有效硅（mg/kg）	128	191.81	47.06	24.54	98.23～365.61

耕层质地

砂土		砂壤土		轻壤土		中壤土		重壤土		黏土	
样本数	占比（%）	样本数	占比（%）	样本数	占比（%）	样本数	占比（%）	样本数	占比（%）	样本数	占比（%）
0	0.00	5	3.88	13	10.08	99	76.74	12	9.30	0	0.00

土壤pH

≤4.5		(4.5～5.5]		(5.5～6.5]		(6.5～7.5]		(7.5～8.5]		>8.5	
样本数	占比（%）	样本数	占比（%）	样本数	占比（%）	样本数	占比（%）	样本数	占比（%）	样本数	占比（%）
0	0.00	0	0.00	0	0.00	0	0.00	120	93.02	9	6.98

灌淤土—盐化灌淤土—盐化灌淤土耕地土壤主要理化性状

项目名称	样本数（个）	平均值	标准差	变异系数（%）	范　围
有效土层厚度（cm）	336	98.1	25.41	25.91	35.0～150.0
耕层厚度（cm）	341	27.2	3.29	12.08	20.0～30.0
耕层容重（g/cm³）	330	1.39	0.12	8.90	1.13～1.65
有机质（g/kg）	338	14.0	5.22	37.31	4.5～45.2
全氮（g/kg）	337	0.781	0.30	38.25	0.250～2.520
有效磷（mg/kg）	325	24.7	20.84	84.49	3.8～97.3
速效钾（mg/kg）	325	159	92.93	58.62	40～531
缓效钾（mg/kg）	322	941	335.86	35.68	187～1 684
有效铜（mg/kg）	333	1.61	0.74	46.10	0.32～4.36
有效锌（mg/kg）	333	0.95	0.61	64.52	0.17～3.69
有效铁（mg/kg）	335	15.25	6.98	45.76	2.70～40.50
有效锰（mg/kg）	342	9.09	4.07	44.74	2.90～25.00
有效硼（mg/kg）	333	2.21	1.18	53.46	0.36～5.31
有效钼（mg/kg）	327	0.175	0.13	73.84	0.012～0.711
有效硫（mg/kg）	336	39.44	29.52	74.85	7.52～159.90
有效硅（mg/kg）	338	129.73	69.55	53.61	25.90～370.70

耕层质地

砂土		砂壤土		轻壤土		中壤土		重壤土		黏土	
样本数	占比（%）	样本数	占比（%）	样本数	占比（%）	样本数	占比（%）	样本数	占比（%）	样本数	占比（%）
20	5.85	69	20.18	68	19.88	139	40.64	29	8.48	17	4.97

土壤pH

≤4.5		(4.5～5.5]		(5.5～6.5]		(6.5～7.5]		(7.5～8.5]		>8.5	
样本数	占比（%）	样本数	占比（%）	样本数	占比（%）	样本数	占比（%）	样本数	占比（%）	样本数	占比（%）
0	0.00	0	0.00	0	0.00	0	0.00	261	76.32	81	23.68

灌漠土—典型灌漠土—灌漠壤土耕地土壤主要理化性状

项目名称	样本数（个）	平均值	标准差	变异系数（%）	范　围
有效土层厚度（cm）	418	87.0	23.47	26.97	35.0~150.0
耕层厚度（cm）	421	24.8	3.99	16.08	20.0~30.0
耕层容重（g/cm³）	339	1.25	0.15	11.97	1.11~1.65
有机质（g/kg）	417	17.3	5.49	31.64	6.1~42.1
全氮（g/kg）	419	1.033	0.32	31.23	0.270~2.510
有效磷（mg/kg）	417	28.1	17.09	60.74	4.7~99.6
速效钾（mg/kg）	414	185	95.11	51.49	43~518
缓效钾（mg/kg）	419	759	288.09	37.96	182~1 628
有效铜（mg/kg）	417	1.58	0.56	35.23	0.40~4.50
有效锌（mg/kg）	414	0.99	0.60	61.12	0.18~3.83
有效铁（mg/kg）	419	14.96	5.86	39.18	3.27~28.90
有效锰（mg/kg）	419	8.67	3.73	43.01	2.10~39.80
有效硼（mg/kg）	415	1.40	0.78	56.02	0.35~5.60
有效钼（mg/kg）	417	0.139	0.13	92.41	0.012~0.747
有效硫（mg/kg）	406	38.68	29.62	76.56	7.56~162.80
有效硅（mg/kg）	416	161.30	55.67	34.51	49.90~435.73

耕层质地

	砂土	砂壤土	轻壤土	中壤土	重壤土	黏土
样本数	11	158	64	159	24	5
占比（%）	2.61	37.53	15.20	37.77	5.70	1.19

土壤pH

	≤4.5	(4.5~5.5]	(5.5~6.5]	(6.5~7.5]	(7.5~8.5]	>8.5
样本数	0	0	0	0	279	142
占比（%）	0.00	0.00	0.00	0.00	66.27	33.73

灌漠土—灰灌漠土—灰灌漠砂土耕地土壤主要理化性状

项目名称	样本数（个）	平均值	标准差	变异系数（%）	范围
有效土层厚度（cm）	118	110.2	23.35	21.20	50.0~120.0
耕层厚度（cm）	118	20.0	0.00	0.00	20.0~20.0
耕层容重（g/cm³）	118	1.31	0.11	8.60	1.11~1.42
有机质（g/kg）	117	21.7	5.12	23.58	7.7~40.9
全氮（g/kg）	118	1.181	0.27	22.85	0.300~2.360
有效磷（mg/kg）	52	72.0	32.12	44.63	6.5~103.0
速效钾（mg/kg）	68	90	63.33	70.37	34~323
缓效钾（mg/kg）	67	418	289.29	69.13	175~1 360
有效铜（mg/kg）	114	1.77	0.61	34.41	0.88~5.20
有效锌（mg/kg）	112	1.22	0.57	46.50	0.33~3.60
有效铁（mg/kg）	118	17.19	4.97	28.94	5.89~29.60
有效锰（mg/kg）	110	11.18	3.82	34.21	3.21~21.00
有效硼（mg/kg）	114	0.86	0.39	45.17	0.34~2.20
有效钼（mg/kg）	118	0.028	0.04	140.93	0.012~0.172
有效硫（mg/kg）	118	32.19	20.09	62.40	25.00~136.38
有效硅（mg/kg）	118	139.33	21.67	15.56	63.44~240.29

耕层质地

	砂土		砂壤土		轻壤土		中壤土		重壤土		黏土	
	样本数	占比（%）	样本数	占比（%）	样本数	占比（%）	样本数	占比（%）	样本数	占比（%）	样本数	占比（%）
	0	0.00	14	11.86	24	20.34	78	66.10	2	1.69	0	0.00

土壤pH

	≤4.5		(4.5~5.5]		(5.5~6.5]		(6.5~7.5]		(7.5~8.5]		>8.5	
	样本数	占比（%）	样本数	占比（%）	样本数	占比（%）	样本数	占比（%）	样本数	占比（%）	样本数	占比（%）
	0	0.00	0	0.00	0	0.00	0	0.00	111	94.07	7	5.93

灌漠土—灰灌漠土—灰灌漠土耕地土壤主要理化性状

项目名称	样本数（个）	平均值	标准差	变异系数（%）	范　围
有效土层厚度（cm）	307	85.1	30.43	35.75	35.0~150.0
耕层厚度（cm）	313	22.2	3.86	17.40	20.0~30.0
耕层容重（g/cm³）	298	1.30	0.12	9.53	1.11~1.65
有机质（g/kg）	303	19.6	7.29	37.20	4.9~38.3
全氮（g/kg）	306	1.061	0.37	35.30	0.250~2.180
有效磷（mg/kg）	266	40.5	25.17	62.15	5.0~103.0
速效钾（mg/kg）	252	165	97.57	59.24	34~515
缓效钾（mg/kg）	257	762	335.23	44.01	175~1 686
有效铜（mg/kg）	307	1.47	0.71	48.04	0.31~5.09
有效锌（mg/kg）	290	1.19	0.63	52.79	0.18~3.80
有效铁（mg/kg）	312	14.17	5.80	40.92	2.26~29.70
有效锰（mg/kg）	305	8.91	3.68	41.34	1.90~21.00
有效硼（mg/kg）	305	1.07	0.65	60.21	0.35~4.86
有效钼（mg/kg）	313	0.086	0.08	98.38	0.012~0.554
有效硫（mg/kg）	307	45.73	33.20	72.61	8.91~159.35
有效硅（mg/kg）	308	166.56	61.46	36.90	44.70~418.58

耕层质地

	砂土	砂壤土	轻壤土	中壤土	重壤土	黏土
样本数	14	97	61	134	7	0
占比（%）	4.47	30.99	19.49	42.81	2.24	0.00

土壤 pH

	≤4.5	（4.5~5.5]	（5.5~6.5]	（6.5~7.5]	（7.5~8.5]	＞8.5
样本数	0	0	0	0	262	51
占比（%）	0.00	0.00	0.00	0.00	83.71	16.29

灌漠土—灰灌漠土—灰灌漠黏土耕地土壤主要理化性状

项目名称	样本数（个）	平均值	标准差	变异系数（%）	范　围
有效土层厚度（cm）	10	111.5	15.64	14.03	85.0～150.0
耕层厚度（cm）	10	25.0	0.00	0.00	25.0～25.0
耕层容重（g/cm³）	10	1.45	0.03	2.12	1.41～1.50
有机质（g/kg）	10	12.8	5.15	40.08	5.4～22.4
全氮（g/kg）	10	0.938	0.27	28.89	0.540～1.450
有效磷（mg/kg）	10	28.0	11.81	42.18	14.3～49.8
速效钾（mg/kg）	10	268	106.25	39.64	95～453
缓效钾（mg/kg）	10	899	233.91	26.03	455～1 103
有效铜（mg/kg）	10	1.35	0.42	31.02	0.62～2.20
有效锌（mg/kg）	9	0.68	0.27	39.99	0.40～1.18
有效铁（mg/kg）	9	14.02	3.10	22.15	11.59～21.20
有效锰（mg/kg）	10	7.05	1.59	22.53	5.72～11.30
有效硼（mg/kg）	10	2.02	1.18	58.40	1.00～4.80
有效钼（mg/kg）	10	0.227	0.11	46.68	0.032～0.370
有效硫（mg/kg）	10	43.66	39.13	89.61	11.40～148.47
有效硅（mg/kg）	10	116.89	33.32	28.51	71.30～159.00

耕层质地

砂土		砂壤土		轻壤土		中壤土		重壤土		黏土	
样本数	占比（%）	样本数	占比（%）	样本数	占比（%）	样本数	占比（%）	样本数	占比（%）	样本数	占比（%）
0	0.00	8	80.00	0	0.00	0	0.00	0	0.00	2	20.00

土壤 pH

≤4.5		(4.5～5.5]		(5.5～6.5]		(6.5～7.5)		[7.5～8.5]		>8.5	
样本数	占比（%）	样本数	占比（%）	样本数	占比（%）	样本数	占比（%）	样本数	占比（%）	样本数	占比（%）
0	0.00	0	0.00	0	0.00	0	0.00	6	60.00	4	40.00

灌漠土—盐化灌漠土—硫酸盐灌漠土耕地土壤主要理化性状

项目名称	样本数（个）	平均值	标准差	变异系数（%）	范　围
有效土层厚度（cm）	28	103.9	26.41	25.42	53.9～150.0
耕层厚度（cm）	28	28.4	3.06	10.77	20.0～30.0
耕层容重（g/cm³）	26	1.36	0.15	11.41	1.11～1.64
有机质（g/kg）	28	18.1	8.02	44.42	5.2～45.6
全氮（g/kg）	28	1.028	0.43	41.82	0.344～2.040
有效磷（mg/kg）	27	22.2	12.38	55.71	5.3～52.0
速效钾（mg/kg）	27	254	116.58	45.95	78～478
缓效钾（mg/kg）	26	894	268.72	30.06	257～1 518
有效铜（mg/kg）	28	1.47	0.75	50.75	0.44～3.40
有效锌（mg/kg）	28	1.15	0.80	69.66	0.24～3.22
有效铁（mg/kg）	27	11.12	5.56	50.07	2.70～24.60
有效锰（mg/kg）	28	7.42	2.84	38.23	2.30～14.97
有效硼（mg/kg）	27	1.79	1.08	60.16	0.35～4.32
有效钼（mg/kg）	28	0.238	0.17	73.57	0.012～0.738
有效硫（mg/kg）	28	40.40	29.99	74.24	15.65～163.15
有效硅（mg/kg）	25	185.26	87.42	47.19	49.56～430.46

耕层质地

	砂土		砂壤土		轻壤土		中壤土		重壤土		黏土	
样本数	占比（%）	样本数	占比（%）	样本数	占比（%）	样本数	占比（%）	样本数	占比（%）	样本数	占比（%）	
0	0.00	5	17.86	0	0.00	21	75.00	2	7.14	0	0.00	

土壤 pH

	≤4.5		(4.5～5.5]		(5.5～6.5]		(6.5～7.5]		(7.5～8.5]		>8.5	
样本数	占比（%）	样本数	占比（%）	样本数	占比（%）	样本数	占比（%）	样本数	占比（%）	样本数	占比（%）	
0	0.00	0	0.00	0	0.00	1	3.57	23	82.14	4	14.29